Warum tun Menschen einander Gewalt an, und warum ist das normal?

Jede Erklärung der Gewalt sehnt deren Ende herbei. Die Gewalt soll aus dem Leben der Menschen verschwinden. Doch die Gewalt war und ist eine für jedermann zugängliche und deshalb attraktive Handlungsoption – und kein »Extremfall«. Wer wirklich wissen will, was geschieht, wenn Menschen einander Gewalt antun, muss eine Antwort auf die Frage finden, warum Menschen Schwellen überschreiten und andere verletzen oder töten. In seinem viel diskutierten Buch präsentiert der bekannte Historiker Jörg Baberowski klare Einsichten über den sozialen, kulturellen und wissenschaftlichen Umgang mit Gewalt. Und zeigt, warum die Abwesenheit von Gewalt zugleich Sehnsucht und Utopie bleiben muss.

»Nach der Lektüre steht man weniger fassungslos vor dem Phänomen, begreift besser, warum [die Gewalt] nicht aufhört.«
Thomas Speckmann, *Der Tagesspiegel*

Jörg Baberowski, geboren 1961, ist seit 2002 Professor für Geschichte Osteuropas an der Humboldt-Universität zu Berlin. Zu seinen Veröffentlichungen zählen: ›Der Rote Terror. Die Geschichte des Stalinismus‹ (2003), ›Der Sinn der Geschichte. Geschichtstheorien von Hegel bis Foucault‹ (2005) und zuletzt ›Verbrannte Erde. Stalins Herrschaft der Gewalt‹ (2012, im Fischer Taschenbuch 2014). ›Verbrannte Erde‹ wurde 2012 mit dem Preis der Leipziger Buchmesse ausgezeichnet und stand mehrere Wochen auf der »Spiegel«-Bestsellerliste.

Weitere Informationen finden Sie auf www.fischerverlage.de

Jörg Baberowski

Räume der Gewalt

FISCHER Taschenbuch

FSC
www.fsc.org
MIX
Papier aus verantwortungsvollen Quellen
FSC® C083411

Erschienen bei FISCHER Taschenbuch
Frankfurt am Main, Februar 2018

Druck und Bindung: CPI books GmbH, Leck
Printed in Germany
ISBN 978-3-596-18579-5

Für
Dietrich Geyer

»Ich habe verstanden,
was Macht bedeutet,
und was ein Mann mit Gewehr.«

Warlam Schalamow

Inhalt

Vorwort

»Arthur Kruse war durch den Krieg erstmals aus Hamburg herausgekommen«, erinnert sich der Schriftsteller Uwe Timm, »war in Polen, in Russland, in der Ukraine gewesen. Seine Geschichten, die großen und kleinen Erlebnisse, habe ich vergessen, bis auf eine, die mir diesen etwas schlichten, aber uns Lehrlingen gegenüber freundlichen Mann für immer unheimlich machte. Er musste einmal zwei gefangene Russen von der Front zu einer Sammelstelle bringen. Im Sommer '43, an einem heißen Julitag. Zwölf Kilometer Sandweg hin, zwölf Kilometer zurück. Staub und nochmals Staub. Nach einer Stunde habe er *Stoi* gesagt. Die beiden hätten sich nach ihm umgesehen, während er aus seiner Feldflasche getrunken habe. Natürlich hätten auch die beiden Russen Durst gehabt, so, wie sie herüberstarrten, und da habe er die Flasche auf den Boden gestellt, gegen einen Stein gelehnt, damit sie nicht umfiel, sei drei, vier Schritte zurückgegangen und habe ihnen dann gewunken, sie sollten trinken, allerdings habe er immer den Karabiner unter dem Arm gehalten, den Finger am Abzug. Die beiden hätten gezögert, dann aber seien sie gekommen, hätten die Flasche genommen, hätten beide nur einen Schluck, zwei Schluck getrunken, nicht mehr, die Flasche wieder an den Stein gestellt. Kruse sagte, er habe ihnen gewunken, sie sollten abhauen. Die beiden Russen hätten gezögert. Los, haut ab. Er habe mit der Hand gewunken, und dann, nach einem Augenblick, seien die beiden losgerannt. Er habe den Karabiner hochgenommen und geschossen, zweimal, kurz hintereinander. Ich war ein guter Schütze, hatte ne Schießschnur. Die wären sowieso verhungert, später, im Kriegsgefangenenlager. Er sei dann zurückgegangen, habe auf dem Weg noch eine Pause gemacht, sich hingesetzt, die Stullen ge-

gessen, Stück Dauerwurst dazu, die Feldflasche ausgetrunken. Dann sei er weiter nach vorn, zur Einheit gegangen und habe Meldung gemacht: zwei Gefangene auf der Flucht erschossen. Gut so, habe der Spieß gesagt.«[1]

Auch ich habe als Kind viele Geschichten aus dem Krieg gehört, von Männern, die ihn als Soldaten überlebt hatten. Manche erzählten von ihren Abenteuern, von Lustigem, von Tier und Natur. Aber nur selten sprachen sie über das Handwerk des Tötens, und schon gar nicht über das Sterben der Kameraden. Und wenn sie es dennoch taten, sprachen sie in Formeln. Der Zuhörer sollte sich den Krieg als geräuschloses und geruchloses Geschehen vorstellen, alles andere hätte ihn um den Schlaf gebracht. Die Erzähler wussten, was in der Welt, in der ihre Geschichten gehört wurden, erzählbar war, und was nicht. Einmal erzählte mein Vater, der als Panzerfahrer an der Westfront eingesetzt war, wie er und seine Kameraden in eine amerikanische Fahrzeugkolonne hineingeschossen hatten. Das Gefecht habe sich zu Beginn des Jahres 1945 in der Eifel zugetragen. Die Kolonne der Amerikaner sei auf einer engen Straße langsam von der Talsohle nach oben gefahren. Man habe sie kommen sehen und die Panzer in Stellung gebracht. Mit einem gezielten Schuss aus der Panzerkanone sei das erste Fahrzeug der Kolonne in Brand gesetzt worden. Dann habe man das letzte Fahrzeug zerstört. Nun seien die Amerikaner bewegungsunfähig gewesen, hätten nicht vor und nicht zurück fahren können. Wie Tontauben hätten sie, die Soldaten der Wehrmacht, auf die eingeklemmten Fahrzeuge im Tross der Amerikaner gezielt und sie einzeln zerstört.

Mich hat diese Geschichte damals keineswegs um den Schlaf gebracht. Für den kleinen Jungen war niemand gestorben, es waren Fahrzeuge, eine Kolonne, der Feind vernichtet worden. Darunter konnte ich mir nichts vorstellen. Erst später, als ich mir als Student diese Geschichte ins Gedächtnis zurückrief, kam mir der Gedanke, dass der Vater Menschen getötet hatte und dass diese Menschen in ihren Fahrzeugen verbrannt sein müssen. Was, habe ich mich gefragt, wird der Vater gedacht haben, als er die brennenden Wracks sah und die Schreie der Verwundeten hörte? Hatte er sich schon daran gewöhnt? War er schockiert? Empfand er vielleicht Genugtuung, weil die feindlichen Soldaten auch seine Kameraden getötet hatten? Ich weiß es nicht. Doch ich konnte das Bild des Vaters, der zwar autoritär, aber auch ein fröhlicher Rheinländer war, nicht mit dem Bild des Panzersoldaten in Verbindung bringen.

Wir verleugnen die Gewalt, weil wir uns friedliche Menschen, die nicht böse sind, als Gewalttäter nicht vorstellen können. Und dennoch ist die Gewalt überall, obwohl die Welt nicht nur von bösen Menschen bewohnt wird. Menschen schlagen und töten im Affekt, sie tun es aus Gehorsam, aus Zwang, aus Gewohnheit, aus Freude oder weil sie sich gegen Gewalttäter zur Wehr setzen müssen. Offenbar hängt es nicht von Absichten und Überzeugungen, sondern von Möglichkeiten und Situationen ab, ob und wie Menschen Gewalt ausüben. Der Raum der Gewalt ist ein anderer Ort als der Raum des Friedens. Wer ihn betritt, durchschreitet ein fremdes Land, in dem er zu einem Anderen wird. Niemanden lässt Gewalt unberührt, niemand kann sich ihrem Zwang entziehen. Sie ist dynamisch und verändert alle sozialen Beziehungen zu ihren Bedingungen.

Mehr als fünfzehn Jahre habe ich mich mit den Schrecken der stalinistischen Gewaltherrschaft beschäftigt. Diese Erfahrung hat mich gelehrt, dass Menschen zu allem fähig sind, wenn sie sich in einem Raum bewegen, in dem Gewalt nicht verboten, sondern geboten ist. Und sie hat mich davon überzeugt, dass man über die Wirkung der Gewalt nichts erfährt, wenn sie nicht als blutiges Geschehen empfunden wird. Der Leser soll sich schlecht fühlen, ihm soll übel werden, damit er versteht, dass Gewalt kein abstraktes, klinisch sauberes Geschehen ist, sondern Verletzte und Tote, Schmerz, Blut und Tränen verursacht. Wer darüber nicht schreiben will, sollte über die Gewalt schweigen.

Das Schreiben über die Gewalt verändert auch den Autor. Er wird zum Pessimisten, und er muss sich vor dem Bösen schützen, das er überall sieht und spürt. Eines Tages muss er aufhören, sich mit der Gewalt zu beschäftigen, weil sie sein Leben vergiftet und seine Stimmung verdüstert. Ich habe viele Jahre meines Lebens damit verbracht, eine Antwort auf die Frage zu finden, was Menschen in der

Gewalt tun und wie Gewalt Menschen formt. Was auch immer geschieht: Die Gewalt wird stets ein Reich »undurchdringlicher Dunkelheit« sein, das wir vermessen, aber niemals vollständig verstehen können, schreibt Jacques Sémelin.[2] Wie die Liebe, so versetzt uns auch die Gewalt in ungläubiges Staunen. Dennoch wundert sich jeder auf seine Weise. Deshalb unterscheiden sich auch die Fragen, die Historiker stellen. Ich habe in diesem Buch Fragen gestellt, die mich bewegen, und Antworten gegeben, die ich für plausibel halte. Wer nach anderen Fragen und anderen Antworten sucht, soll ein anderes Buch lesen.

Ohne die Hilfe von Freunden und Kollegen hätte ich dieses Buch nicht schreiben können. Robert Kindler, Felix Schnell und Christian Teichmann lasen das Manuskript und kritisierten, was sie für unhaltbar hielten. Christian Teichmann erinnerte mich daran, dass es nicht auf Vollständigkeit, sondern auf Klarheit ankommt. Ihnen allen danke ich für die Hilfe und Freundschaft, die sie mir in den letzten Jahren zuteil werden ließen. Mein Dank gilt auch Tanja Hommen vom S. Fischer Verlag, deren Kritik mir dabei half, manches vorschnelle Urteil zu korrigieren.

Historiker sollten schöne Sätze schreiben. Sie sollten an ihre Leser denken und in einer Sprache schreiben, die ihrer Erzählung entspricht. Von Dietrich Geyer habe ich gelernt, dass Stil und Inhalt eines Textes nicht voneinander zu trennen sind. Ihm, dem Stilisten unter den Historikern, der im Dezember 2015 87 Jahre alt wird, ist dieses Buch gewidmet.

1

Was ist Gewalt, und wie kann man sie verstehen?

»Der Guerillakrieg schlängelte sich gen Süden durch den anhaltenden Regen Richtung Hauptstadt voran«, erinnerte sich der amerikanische Schriftsteller Denis Johnson, der im September 1990 Zeuge des liberianischen Bürgerkrieges wurde, »und eigentlich erwartete niemand, dass er je dort ankommen würde. Doch dann, Ende Juni, war er plötzlich da. Taylors Leute besetzten den Flughafen. Johnson näherte sich von der anderen Seite, eroberte die Stadt und isolierte den Präsidenten in seinem Amtssitz sowie einen Großteil der Armee in einem ein paar Häuserblocks umfassenden Gebiet in der Innenstadt. (...) Die Menschen begannen die Stadt zu verlassen. Die meisten britischen Diplomaten reisten ab. Alle französischen Diplomaten reisten ab. Ein halbes Dutzend Mitarbeiter des auswärtigen Dienstes der USA blieben, und die Marines errichteten Maschinengewehrstellungen rund um die Botschaft. In Monrovia ging der Strom aus. Es floss kein Wasser mehr. Die Lebensmittel wurden knapp. Der Bürgerkrieg entfaltete eine entsetzliche Brutalität. Als Taylors Männer in Hochzeitskleidern und Duschhauben, die sie auf ihren Raubzügen erbeutet hatten, mit der Armee um den Amtssitz des Präsidenten kämpften, breitete sich eine Atmosphäre aberwitzigen Grauens aus. Die Duschhauben waren gut gegen den Regen. Wozu die Hochzeitskleider gut sein sollten, wusste niemand. Indessen rasten Johnsons Soldaten, mit roten Baskenmützen und Haarteilen vom Perückenmacher auf dem Kopf, in frisierten Mercedes-Benz durch die Straßen und ballerten wild in der Gegend herum. Die Leute, die in der Nähe der britischen Botschaft wohnten, trauten sich schließlich, Johnsons Rebellen zu bitten, dass sie die Leichen ihrer Opfer nicht an ihrem Strand abladen möchten – wegen des Gestanks. Klar, sagten die Rebellen, geht in Ordnung. In Liberia gibt es kilometerlange Strände. (...) Die meisten Flüchtlinge machten sich zu Fuß auf den Weg, zuerst durch Taylors Territorium und dann nach Westen auf Liberias bestem Highway Richtung Sierra Leone, ein Menschenstrom wie nach einem Football-Spiel. Normalerweise ist das ein fünftägiger Marsch über einigermaßen ebenes Gebiet, doch er wurde beträchtlich erschwert, weil Taylors Rebellen – blutjunge Burschen der Volksstämme Gio und Mano, die meisten zwischen elf und fünfzehn Jahre alt und mit AK-47 und M-16-Gewehren bewaffnet – sich vorgenommen hatten, alle Krahn oder Mandingo sowie sämtliche Angehörigen der Armee des Präsidenten und der ehemaligen Regierung in der Menge ausfindig zu machen und zu töten. Nach etwa sechzig Kilometern, in der Stadt Klay, trafen die Flüchtlinge auf die erste Kontrollstelle. ›Riecht ihr das?‹, fragten die Rebellen. Sie meinten den Verwesungsgestank, der die Luft verpestete. ›Hoffentlich wisst ihr, wer ihr seid‹, sagten sie, ›sonst landet ihr da, wo der Gestank herkommt.‹ Wer nicht den richtigen Dialekt sprach, wer zu wohlhabend oder wohlgenährt aussah, wurde erschossen, geköpft oder mit Benzin übergossen und angezündet. Manche wurden im Mano River ertränkt. Die Flüchtlinge, die in Sierra Leone ankamen, erzählten von Kontrollstellen mit Zäunen rundherum, auf deren Pfählen abgetrennte Köpfe aufgespießt gewesen seien. (...) Das Vergewaltigen, Plündern und Morden war hier nicht schrecklicher als in anderen Bürgerkriegen; insofern jedoch die Gräuel dieses Krieges durch die Fäden des Aberglaubens mit gewissen dunklen Mächten verknüpft waren, bekamen sie etwas Unergründliches und Grausigeres.«[1]

Vier Jahrzehnte zuvor, im Februar 1944, notierte der Gefreite Willy Peter Reese, der seinen Heimaturlaub in Duisburg verbrachte, was ihm und seinen Kameraden wenige Wochen zuvor an der Ostfront widerfahren war. »Jäh setzte die große Symphonie des Krieges ein und brauste darüber hinweg. Wir hörten die Abschüsse der russischen Artillerie und das Echo von den Hügeln hinter feindlichen Gräben. Die Granaten schlugen weit im Hinterland ein. Der Widerhall donnerte, überlagerte sich in einem elementaren Dröhnen und hallte weiter wie ein Geisterchor. Dann krachten die ersten Einschläge im Wäldchen. Artilleriegranaten barsten dumpf und hart, grell heulten die Geschosse der Panzer und Panzerabwehrgeschütze heran und krachten schrill in die Explosion. Jäh zersprang die Granatwerfermunition. Dazwischen spannen Maschinengewehre ihr tödliches Netz. Die Salven russischer Nebelwerfer trommelten darein, ununterbrochen schrillte, stöhnte, pfiff, heulte, kreischte es heran, wuchs zum Orkan und ertrank in einem endlosen Donnern. Wir konnten die einzelnen Abschüsse und Einschläge nicht mehr unterscheiden. Das war das Trommelfeuer. Wir saßen im Bunker, fertig angezogen und die Waffen bereit. Nur zwei Lagen Balken und aufgeworfene Erde schützten uns, und wir fühlten uns doch von Lähmung und würgendem Warten erlöst. Die Schlacht hatte begonnen, und das Gefecht konnte nicht furchtbarer als dieser Auftakt sein. Der Bunker wankte und bebte. Ruhig sahen wir in das Wüten hinaus, in Feuer, fliegende Erdbrocken und Rauch. Schwarzer Staub stieg steil empor und fiel zerstreut zusammen. Ein Regen von Splittern und gefrorenem Lehm ging vor der Türe nieder. Graubraune, gelbliche, schwarze und lichtgraue Schwaden von Pulverdampf verwehten. Der Geruch ätzte unsere Lungen und biß in die Augen. So plötzlich wie er begonnen hatte, endete der tosende Spuk und verlagerte sich wieder ins Hinterland. Die Telefonleitungen waren zerfetzt, kein Melder durfte sich hinauswagen, aber wir wußten: jetzt stürmte die erste Welle der Russen gegen die Gräben vor uns heran. Wir eilten an den Granatwerfer, brachten unser Maschinengewehr in Stellung. Und sahen sie kommen: in weißer Tarnkleidung, in Gruppen und Reihen. Abwehrfeuer setzte ein. Wir sahen sie fallen, stocken und fliehen. Eine Stunde verging. Auch die zweite Welle brach im Feuer deutscher Maschinengewehre, Infanteriegeschütze und Granatwerfer zusammen. Dann senkte die Dämmerung sich herein. Weit vor uns lagen die Toten. Verwundete krochen zurück. Unsere Verletzten wurden zum Arzt getragen. Es war unheimlich still, nur ab und zu fiel ein Schuss wie ein Nachhall vom Lärm des Tages. Das Märchenwäldchen aber hatte sich verwandelt. Der Schnee war nicht mehr weiß: Von einer schwarzen Kruste von Pulverschleim überzogen, zerwühlt, mit Staub, Splittern und Erde gemischt, wodurch der helle Grund nur geisterhaft im frühen Abend schimmerte. Das Wäldchen schien wie gerodet. Entwurzelte Bäume lagen gehäuft, Trichter reihte sich an Trichter, und die Granaten hatten das gefrorene Gezweig von den Stämmen gefegt. (...) Schönheit und Leben des Wäldchens waren Opfer des Kriegs geworden, wie die Verwundeten und Toten umher. Wir Überlebenden aber liebten die Gefahr, die das mörderische Warten vertrieb. In der Materialschlacht bewies das Leben sich kräftiger in einer wilden Daseinslust. Der Krieg führte uns in einen traumhaften Bereich, und mancher, der friedlichen Herzens war, spürte eine geheimnisvolle Sehnsucht nach dem Furchtbaren in Dulden und Tat. Der Urmensch in uns wurde wach. Instinkt ersetzte Geist und Gefühl, und eine transzendente Vitalität nahm uns auf.«[2]

Ein Jahr später, am 15. April 1945, einem sonnigen Frühlingstag, erreichten britische Panzersoldaten das Konzentrationslager Bergen-Belsen. Wenige Tage zuvor hatten sich Offiziere der britischen Armee mit Vertretern der Wehrmacht auf eine kampflose Übergabe des Lagers und seiner Umgebung geeinigt. Das Lager sollte britischem Kommando unterstellt werden, die Bewachung der Häftlinge aber in den Händen der Wehrmacht und der SS verbleiben. Denn es war eine Typhusepidemie im Lager ausgebrochen. Die britischen Offiziere hielten das Konzentrationslager offenkundig für einen Ort des zivilisierten Strafvollzuges. Denn sie hätten einer solchen Abmachung nicht zugestimmt, wenn sie gewusst hätten, was sie erwarten würde. Als die ersten britischen Soldaten das Lager betraten, bot sich ihnen ein Bild des Schreckens. »Keine Beschreibung« und »keine Photographie«, erinnerte sich ein Sanitätsoffizier, könnten davon eine Vorstellung vermitteln. Infernalischer Gestank, Berge von Leichen, die auf dem Gelände und in den Baracken lagen, ausgemergelte Gestalten in Sträflingskleidung, die auf der Erde herumkrochen und nach Essbarem suchten.

Josef Kramer, der Kommandant des Lagers, aber schien überhaupt nicht zu bemerken, wie schockiert die Befreier waren. Er versuchte nicht zu entkommen, als das Ende nahte. Stattdessen empfing er die

Soldaten am Eingangstor und führte sie durch das Lager, »schamlos« und ohne die geringste Regung, wie sich ein britischer Offizier erinnerte. Niemand habe verstehen können, warum Kramer angesichts der Schandtaten, die er begangen hatte, nicht geflohen sei. Doch auch die SS-Wachen begriffen nicht, dass die Zeit des Tötens und Schlagens vorüber war. Als Häftlinge die Küche des Lagers bedrängten, prügelten Kapos auf sie ein, mehrere Menschen wurden von SS-Männern erschossen, obwohl sich bereits britische Soldaten im Lager befanden. Es sei unmöglich, die Ordnung im Lager aufrecht zu erhalten, ohne Gewalt gegen Häftlinge anzuwenden, entgegnete Kramer den Offizieren, die ihn fragten, warum weiterhin geschossen und geprügelt werde. Als ihm befohlen wurde, Akten aus seinem Büro zu holen, setzte er sich an seinen Schreibtisch und schlug ein Bein lässig über die Lehne des Stuhls. Er hielt sich immer noch für den Kommandanten des Lagers, sprach über die Verwaltung der Hölle, als sei es das Selbstverständlichste auf der Welt. Seit Jahren war er Kommandant gewesen, erst in Auschwitz, dann in Bergen-Belsen, und nun sollte alles vorbei sein? Als britische Offiziere ihn zwangen, einen verwundeten Häftling auf seinen Schultern ins Lazarett zu tragen, und ihm wenig später Handschellen anlegten, war er irritiert. Er konnte nicht glauben, dass er, der doch immer nur für Ordnung gesorgt hatte, verhaftet werden sollte.[3]

Das Rätsel der Gewalt

Gewalt verändert alles, und wer ihr ausgesetzt ist, wird ein Anderer sein. Das Erleben der Gewalt ist wie eine Reise in eine neue Welt, in der andere Regeln gelten und andere Menschen leben. In ihr verschieben sich die Maßstäbe für Normalität; was man für selbstverständlich halten konnte, erscheint im Licht der Gewalt seltsam fremd, und Außergewöhnliches wird zum Alltäglichen. Man betritt einen Gewaltraum und erfährt, dass nichts mehr ist, wie es war. Nie, schreibt der Soldat Willy Reese, habe er die Gewaltexzesse vergessen können, deren Zeuge er geworden sei. Er hatte in den Abgrund der menschlichen Seele geschaut und den Schrecken des Krieges mit allen Nerven seines Körpers empfunden. Aus dem Reich des Friedens und des Wohlstands war er nach Russland gekommen, als Gezeichneter hatte er das Land wieder verlassen. Reese, der feinsinnige Büchernarr, war zu einem Anderen geworden, seit er die Hölle gesehen hatte, Frauen und Kinder ermordet und gegnerische Soldaten mit dem Maschinengewehr niedergemäht hatte. Mechanisch und mitleidlos tötete er, um den Krieg zu überstehen und das eigene Leben zu retten. »Aber bald fand ich keine Ruhe mehr«, vertraute er seinem Tagebuch an, »und keinen Weg zu mir selbst zurück. Wie Furien verfolgten mich die Erinnerungen. Immer wieder erlebte ich die Schrecken des Winterkrieges, hörte wieder das Heulen der Granaten und das Schreien der Verwundeten, sah Soldaten stürmen und sterben und mich wie einen Fremden in meinem Schicksal am Rande des Niemandslands.«[4]

So erging es auch den britischen Soldaten, die niemals vergessen konnten, was sie in Bergen-Belsen gesehen hatten, und die zu begreifen versuchten, was Männer wie Josef Kramer dazu gebracht haben mochte, Grausamkeiten zu begehen, die durch nichts zu rechtfertigen waren. Sie, die den Krieg gesehen und die Nähe des Todes gespürt hatten, konnten es nicht verstehen. Man könnte es leichter begreifen, wenn der Kommandant von Auschwitz-Birkenau und Bergen-Belsen und Liberias Präsident sadistische Triebtäter oder Monster gewesen wären. Aber auf sie traf überhaupt nicht zu, was gewöhnlich als Hintergrunderklärung für die Entstehung von Gewalt ins Spiel gebracht wird. Weder Taylor noch Kramer waren Psychopathen, sie waren in der Vergangenheit weder diskriminiert worden noch Opfer von Gewalt gewesen. Nicht einmal an politischen Programmen und Ideologien schienen sie interessiert gewesen zu sein. Und dennoch empfanden sie irgendwann als normal, was selbst Soldaten für einen Zivilisationsbruch hielten. Wie konnten Kramer und Taylor, die Zehntausende Menschen in den Tod geschickt hatten, glauben, sie seien zu Unrecht verhaftet worden und würden, sobald alle Irrtümer aufgeklärt seien, wieder freigelassen? Hatten sie nicht wahrgenommen, was um sie herum geschehen war? Der Fall scheint auf den ersten Blick eindeutig zu sein. Die Täter sahen nicht, was andere sahen, und sie hielten es nicht für ungewöhnlich, dass Menschen erschlagen, erschossen und ihre Leichen wie Abfall weggeworfen wurden. Aber wie soll man verstehen, dass diese Männer offenbar nichts empfanden, wir aber starr vor Entsetzen sind, wenn von ihren Taten die Rede ist?

Die Liebe und das Bedürfnis nach sexueller Befriedigung gelten uns als Selbstverständlichkeit, als Teil menschlicher Grundausstattung, der nicht erklärungsbedürftig zu sein scheint, während wir die Gewalt für eine Anomalie halten, die nicht in unser Leben gehört. Warum ist das so? Wir könnten es uns einfach machen und sagen: weil die Gewalt Schmerzen und Angst verursacht, wenigstens bei jenen, die sie zu erdulden haben, und weil Gewaltgelüste ohne das Leiden anderer nicht befriedigt werden können. Aber damit wäre nur die halbe Wahrheit über die Irritation gesagt, die Gewalttaten bei Menschen auslösen, die im Frieden leben. Wir sind irritiert, wenn wir mit grausamen Taten konfrontiert werden, die in unserer Umgebung nicht vorkommen. Denn wir leben in einer befriedeten Gesellschaft, in der Mord und Totschlag die Ausnahme, nicht die Regel sind. Wir vertrauen darauf, nicht Opfer von Gewalt zu werden, weil wir wissen, dass die Staatsmacht Gewalttäter in ihre Schranken weist und Konflikte nicht mit dem Tod der Unterlegenen entschieden werden. So sehr vertrauen wir den Institutionen und ihren unsichtbaren Regeln, dass wir es für selbstverständlich halten, nicht umgebracht zu werden, wenn wir am Morgen das Haus verlassen.[5]

Aber wer weiß eigentlich noch, dass der Frieden nur deshalb von Dauer ist, weil es Institutionen gibt, die ihn jederzeit erzwingen können? Für Menschen, die nichts anderes als Frieden und Wohlstand kennen, ist die Gewalt so fern, dass sie sie als verstörendes Ereignis erleben, das aus ihrem Leben verschwinden soll. Es ist gewiss kein Zufall, dass in der einflussreichen Theorie des kommunikativen Handelns von Jürgen Habermas, die auch eine Widerspiegelung des postheroischen Weltempfindens ist, die Gewalt als Möglichkeit, sich anderen gegenüber zu behaupten, überhaupt nicht vorkommt.[6] Wir glauben, unsere Welt sei gewaltfrei, weil sie friedfertig ist. Und wenn dennoch geschieht, was im Alltag einer zivilisierten Gesellschaft nicht vorgesehen ist, müssen Gründe und Motive ins Spiel gebracht werden, die den Glauben an den ewigen Frieden nicht erschüttern. Wir wollen uns die Gewalt nicht als Irritation zumuten, und deshalb behelfen wir uns mit Begründungen, die sich in die Konventionen einer befriedeten Gesellschaft einfügen lassen. So sehr haben wir uns in der Friedfertigkeit eingerichtet, dass wir Menschen, die sich in Spannungs- und Kampfsituationen befinden, überhaupt nicht mehr verstehen. Kaum träten Stolz, Empörung, Wut und Kampfbereitschaft auf, beklagt Peter Sloterdijk, nähmen die Therapeuten an, der Wütende sei Opfer eines »neurotischen Komplexes«.[7] Denn der Glaube, dass Gewalt abweichendes Verhalten ist, hilft Menschen in friedlichen Gesellschaften, sich ihre Wirklichkeit als einen Raum vorzustellen, in dem das Argument über die Faust triumphiert. »Wir verrätseln die Katastrophe«, sagt Jan-Philipp Reemtsma, »um uns unsere Normalität nicht als permanente Irritation zumuten zu müssen.«[8]

Gründe und Rechtfertigungen

Nach der Tat kommt die Stunde der Rechtfertigung. Es sind die Täter selbst, die den Kern der Gewalt verschleiern, weil sie für ihre Taten nur solche Gründe anführen, die es ihnen erlauben, ihr Handeln in die Verhaltenslogik einer befriedeten Gesellschaft einzuordnen. Denn wenn körperliche Auseinandersetzungen, Vergewaltigungen, Pogrome, Massaker und Kriege vorüber sind und Gewalt wieder verboten ist, kann als Motiv nur noch vorgebracht werden, was Täter und Opfer nicht um den Verstand bringt, was die Gewalt als eine vorübergehende Störung erscheinen lässt. Man behilft sich mit Hinweisen auf edle Motive, auf Notwendiges und Unabänderliches, um die Irritation zu überwinden, die die Gewalt auslöst. Täter verweisen auf den Befehlsnotstand, auf Sachzwänge oder die tödlichen Konsequenzen, die eingetreten wären, wenn sie sich Mordbefehlen widersetzt hätten. Manche bringen höhere Werte oder Ehrbegriffe ins Spiel, manche erklären, die Bösartigkeit der Opfer habe ihnen keine Wahl gelassen. Sie müssen, was sie ihren Opfern angetan haben, vor sich und vor anderen rationalisieren, und wenn man sie nach dem Ende der Gewalt zur Verantwortung zieht, versuchen sie, verstehbare Gründe vorzutragen, damit jeder begreift, warum sie nicht anders handeln konnten.

Wenn der Exzess vorüber und der Frieden angebrochen ist, kann die Gewalt nur noch als Ausnahme von der Regel beschrieben werden. Wer vor Gericht einräumte, er habe aus Gleichgültigkeit, aus Berechnung, niederen Motiven oder aus Lust Menschen in den Tod geschickt, brächte sich um jeden Kredit. Deshalb haben alle Handlanger von Diktatoren und Despoten nach dem Ende der Exzesse Begründungen vorgetragen, mit denen sie beweisen wollten, dass ihre Anweisungen verstehbaren Zwecken dienten. Auch Hitlers Helfer haben vor dem Nürnberger Tribunal auf unabänderliche Befehle hingewiesen, denen sie hilflos ausgeliefert gewesen seien. »Aber was konnte ich tun?«, rief der ehemalige Chef des Oberkommandos der Wehrmacht, Wilhelm Keitel, vor dem Tribunal aus. »Ein Offizier kann sich nicht vor seinem Führer, dem Oberbefehlshaber, aufbauen und widersprechen! Wir können nur Befehle erhalten und gehorchen.«[9] Adolf Eichmann, der Organisator des Judenmordes, erklärte seinen Richtern in Jerusalem, er sei nur ein Rädchen im großen Getriebe gewesen, machtlos, sich gegen die Maschine zu wehren, die ihn gezwungen habe, das große Werk des Massenmordes zu verrichten. Nicht grausam, sondern gehorsam sei er gewesen, ein treuer Beamter und Diener seines Herrn, der getan habe, was ihm befohlen worden sei. Hannah Arendt ist auf diese Rechtfertigungsstrategie hereingefallen, weil sie Eichmann glaubte, dass die Pflichterfüllung Richtschnur seines Handelns gewesen sei.[10]

Andere, die für ihre Verbrechen niemals zur Verantwortung gezogen wurden, wiesen auf edle Motive, auf die Abwehr von Gefahren hin, um der Vernichtung von Millionen einen verstehbaren Sinn zu geben. Der Massenterror sei notwendig gewesen, erklärte Molotow noch zwanzig Jahre nach dem Tod Stalins, weil er die Sowjetunion vor inneren Feinden und äußeren Gefahren geschützt und vor dem Untergang bewahrt habe.[11] Charles Taylor teilte dem Tribunal, das in Den Haag über ihn zu Gericht saß, mit, er habe Gewalt anwenden müssen, um den Bürgerkrieg zu beenden, von dem das afrikanische Land heimgesucht worden sei. Was hätten Keitel, Molotow und Taylor auch anderes sagen können? Dass Menschen aus einer Laune heraus getötet worden seien? Was hätte Willy Reese in der bundesdeutschen Öffentlichkeit gesagt, wenn er überlebt hätte und nach seinen Kriegserlebnissen gefragt worden wäre? Hätte er gesagt, was er 1944 seinem Tagebuch anvertraut hatte? Nur eine Antwort, die sich auf die Zwänge des Krieges berief, war eine Antwort, die auch viele Jahre später noch einen Sinn ergab. Das Schreckliche rechtfertigte sich, indem die Täter auf Notwendiges und Unabänderliches verwiesen.

Denn Menschen handeln und sprechen so, wie es in einer Situation, einem Handlungsraum von ihnen erwartet wird. Während des Zweiten Weltkrieges hatte der britische Geheimdienst deutsche Soldaten und Offiziere in Kriegsgefangenenlagern systematisch abhören lassen. Kaum ein Gefangener sprach über den Krieg so, wie er es vor Gericht oder im Beisein seiner Familie getan hätte. Mit Stolz erzählten sie von ihren Heldentaten, von Kriegsverbrechen und Grausamkeiten, weil sie voreinander keine Geheimnisse haben mussten. Jedermann wusste, dass die Erschießung gefangener Partisanen, die Versenkung von Schiffen und die Tötung von Geiseln in der Wehrmacht Brauch gewesen war. Und offenbar sahen sie auch keinen Grund, für sich zu behalten, was sie angerichtet hatten.[12] Auch Vergewaltiger, Schläger und Hooligans prahlen mit ihren Taten nur, wenn sie unter ihresgleichen sind. Sobald moralische Instanzen in Erscheinung treten und sie zur Verantwortung ziehen, kommen Gründe ins Spiel, die eine zivilisierte Gesellschaft nicht irritieren. Von Gewalttätern wird erwartet, dass sie Erklärungen und Rechtfertigungen vortragen, selbst dann, wenn sie sich zu ihren Taten bekennen und der Sinn, den sie ihnen geben, sich mit den Grundregeln und dem Selbstverständnis der bürgerlichen Gesellschaft nicht verträgt. Niemand hört gern, dass Täter aus Freude an der Zerstörung, aus Langeweile gefoltert und gemordet haben, dass sie dem Gruppendruck nicht widerstehen konnten und darum taten, was sie, wenn sie allein gewesen wären, nicht getan hätten.[13] Täter ohne Verantwortung gibt es nur deshalb, weil eine befriedete Gesellschaft verantwortliche Täter nicht ertragen kann.

Die Gewalt soll also auf Gründen beruhen, die man verstehen kann. Jede Erklärung, die sich auf Ziele und Absichten beruft, ist uns lieber als die Lust an der Destruktion. Und so kommt es, dass nicht nur Täter, sondern auch Opfer versuchen, der erlittenen Gewalt einen Sinn zu verleihen, der sie nicht um den Verstand bringt. »Übelkeit steigt in mir auf«, schrieb die Leningrader Malerin Ljubow Wassiljewna Schaporina am 10. Oktober 1937 in ihr Tagebuch, »wenn ich gleichmütig erzählen höre: Der ist erschossen, jener erschossen, erschossen, erschossen. Dieses Wort liegt immer in der Luft, schwingt in der Luft. Die Menschen sprechen es vollkommen ruhig aus, als wollten sie sagen: ›Er ging ins Theater‹.« Wie soll man darüber hinwegkommen, dass Menschen scheinbar ohne jeden Grund aus ihren Häusern geholt und erschossen wurden? »Daß wir eine ganze Nacht lang hören können, wie lebendige und vermutlich unschuldige Menschen erschossen werden – und nicht den Verstand verlieren. Danach wieder einschlafen, weiterschlafen, als wäre nichts geschehen.«[14] Wie soll man damit fertig werden? Irgendwann kommt dann doch die Stunde der Erklärung, die dem Schrecken einen Sinn verleiht. Ein russische Jüdin aus Minsk, die wie Tausende anderer Juden im Sommer 1941 ins Ghetto deportiert wurde, nahm ihre Schmetterlingssammlung auf ihre letzte Reise mit. Normalität im Ausnahmezustand. »Die Menschen suchten einen Sinn in dem, was vorging«, sagte sie später über ihre schrecklichen Erlebnisse, »irgendeinen roten Faden. Selbst die Hölle möchte der Mensch verstehen.«[15] Wer Schmerz ertragen und den gewaltsamen Tod von Freunden und Verwandten erlebt hat, wird den Gedanken, das alles sei zufällig geschehen, nicht ertragen können.

Wer gegen die Konventionen der Rechtfertigung verstößt, wird in den Augen der Ankläger zum Monster. Josef Kramer spielte vor Gericht die Rolle des zynischen Befehlsempfängers, und er brachte zu seiner Rechtfertigung nur Gründe vor, die im Horizont von Anklägern und Richtern keinen Sinn ergaben. Ihm sei es egal gewesen, wen man in sein Lager geschickt habe, ob Kommunisten oder Juden, er habe nur die Aufgabe gehabt, die Häftlinge zu verwahren. Nicht einmal die nationalsozialistische Ideologie habe ihn interessiert, denn in die SS sei er nur eingetreten, weil er Arbeit gesucht habe. Mord aus Dankbarkeit für Einkommen und Fortkommen – auf dieses Motiv reduzierte Kramer seine Rechtfertigungen. Und auch über die Ermordung von Frauen in Gaskammern sprach er so, als habe er nur eine anspruchsvolle technische Aufgabe lösen müssen. Sobald das Gas in die Kammer geströmt sei, hätten die Frauen »gebrüllt«. Mehr hatte er zu diesem Thema nicht mitzuteilen. Als er 1944 wieder nach Auschwitz versetzt werden sollte, habe er sich diesem Befehl allerdings widersetzt. Warum er denn an die alte Wirkungsstätte nicht habe zurückkehren wollen, fragte ihn der Richter, und er erwartete wahrscheinlich, dass Kramer sagen würde, er habe sich dem Grauen nicht aussetzen wollen. Stattdessen antwortete er: »Mich ärgerten die polnischen Zustände dort! Die Ordnung fehlte mir!« Er hatte einfach nicht verstanden, dass eine Verteidigungsstrategie, die sich auf die Moral des Nationalsozialismus berief, vor dem Gericht der Sieger nichts bewirkte.

Kramer hatte den Tod zehntausender Menschen zu verantworten, und dennoch sah er sich nicht als Mörder, sondern als unbestechlichen Ordnungshüter, der sich nichts vorzuwerfen hatte. Noch in der Gefängniszelle glaubte er, dass auch die Ankläger ihren Irrtum einsehen und am Ende verstehen müssten, dass er nichts Verwerfliches getan habe. Er hoffe, schrieb er an seine Frau, dass »die Zeit der Leiden« ein Ende nehme und er bald wieder zu Hause sein werde.[16] Kramers Rechtfertigungen ergaben nur im Referenzrahmen nationalsozialistischer Moral einen Sinn, nach dem Ende der Diktatur aber blieb unverständlich, was er den Richtern zu seiner Entlastung vorzutragen hatte. Er hätte sich auf eine schwere Kindheit berufen, auf Arbeitslosigkeit und Elend verweisen können, selbst als Karrierist und Fanatiker, als Verführter oder Unbelehrbarer wäre er verstehbar gewesen. Stattdessen sprach er über die Gewalt, als sei sie eine Selbstverständlichkeit, die nach keiner Erklärung verlangte. Den Richtern schien, als habe der Angeklagte nichts zu seiner Entlastung vorzutragen. Kramer musste ein Monster gewesen sein, eine andere Erklärung konnte es für die Zeitgenossen nicht geben. Die »Bestie von Belsen«, so nannte ihn die britische Presse. Zur Grausamkeit ohne Grund war also nur imstande, wer an seelischer Abartigkeit litt. Anders konnte man die Botschaft nicht verstehen, die in der Nachkriegsöffentlichkeit über den Lagerkommandanten verbreitet wurde.

Was immer die Gewalt auch sein mag, stets wird sie als Abweichung, als Irrweg, Abweg oder Krankheit vorgestellt, die eines Tages geheilt sein wird. Wenn Krankheiten erst einmal diagnostiziert sind, so lautet das Argument der Therapeuten, können sie auch geheilt werden: durch Zivilisierung, durch Toleranz oder soziale Gerechtigkeit. Alle Erklärungen, die Kultur- und Sozialwissenschaftler für den Ausbruch von Gewalt vorgetragen haben, sind Variationen dieser Motive. Ihre Wirkung ergibt sich aus dem Glauben an die Beherrschbarkeit und Machbarkeit der Verhältnisse. Deshalb sind Erklärungen und Rechtfertigungen von Tätern und Opfern schlechte Ratgeber, wenn man verstehen will, was die Gewalt mit Menschen macht und was Menschen mit der Gewalt machen.[17] Denn wer nur von Gründen und Ursachen spricht, wird über die Dynamik und Eigenlogik von Gewaltverhältnissen wenig erfahren.

»Schon damals hat mich der Gedanke gestreift, der heute bei mir noch tiefer sitzt als die Empörung über das große Verbrechen«, erinnert sich Ruth Klüger, die das Vernichtungslager Auschwitz überlebte, »nämlich das Bewußtsein der Absurdität des Ganzen, das Widersinnige daran, die völlige Sinnlosigkeit dieser Morde und Verschleppungen, die wir Endlösung, Holocaust, die jüdische Katastrophe und neuerdings auch die Shoah nennen, immer neue Namen, weil uns die Worte dafür sehr schnell im Munde faulen. Das Absurde, Unvernünftige daran, wie leicht hätte es verhindert werden können, wie doch niemand was davon gehabt hat, daß ich Schienen getragen hab, statt auf einer Schulbank zu sitzen, und die Rolle, die der Zufall dabei spielte. Ich meine nicht, daß ich nicht verstehe, wie es dazu kam. Ich verstehe ganz gut, wie es dazu kam, zumindest weiß ich so viel wie andere über die Hintergründe. Aber dieses Wissen erklärt nichts. Wir zählen nur an den Fingern her, was vorher war, und verlassen uns darauf, daß das radikal Andere daraus hervorging.«[18]

In allen Geschichten, die Historiker erzählen, werden beliebige Ereignisse in der Zeit miteinander verbunden. Jedes Geschehen, sagen sie, werde von einer Kette ihm vorausliegender Ereignisse verursacht. So sehr haben sich Leser an die Konventionen der historischen Voraussetzungsprosa gewöhnt, dass sie auch ohne Beleg für glaubhaft halten, was die Verursachungshistorie ihnen einreden will. »Das kann man nur historisch erklären!« Warum nur, fragt Ruth Klüger in ihren Erinnerungen an das Grauen. »Weil jedes Kind eine Urgroßmutter hat, so muß jedes Ding eine Ursache haben. Und die arme Urgroßmutter trägt plötzlich die Verantwortung für den Unfug, den die Nachkommen treiben.«[19] Aber diese Rechnung geht nicht auf. Denn das Leben ist keine Aneinanderreihung von Ereignissen, die kausal miteinander verknüpft sind. Es setzt sich aus Augenblicken zusammen. Was immer vorher auch geschehen sein mag, es erklärt nicht, warum unter bestimmten Umständen Menschen andere Menschen umbringen. Alles hätte auch anders kommen können.[20] Die Suche nach dem Ursprung der Gewalt ist vergeblich.

Das Menschenmögliche

Man will nicht wahrhaben, dass manche Menschen sich an Wehrlosen vergreifen und sie töten, weil es ihnen Freude macht; dass Kriege, wenn sie erst einmal ausgebrochen sind, einer Logik gehorchen, die sich von Glaubenssätzen, Überzeugungen oder Argumenten nicht steuern lässt, und dass manche Menschen sich in wilde Bestien verwandeln, wenn sie tun dürfen, was im Frieden verboten ist. »Jeder Deutsche, der eine Uniform trug und eine Waffe hatte«, erinnerte sich Marcel Reich-Ranicki an sein Leben im Ghetto, »konnte in Warschau mit einem Juden tun, was er wollte. Er konnte ihn zwingen, zu singen oder zu tanzen oder in die Hosen zu machen oder vor ihm auf die Knie zu fallen und um sein Leben zu flehen. Er konnte ihn plötzlich erschießen oder auf langsamere, qualvollere Weise umbringen. Er konnte einer Jüdin befehlen, sich auszuziehen, mit ihrer Unterwäsche das Straßenpflaster zu säubern und vor aller Augen zu urinieren. Den Deutschen, die sich diese Späße leisteten, verdarb niemand das Vergnügen, niemand hinderte sie, die Juden zu misshandeln und zu morden, niemand zog sie zur Verantwortung. Es zeigte sich, wozu Menschen fähig sind, wenn ihnen unbegrenzte Macht über andere Menschen eingeräumt wird.«[21]

Schon immer haben Menschen einander verletzt und getötet, wenn sie im Glauben waren, es sei erlaubt, was sie tun, und wenn sie gewiss sein konnten, mit Strafe oder Rache nicht rechnen zu müssen. Wir haben nur vergessen, dass es so ist, weil wir in Räumen leben, die vom Recht strukturiert sind. »Ich kann es nicht verstehen«, dachte Herzog, die Hauptfigur in Saul Bellows gleichnamigem Roman, »aber das ist das Schlimme bei Leuten, die ihr Leben mit humanistischen Studien hinbringen und sich daher einbilden, dass die Grausamkeit aus der Welt geschafft sei, sobald sie in Büchern beschrieben worden ist. Selbstverständlich wusste er es besser – die Menschen würden einfach nicht so leben, dass die Herzogs sie begreifen konnten. Warum sollten sie auch?«[22]

Der Mensch wird nicht, was er ist, er ist immer schon komplett gewesen. Deshalb war die Gewalt zu allen Zeiten eine Möglichkeit, und kein Aufklärungsprogramm hat Menschen je daran gehindert, sich das Verletzen und Töten anderer Menschen vorzustellen. Nicht die Gewalt ist das Rätsel, sondern dass wir uns über sie wundern. Gewalt ist eine Handlungsressource, die nicht nur für jeden zugänglich ist, sondern auch von jedem genutzt werden kann. Der Soziologe Heinrich Popitz hat sie als Aktionsmacht definiert, die »zur absichtlichen körperlichen Verletzung anderer führt, gleichgültig, ob sie für den Agierenden ihren Sinn im Vollzug selbst hat (als bloße Aktionsmacht) oder, in Drohungen umgesetzt, zu einer dauerhaften Unterwerfung (als bindende Aktionsmacht) führen soll«.[23] Jedermann kann schreien, drohen, seine Fäuste einsetzen, Stich- oder Schusswaffen bedienen. Der Gewalttäter erzeugt Aufmerksamkeit. Ein Argument kann ignoriert werden, ein Schlag ins Gesicht nicht. Selbst der Geringste, dem sonst niemand zuhören will, kann durch den Einsatz seiner Faust einen Machtgewinn erzielen, sich Respekt verschaffen. Wer schlägt, kann nicht länger ignoriert werden. Man kann die Gewalt sprechen lassen, wenn die Sprache versagt, und man kann zum Ausdruck bringen, wofür die Worte fehlen. »Legitimationen«, sagt der Soziologe Trutz von Trotha, »sind Antworten auf Fragen. Überlegene Gewalt überzeugt, weil es gar keine Fragen mehr gibt.«[24] Wer Gewalt ausübt, bleibt im Gespräch, auch wenn es keine Widerrede gibt. In jedem Fall aber kann von niemandem, der gewalttätig wird, gesagt werden, er habe nicht gehandelt. »Wer gewalttätig wird«, schreibt der Soziologe Dirk Baecker, »bleibt im Spiel und legt fest, daß die nächsten Spielzüge etwas mit ihm zu tun haben.«[25]

Die Quelle der Gewalt liegt auf dem Grund der Vorstellungskraft. Wir können uns jede Grausamkeit vorstellen, und was sich einmal in das Gedächtnis eingegraben hat, das bekommt man aus ihm nicht wieder heraus. Gewalt ist nicht nur in der Erinnerung als Erlebtes präsent, sondern auch als Erwünschtes, das noch passieren wird. »Dieser Horizont des Möglichen«, so Popitz, »geht, wie wir wissen, weit hinaus über alles Kalkulierbare. Vorgestellte Gewalt irrlichtert in Tagträumen und Alpträumen aller Art.« Es gibt keinen Raum im Bewusstsein, in den Gewaltvorstellungen nicht eindringen könnten. Vor allem aber lässt sich die vorgestellte Gewalt als gefahrlos denken, weil wir »Widerstände, Risiken, die Beschränktheit der eigenen Kräfte nahezu beliebig überspielen« können. Nur in der Phantasie ist das Töten ohne Gefahr, ohne Geruch und Geräusch, und es bleibt ohne Konsequenzen.[26]

Wer vieles erreichen will, aber keine Unterstützung hat, mag Gewalt tatsächlich als Ausweg aus einem selbstverschuldeten Dilemma sehen. Denn als Handlungsressource verspricht Gewalt einen Machtgewinn, der anders nicht zu erringen ist. Man kann die Gewalt, die nur in den Köpfen präsent ist, so lange herbeireden, bis sie geschieht, bis jemand wirklich die Initiative ergreift und handelt. Deshalb degradieren Täter, die töten wollen und nach Legitimationen suchen, ihre Feinde zu Unmenschen. Sie nehmen ihnen ihre

Menschlichkeit und machen sie zu Ungeheuern, die jedes Recht auf Leben verwirkt haben und die man ungestraft vernichten kann. Die Entmenschlichung des Opfers bereitet das Terrain vor, auf dem alles möglich wird. Aber nur in der Phantasie ist Gewalt als unblutige Lösung gesellschaftlicher Konflikte vorstellbar. Leichtfertig sprechen die Advokaten des Unbedingten über die Vernichtung ihrer Feinde. Sie berauschen sich an ihrer Phantasie und ihrer Sprache, weil sie das Blut nicht sehen und die Schreie der Opfer nicht hören müssen. Vorstellungen und Taten aber sind zweierlei. Sobald getan wird, was nur als Vorstellung in der Welt war, wird alles anders, weil im Akt der Gewalt Vorstellungen zu Taten und Kollektive zu einzelnen Menschen werden, deren Leben tatsächlich ausgelöscht wird.

Im Erleben der Gewalt erlischt die Vorstellung vom geräusch- und geruchlosen Tod. Denn wirkliche Gewalt ist hässlich und schockierend, auch für die meisten Täter. Sie ist das Gegenteil aller Vorstellungen, die man sich von ihr macht.[27] Das wissen auch Soldaten, für die das Töten im Gefecht zu einer Erfahrung wird, die sie sich nicht vorstellen konnten. »Manche Leute glauben«, erinnerte sich ein britischer Söldner, der 1975 im angolanischen Bürgerkrieg gegen kubanische Soldaten kämpfte, »der Krieg sei ein angenehmes, leichtes Kribbeln im Fuß. Das stimmt nicht. Krieg, das sind zu Brei zerschmetterte Schädel, abgerissene Beine, Burschen mit hervorquellenden Gedärmen, die sich im Kreis winden, Burschen, die mit Napalm überschüttet wurden, aber noch leben.«[28] So war es immer und überall, wo Menschen einander Gewalt antaten. Im September 1941 trafen Soldaten eines Polizeibataillons im ukrainischen Berditschew ein. Man hatte ihnen den Befehl gegeben, alle Juden des Ortes zu töten. Wir wissen nicht, was diese Männer gedacht und gefühlt haben, als sie Frauen und Kindern in die Hinterköpfe schossen und die Gehirnmasse der Erschossenen auf ihre Uniformen spritzte.[29] Wer aber die Gesichter der Opfer gesehen und ihre Schreie gehört, wer Leichen vergraben und das Blut der Erschossenen gerochen hatte, konnte sich den Mord nicht mehr als eine saubere, klinische Operation vorstellen. Selbst Hitler, der Tag für Tag Mordbefehle erteilte, wusste genau, was es bedeutete, sich dem Grauen auszusetzen. Im Sommer 1943 erklärte er vor Gästen, die ihn auf dem Berghof besuchten, wie sehr ihm Schlachthäuser zuwider seien, in denen Tiere getötet würden. Bis zu den Waden stünden die Schlachter im Blut. Er ziehe es deshalb vor, Gemüse zu essen, weil es ihm nichts ausmache, abgeschnittene Pilze anzusehen.[30] Er, der den Tod von Millionen zu verantworten hatte, konnte nicht einmal den Anblick geschlachteter Tiere ertragen.

Ohne Not, nur weil es ein Motiv gibt, ist niemand gezwungen, gewalttätig zu werden. Jeder kann, wenn Alternativen aufscheinen, seinen Zorn unterdrücken und sich gegen seine Neigungen entscheiden. »Der Mensch«, schreibt Heinrich Popitz, »muss nie, kann aber immer gewaltsam handeln, er muss nie, kann aber immer töten.«[31] Zwar kann ein Täter, der Menschen terrorisiert und misshandelt, arbeitslos oder Anarchist sein oder an Kopfschmerzen leiden, aber dieses Wissen wird uns nicht helfen zu verstehen, was geschieht. Die Arbeitslosigkeit führt dem Täter nicht die Hand, und auch nicht die Mordphantasien, die seinen Kopf besetzt haben. »Weshalb«, fragt der Soziologe Wolfgang Sofsky, »gibt es nicht Millionen von Gewalttätern, obwohl es Millionen von Depressiven, Waffennarren, Horrorfilmenthusiasten, Ehegeschädigten oder Arbeitslosen gibt?«[32] Die Antwort lautet: weil nicht jeder die Chancen nutzt, die sich ihm bieten, und weil es von Situationen und ihren Menschen abhängt, ob Gewalt eine attraktive Handlungsoption ist oder nicht. Wäre es anders, die Gewalt dürfte überhaupt kein Ende nehmen. Denn nicht jeder, der sich für einen überzeugten Nationalsozialisten oder Stalinisten hielt, war auch ein Fachmann für die Ausübung von Gewalt, nicht jeder Aufseher ein Folterer und nicht jeder Arbeitslose ein Amokläufer.

Alle Hintergrunderklärungen beruhen auf der Annahme, dass es motivierten Menschen leichter falle, Gewalt auszuüben. Aber Gewalt ist nicht nur ein Reflex sozialer Motive. Sie fällt schwer, und keine Idee hilft dem Täter dabei, seine Hemmungen zu überwinden. In Wahrheit fällt Gewalt nur jenen Menschen leicht, die aus reiner Lust töten, unter Druck stehen oder sich daran gewöhnt haben. »Wie motiviert jemand auch sein mag«, schreibt der amerikanische Soziologe Randall Collins, »wenn sich die Situation nicht dahin gehend entwickelt, daß die Konfrontationsanspannung und -angst überwunden wird, geht es mit der Gewalt nicht weiter.«[33]

Räume und Situationen

Gewalt ist dynamisch, sie erzeugt Handlungszwänge, deren Folgen nur selten wirklich vorauszusehen sind. Man weiß nicht, was geschehen wird. »Wenn doch Gewalt ausbricht«, so Collins, »dann liegt das zumeist an den Bedingungen der unmittelbaren Interaktion. Eine Theorie der Motive für Gewaltanwendung erklärt wenig, denn von den Motiven bis zur tatsächlichen Gewaltanwendung ist es ein weiter Weg.«[34] Gewaltoptionen setzen sich gegen andere Handlungsalternativen erst durch, wenn Menschen in Situationen sind, die es ihnen erlauben, Grenzen zu überschreiten. Es hängt immer von der Situation ab, welche Entscheidungen überhaupt möglich sind. Manche wägen Kosten und Nutzen einer Gewalttat genau ab und lassen die Fäuste erst sprechen, wenn sie mit Gegenwehr nicht rechnen müssen, andere schrecken vor ihrem Einsatz zurück, weil sie die Konsequenzen ihres Handelns fürchten, weil sie ahnen, dass sie nicht gewinnen können, wenn sie sich auf eine gewaltsame Auseinandersetzung einlassen, oder weil sie einfach den richtigen Augenblick verpasst haben. Sie entscheiden sich also gegen ihre Neigungen, obwohl sie Gründe haben, gewalttätig zu sein.

Manche Menschen handeln aus Lust oder weil Gewalt, die nur zerstören will, ihnen für einen Augenblick das Gefühl absoluter Macht verschafft.[35] Andere töten in Gruppen. Sie lassen sich von der Meute mitreißen, werden eins mit ihr und ihrer Wut und beruhigen sich erst wieder, wenn der Kampf vorbei ist und die Meute zerfällt. Gewalt in Gruppen eskaliert, wenn es keine Regeln gibt und die Gegner sich nicht wehren können. Der Täter wird unsichtbar, er wird Teil einer Masse und tötet, weil es auch die anderen tun. Gemeinsames Töten verbindet und enthemmt. Es hebt die Barrieren zwischen Menschen auf und schafft soziale Gleichheit. Die Lust verträgt sich nicht mit Abwägungen, deshalb kann die Gewalt in solchen Situationen außer Kontrolle geraten. »Ein gefahrloser, erlaubter, empfohlener und mit vielen anderen geteilter Mord«, schreibt Elias Canetti, »ist für den weitaus größten Teil der Menschen unwiderstehlich.«[36]

Was immer Menschen auch tun werden: stets handeln sie in Situationen, in Räumen der Gewalt, die ihnen zwar nicht vorschreiben, was zu tun ist, die aber ihre Möglichkeiten einschränken, das Geschehen nach Belieben zu kontrollieren. Wenn wir verstehen wollen, wie Gewalt entsteht und was sie anrichtet, müssen wir die Situationen genau beschreiben und die Räume, in denen sie zur Entfaltung kommt: nicht nur geographische Zonen, umgrenzte Landschaften, Lager, Gefängnisse und Anstalten, sondern auch jene unsichtbaren Räume, die durch die Vorstellung einer gemeinsam geteilten Welt entstehen. Sie steuern das Verhalten von Gruppen und geben ihnen eine Kontur. Nicht Ideen und Gründe, sondern Räume, ihre Situationen und Handlungszwänge entscheiden darüber, was mit uns geschieht, wenn die Gewalt ausgebrochen ist. Über sie haben Täter und Opfer keine freie Verfügung. Menschen sind verschieden, manche sind stark, andere schwach, manche sind bewaffnet und andere sind es nicht, manche haben Gründe zu tun, was sie tun müssen, andere kommen ohne Pläne aus. Was immer auch der Anfang gewesen sein mag, der die Gewalt ausgelöst hat – man wird über die Dynamik und die Möglichkeiten der Gewalt wenig in Erfahrung bringen, wenn man sich nur über die Gründe des Anfangs verständigt. Zwar haben Gewaltverhältnisse Ursachen, aber sie werden von der Dynamik der Gewalt selbst erzeugt. Aus der Perspektive gesellschaftlicher Ursachenforschung lassen sie sich nicht verstehen und beschreiben. Die Situation, glaubt der Sozialpsychologe Harald Welzer, sei »viel entscheidender für das, was Menschen tun, als die Persönlichkeitseigenschaften, die sie in diese Situation hineinbringen«.[37] So gesehen muss eine Gewaltforschung, die ernst genommen werden will, nicht von Absichten, sondern von Handlungen sprechen, die sich aus Situationen ergeben. Sie muss von den Räumen sprechen, die gewalttätiges Handeln ermöglichen und begrenzen. Von der Beschaffenheit des Raumes und den Möglichkeiten, die sich aus Situationen ergeben, hängt es ab, welche Dynamik ein Geschehen entwickelt.[38] Es kommt also nicht darauf an, was einer denkt oder meint, sondern wo und wie jemand handelt.

Was wohl geschehen werde, fragt Jan-Philipp Reemtsma in seinem Buch »Vertrauen und Gewalt«, wenn die Regierung erklärte, die Staatsgewalt sei für die Dauer von zwei Wochen außer Kraft gesetzt? Wer würde dann noch im Vertrauen darauf, nicht umgebracht oder ausgeraubt zu werden, auf die Straße gehen? Was würde geschehen, wenn es zu einem Konflikt käme? Würde man sich verteidigen können, und wer würde im Ernstfall helfen?[39] Macht hätte jetzt nur noch, wer imstande wäre, sich selbst zu verteidigen. Der Nachteil verminderter Intelligenz lässt sich in solchen Situationen nur durch Muskelkraft, Entschlossenheit und Skrupellosigkeit kompensieren. Alle Qualitäten, die Menschen in bürgerlichen Sicherungssystemen Vorteile verschaffen, werden im Überlebenskampf zu Nachteilen. Die Welt ist auf den Kopf gestellt, mit dem Zusammenbruch der Ordnung schlägt die Stunde der Skrupellosen und Entschlossenen, die sich ermächtigen, zu tun, was andere nur zu denken wagen. Ist die Gewalt erst einmal außer Kontrolle geraten, bricht die Zeit der Psychopathen und Kriminellen an, die das Töten wie die Luft zum Atmen brauchen. Schon immer haben sich Despoten, Warlords und Armeeführer solcher Gewaltexperten zu bedienen gewusst, die weder Reue empfinden noch Mitleid haben.[40] Nichts hebt ihr Machtgefühl so sehr wie die Angst der Verschreckten und Terrorisierten. Wenige Entschlossene können also, wenn die Umstände es ihnen erlauben, das Leben der Vielen zur Hölle machen. Denn die Wenigen, die wissen, was sie tun, sind gegenüber den Vielen, die sich nicht gegen sie verbünden können, im Vorteil. Die einen haben Waffen und sind bereit, sie zu gebrauchen, und die anderen sehnen sich nach Ordnungssicherheit, die sie nicht bekommen, wenn sie sich den Gewalttätern widersetzen. Zu allen Zeiten beruhte die Herrschaft der Wenigen über die Vielen auf diesem Prinzip.[41]

Wenn die Gewalt tatsächlich ausbricht, ist nichts mehr wie zuvor, weil sich der Einsatz des Körpers als Waffe im Gegensatz zu den Vorstellungen, die wir von der Gewalt haben können, nicht nach Belieben kontrollieren lässt. Gewalt erzeugt Anschlusszwänge, die wir nicht beherrschen. Man verliert die Hoheit über die Situation. Die Welt ist aus den Fugen geraten, die Gewissheit, vor Verletzung und Tod geschützt zu sein, verschwunden. Denn Gewalt kann von niemandem, der sie erlebt, ignoriert werden. Einen angreifenden Feind, schreibt die amerikanische Publizistin Barbara Ehrenreich, könne man »ebenso wenig loswerden wie einen Straßenräuber, der Geld oder Leben fordert, indem man ihm erklärt, man würde, offen gestanden, am liebsten beides behalten«.[42]

Nicht einmal der Täter ist in Sicherheit, weil er mit Gegenwehr und Rache rechnen muss, wenn er seine Opfer am Leben lässt und ihnen die Gelegenheit zur Vergeltung gibt: Vergewaltiger, die ihr Opfer töten, weil sie Angst vor der Strafe haben, die sie erwartet, wenn sie entdeckt werden; Soldaten, die Kriegsgefangene umbringen, oder Despoten, die Landstriche entvölkern oder die Verwandten und Freunde ihrer Gegner umbringen lassen, weil sie wissen, dass die Opfer von heute die Rächer von morgen sein werden. Sobald die Gewalt willkürlich und unberechenbar wird, verändert sie alle sozialen Beziehungen. Niemand kann jetzt noch handeln, ohne zugleich eine Antwort auf die Präsenz der Gewalt zu geben. Wer einmal in einer vom Krieg und vom Terror beschädigten Misstrauensgesellschaft gelebt hat, weiß, wovon die Rede ist. »Ich habe verstanden«, schrieb Warlam Schalamow über seine Erfahrungen in den stalinistischen Lagern, »was Macht bedeutet und was ein Mann mit Gewehr«.[43]

Ob der langjährige Verzicht auf Aggression Menschen davon abhält, zu verletzen und zu töten, wie der amerikanische Psychologe Steven Pinker vermutet? Die »Kräfte des Weltbürgertums« könnten zum Anlass werden, »sich in andere Menschen hineinzuversetzen, die anders sind als man selbst«. Mitgefühl und Friedfertigkeit könnten selbst dann noch die Oberhand behalten, wenn der Leviathan uns seinen Rücken zukehrt. Eine schöne Idee, zweifellos, die aber allen Erfahrungen, die Menschen mit der Gewalt machen können, widerspricht.[44] Auch der Soldat Willy Reese kam aus einer befriedeten Gesellschaft nach Russland, und dennoch war er schon nach wenigen Tagen zu einem anderen Menschen geworden. Als er den Raum des Krieges betrat, fühlte er sich noch als Fremder in einem fremden Land. Schon bald aber hatte er sich an den Anblick von Leichen gewöhnt, hatte erlebt, mit welcher Leichtigkeit getötet und mit welcher Anstrengung gestorben wird. Ohne Waffe und ohne die Fähigkeit zur Selbstverrohung wäre Reese in dieser Umgebung allgegenwärtiger Gewalt schon bald ein toter Mann gewesen. Und so wurde das Schlachtfeld zu seinem Zuhause. Man braucht keine kriegerischen Instinkte, um sich auf eine solche Situation einzustellen.

Wirkungen

Der Mensch ist nicht des Menschen Freund, wenn er nur die Wahl hat, andere zu töten oder selbst getötet zu werden. Sobald er das Reich der Gewalt betritt, wird er Teil eines Lebens, das nur noch für den Augenblick gelebt wird. Alles, was einmal für normal gehalten wurde, verliert im Angesicht entgrenzter Gewalt seine Bedeutung. »Es war wie ein Traum«, schrieb Reese über seinen Fronturlaub in der Heimat. »Wir glaubten, es gäbe nur noch Schnee und Eis auf der Erde, und in einer jähen Furcht vor allem Schönen und Gütigen überfiel uns das Heimweh. Wir sehnten uns nach Rußland zurück, in die weiße Winterhölle, in Leiden, Entbehrungen, Todesgefahr. Wir wußten nicht, was wir noch mit unserem Leben sollten. Wir fürchteten die Heimkehr und erkannten nun die kriegerischen Verheerungen unserer Seele.« Alle Maßstäbe für die Normalität hatten sich verschoben, Reese, der soeben der Hölle entkommen war, empfand den Alltag von Menschen, die im Frieden lebten, als eine absurde Wirklichkeit.[45]

Wer sich im Krieg befindet und jeden Tag damit rechnen muss, das Leben zu verlieren, wer Mord als Alltagsgeschäft betreibt, wird wahrscheinlich gar nicht verstehen, was gemeint ist, wenn von der Verschiebung der Maßstäbe die Rede ist. So empfand es wohl auch der Kommandant von Bergen-Belsen. Er hatte sich so sehr daran gewöhnt, Menschen umzubringen, dass er sich ein Leben in gewaltfreier Gesellschaft schon nicht mehr vorstellen konnte. Nicht einmal die Zeugen des Grauens empfinden irgendwann noch Abscheu oder Ekel. Sie wenden sich gelangweilt ab, weil die Gewalt Teil ihres Lebens geworden ist. Als der polnische Jude Julius Margolin mit Tausenden anderer Häftlinge im Juli 1940 in die Sowjetunion deportiert wurde, machte er eine verstörende Erfahrung. In Polen sei der Elendszug noch als außergewöhnliche Erscheinung empfunden worden. Auf den Bahnhöfen habe man Menschen sehen können, die starr vor Entsetzen gewesen seien, als der Zug mit den Häftlingen eingefahren sei. Frauen hätten versucht, ihnen Brot zuzustecken, manche hätten geweint. In der Sowjetunion aber interessierte sich niemand mehr für das Schicksal der Unglücklichen. Als der Zug die Grenze passierte, schien es Margolin, als sei er im Reich der Gleichgültigkeit angekommen. »Jenseits der sowjetischen Grenze waren wir keine Sensation mehr. Uns wurde klar, daß ein Zug wie der unsere für die Sowjetbürger ein ganz gewöhnlicher Anblick war, ein Teil ihres Alltags – nichts Besonderes. Wie viele solche Züge hatten sie schon gesehen! Ein Häftlingstransport – ganz normal! Die Erwachsenen gingen mit abgewandtem Gesicht an uns vorüber, sie wollten nichts mit uns zu tun haben. Die Kinder – zehnjährige Jungen und Mädchen – gingen schwatzend und lachend vorbei, und dieser ganze Zug löste weder Neugier noch Schrecken bei ihnen aus, nicht einmal Aufmerksamkeit. Was gab es da schon zu sehen?«[46] Niemand wird dort, wo die Gewalt zur Normalität geworden ist, nach ihren Ursachen fragen, denn das Selbstverständliche bedarf keiner Begründung. Stattdessen wird jeder es für ein Gebot der Klugheit halten, Vorkehrungen zu treffen, um nicht Opfer von Gewalt zu werden. Denn zum Täter kann auch werden, wer nicht Opfer sein möchte.

Wir müssen, wenn wir ein Gewaltgeschehen verstehen wollen, vielerlei wissen: Was geschah, bevor die Gewalt ausbrach? Waren die Täter bewaffnet und hatten sie Komplizen? Waren sie mit Gewalt vertraut oder schlugen sie zum ersten Mal auf andere Menschen ein? Gab es einen Anführer? Trugen auch die Gegner Waffen? Mussten die Täter mit Gegenwehr oder Bestrafung rechnen, oder konnten sie sich in Sicherheit wiegen, weil erlaubt war, was sie taten, oder weil ihre Gegner zur Gegenwehr nicht imstande waren? In welchem Raum bewegten sich Täter und Opfer, und konnten sie ihn übersehen? Gab es Fluchtwege oder Auswege? Waren die Täter gezwungen zu töten, weil sie als Soldaten militärischen Befehlen gehorchen mussten, oder handelten sie aus eigenem Entschluss? Wähnten sie sich in einer Situation der Notwehr oder ergriffen sie selbst die Initiative? Hatten die Täter Angst, waren sie betrunken oder narkotisiert, als sie über ihre Gegner herfielen? Waren sie dem Druck der Gruppe ausgesetzt, mussten sie sich sozialem Zwang beugen oder ihre Männlichkeit beweisen? Wer empfand als anstößig oder irritierend, was vor aller Augen geschah, und wer nicht? In welcher Situation, in welchem Raum und unter welchen Voraussetzungen entfaltete sich die Gewalt?

Wie erlebten die Opfer, was ihnen angetan wurde? Empfanden sie die Gewalt als demütigend, als willkürlich oder als Akt der Vergeltung?[47] Denn das Empfinden der Opfer entscheidet auch darüber, wie es mit der Gewalt weitergeht, wie sie bewältigt und gesühnt wird. »Die Gefolterten und Vergewaltigten«, schreibt Ruth Klüger, »haben dies gemeinsam, daß die Zeit nicht wegspült, was mit ihnen geschehen ist, und daß sie sich, anders als diejenigen, die durch Unfall oder Krankheit gelitten haben, ihr Leben lang mit dem an ihnen Verübten abgeben, um damit zu Rande zu kommen. Es ist schon wichtig, ob die Qualen, die fast jeder Mensch im Lauf der Jahre auszustehen hat, zufällig oder zugefügt sind.«[48] Gewalt, die anerkannten Regeln folgt, ist berechenbar, doch wer vernichtender, zerstörerischer Gewalt ausgesetzt ist, hat keine Wahl als zu sterben oder selbst zu töten. Willkürliche, scheinbar sinnlose Gewalt, die keinen anderen Urheber als den Täter selbst hat, wird anders bewältigt als die Erfahrung, von »Herrenmenschen« gedemütigt worden zu sein.

Nach der Gewalt ist alles anders, weil sich die Bedingungen verändert haben, unter denen Menschen einander begegnen können, und alle Beteiligten wissen, dass es so ist. Für den Täter ist es das Gefühl der Allmacht, das er empfindet, wenn er den Willen und den Körper anderer bricht, für das Opfer ist es das Gefühl absoluter Ohnmacht. Gewalt zerstört Vertrauen, und die Überlebenden werden gekennzeichnet sein von der Gewalt, für immer wird sich die Gewalterfahrung in ihrer Erinnerung festsetzen und ihr Handeln beherrschen, vor allem dann, wenn Täter Opfern vorschreiben, wie sie sich an die erlittene Gewalt zu erinnern haben. Physische kann in psychische Gewalt umschlagen, wenn Wenige Viele dazu bringen können, sich ihnen nicht nur zu unterwerfen, sondern sie zu preisen. In der stalinistischen Sowjetunion wurden Menschen gezwungen, sich von ihren ermordeten Angehörigen nicht nur zu distanzieren, sondern die Macht dafür zu loben, sie aus der Welt geschafft zu haben. In allen kommunistischen Diktaturen mussten die Untertanen an Wahlen teilnehmen, die nichts zur Wahl stellten, und Tag für Tag als Wahrheit aufführen, was für jedermann als Lüge erkennbar war. Nirgendwo ist die Macht größer als dort, wo Menschen unter Schmerzen tun, was sie nicht wollen, weil sie den Gewaltraum nicht verlassen können. In Stalins Reich hatte sich die Macht so fest in den Köpfen festgesetzt, dass wie von selbst geschah, was die Machthaber von ihren Untertanen erwarteten. Er werde, erklärte ein junger Mann im Frühjahr 1928 auf den Seiten der *Prawda*, den Namen seines Vaters, der von der Staatsmacht als Volksfeind angeklagt worden war, ablegen, weil er mit Schande befleckt sei. Was mag dieser Mann empfunden haben, als man ihm abverlangte, sich öffentlich von seinem Vater loszusagen?[49]

Was geschieht, wenn die Gewalt vorüber ist und niemand weiß, ob und wann sie wiederkommt? Wie immer die Antwort auf diese Frage auch ausfallen mag, es gibt keinen Zweifel, dass auch die Furcht vor der Wiederkehr der Gewalt weh tut. Die Wirkungen der Gewalt lassen niemanden unberührt. Körperliche verwandelt sich in psychische Gewalt, wenn die Folgen einer Verletzung seelisch bewältigt werden müssen. Umgekehrt erleidet, wer Angst hat, bedroht oder erniedrigt wird, nicht nur psychische Schmerzen.[50] Am Ende setzen sich die Folgen der »unsichtbaren Gewalt« auch in den Körpern der Opfer und ihrer Nachkommen fest. Sie werden verrückt, krank oder depressiv, manche verletzen sich selbst, sie empfinden Schuld, weil sie, nicht aber ihre Freunde und Verwandten mit dem Schrecken davongekommen sind. Manchmal zerbrechen auch Täter an der Gewalt, die sie anderen Menschen angetan haben: Wenn man sie gezwungen hat, zu töten, um zu überleben, wenn sie nicht sprechen dürfen über das, was geschehen ist, oder wenn sie damit rechnen müssen, dass die Opfer sie eines Tages zur Verantwortung ziehen werden.[51] Ein sowjetischer Geheimpolizist, der im Jahr 1937 an Massenerschießungen beteiligt gewesen war, war Jahre später nur noch ein psychisches Wrack. Er sei, erinnerte er sich, »wie benebelt« gewesen, weil er die Bilder schreiender und sterbender Menschen nicht vergessen konnte. Ein anderer NKWD-Mann saß Nacht für Nacht mit einem geladenen Revolver auf seinem Bett und rief: »Man wird Vergeltung an mir üben.«[52]

Für das Töten bezahlen die meisten Menschen einen hohen Preis: Sie müssen mit den Gedanken daran, was sie getan haben, weiterleben. Für immer wird die Gewalt in ihnen sein und ihr Leben bestimmen. Ein Hutu aus Burundi, der sich an den Massakern des Jahres 1994 beteiligt und Dutzende Tutsi ermordet hatte, antwortete auf die Frage, wie er mit der Schuld, die er auf sich geladen habe, weiterleben könne: »Die Augen dessen, den man tötet, sind unsterblich, wenn sie dich im Augenblick des Todes anschauen. Sie sind von einer schrecklichen schwarzen Farbe. Die Augen des Getöteten bringen dem Mörder Unglück, wenn er sie ansieht.«[53]

Gewalt verändert den sozialen Ordnungsrahmen, in dem Menschen sich bewegen, weil sie Sicherungen außer Kraft setzt, die das Leben im Frieden vor Verletzungen schützen. Gewalt produziert Misstrauen und zerstört jene soziale Kommunikation, ohne die keine Gesellschaft vorstellbar ist. Natürlich ist nicht jeder Gewaltraum ein Ort totaler Entgrenzung. Ein Staatenkrieg, der nach den Regeln der Genfer Konvention geführt wird, unterscheidet sich von Bürgerkriegen und von asymmetrischen Kriegen, in denen Schwache über Stärkere triumphieren, weil sie alle Möglichkeiten der Gewaltpotenzierung nutzen, die sich ihnen bieten. Kriege folgen einer anderen Dynamik als Massaker oder Pogrome, eine Prügelei unterscheidet sich vom bewaffneten Überfall, Folter vom normalen Strafvollzug, ein gezielter Polizeieinsatz gegen Kriminelle oder Gewalttäter, die Gesetze brechen, vom Terror, den Geheimpolizisten in Diktaturen ausüben, um Furcht und Schrecken zu erzeugen. Haftanstalten sind keine Vernichtungslager, in denen Opfer zu Körpern werden, weil sie nur noch Objekt totaler Macht sind. Autoritäre Diktaturen unterscheiden sich von despotischen Ordnungen, weil sie zwar Gehorsam erzwingen, auf die Erzeugung dauerhafter Furcht und die Zersetzung von Institutionen und Verfahren aber verzichten.[54] In allen Gewalträumen aber sind Regeln sozialer Kommunikation, die im Frieden gelten, suspendiert. In ihnen ist das Verhalten von Menschen vor allem eine Antwort auf die Präsenz der Gewalt, und wenn es keine Möglichkeit gibt, vor ihr zu flüchten, weil man aus Gefängnissen und Lagern nicht entkommen, weil man Mafiabanden nicht verlassen kann, weil es in Bürgerkriegen kein Hinterland gibt oder weil man als Soldat nur die Wahl hat, den Gegner zu vernichten oder selbst getötet zu werden, ist soziale Kommunikation nichts als eine Bewältigung von Gewaltverhältnissen.[55]

Das Gehäuse der Gewalt

Die Zeit unorganisierter Gewalt ist kurz. Menschen, die sich prügeln und übereinander herfallen, Räuber, die Geschäfte ausrauben oder umbringen, wer sich ihnen in den Weg stellt, Killer, die lautlos töten – sie alle wollen, dass die Gewalt schnell vorüber geht, denn je länger der Furor dauert, desto größer ist die Wahrscheinlichkeit, dass ihr Vorhaben misslingen wird. Deshalb ziehen sich Angreifer zurück, wenn sie begreifen, dass sie nicht siegen können. Erst wenn Gewalt organisiert und institutionalisiert wird, kann sie sich über einen längeren Zeitraum verstetigen. Soldaten, die in Armeen dienen, Aufseher in Lagern und Gefängnissen verletzen und töten auch dann, wenn sie es nicht wollen, weil das System von Strafe und Gratifikation bewirkt, dass Untergebene sich Vorgesetzten unterwerfen und Befehle auch gegen ihren eigenen Willen vollstrecken. Die Leistungsfähigkeit von Armeen hängt davon ab, ob es ihnen gelingt, die Angst ihrer Soldaten organisatorisch unter Kontrolle zu bringen.[56] Was immer Menschen in militärisch organisierten Gewaltverbänden auch tun, sie tun es irgendwann auch aus Pflichterfüllung, sie tun es, weil sie Kameraden nicht verraten, weil sie keine Feiglinge sein wollen, weil Ruhm und Ehre auf dem Spiel stehen oder weil sie es gewohnt sind, sich Autoritäten zu unterwerfen. So kommt es, dass die Vorstellung, man könne einen Befehl nicht ausführen, im moralischen Kontext einer militärischen Institution tatsächlich für abwegig gehalten werden kann.[57]

Institutionen erzwingen Gewalt aber nicht nur, sie ermöglichen sie auch. Denn unter dem Dach eines bewaffneten und mächtigen Verbandes können Menschen tun, was sie sich allein niemals zumuten würden. Und wenn erlaubt ist, was sie tun, können sie Schwächere und Wehrlose misshandeln, ohne mit Vergeltung oder Strafe rechnen zu müssen. Institutionalisierte Gewalt eröffnet Gelegenheiten. In allen totalen Institutionen ist die Gefahr groß, dass manche Menschen zu Tätern und manche zu Opfern werden. Niemand kann eine Armee oder ein Lager einfach verlassen oder sich dem Gruppendruck entziehen, der sich aus den Zwängen organisierter Gewalt ergibt. Nicht einmal in der Schule ist man frei zu tun, was man will. Deshalb ist die angeordnete und erlittene Gewalt dort am größten, wo sie sich mit autoritären Hierarchien und Strukturen verbindet. Sie zwingen Menschen, am Ort zu bleiben und unter allen Umständen zu gehorchen. Und so kommt es, dass Soldaten, Offiziere, Polizisten, Lagerkommandanten oder Mafiosi, die in großem Maßstab und über längere Zeit auf Kommando töten und foltern, für normal halten, was sie tun. Sie gewöhnen sich an den blutigen Alltag nicht nur deshalb, weil sie durch Routine abstumpfen und verrohen, sondern auch, weil in ihrer Umgebung an Ansehen gewinnt, wer sich auf das Handwerk des Tötens versteht. »Der Gedanke, einen Befehl nicht auszuführen, kam einfach niemandem. Und jemand anderes hätte es sowieso getan, wenn ich es nicht getan hätte«, erklärte Rudolf Höß, der Kommandant von Auschwitz, nach dem Krieg.[58]

Wenn das Töten geboten ist, wird Mitleid als Verstoß gegen den Ehrenkodex der Gruppe ausgelegt. Jeder Mord kann nun als Pflicht, als Notwehr oder Selbstschutz ausgelegt, gerechtfertigt und empfunden werden. Solche Menschen hören irgendwann nur noch den Befehl, der ihnen sagt, was sie tun und was sie unterlassen sollen, weil sie sich eine andere Welt jenseits des Krieges nicht mehr vorstellen können. Ihr moralischer Referenzrahmen verschiebt sich, und nach einer gewissen Zeit glauben sie selbst, dass normal ist, was an anderen Orten verboten wird. Wäre es anders, man könnte nicht verstehen, warum jene SS-Einheiten, die in den Jahren 1943 und 1944 von der Ostfront abgezogen wurden, auch in Italien und Frankreich auf all ihren Wegen Spuren der Verwüstung hinterließen. In der Sowjetunion hatten sie einen Vernichtungskrieg geführt. Sie verstanden nach Jahren exzessiver Gewalterfahrung nicht, warum es an der Westfront anders sein sollte. Die SS-Soldaten beherrschten ihr Handwerk, sie hatten sich an den rücksichtslosen Einsatz von Waffen gegen jedermann gewöhnt, und sie kämpften in der Gewissheit, einen Ehrendienst zu verrichten.[59] Auch in den Vernichtungslagern kamen Wächter zum Einsatz, für die das organisierte Töten nichts als gewöhnliche Arbeit war. »Die Lager-SS bestand eher aus stumpfsinnigen Rohlingen als aus scharfsinnigen Dämonen«, erinnerte sich Primo Levi. »Sie waren zur Gewalttätigkeit erzogen worden: Gewalttätigkeit floß in ihren Adern, sie war das Normale, das Selbstverständliche.«[60]

Zwar entscheiden Situationen und die Möglichkeiten des Raumes darüber, wie Gewalt vollzogen und erlitten wird. Aber kein Mensch begibt sich voraussetzungslos in eine Gewaltsituation. Man weiß immer schon, was zu tun ist, denn Täter wie Opfer, Angreifer wie Verteidiger greifen unwillkürlich auf eingespielte Gewohnheiten zurück, die in ihrem kulturellen Kosmos einen Sinn ergeben. In manchen Konflikten wie der Blutrachefehde oder der Vendetta ist die Gewaltdynamik für alle Beteiligten einigermaßen vorhersehbar, weil sie die Regeln kennen, denen die Eskalation des Konflikts folgt. Wer Entbehrungen kennt, mit Gewalt aufgewachsen ist, kann sich auf eine Gewaltsituation leichter einstellen als Menschen, die ohne Vorbereitung in die Schlacht geworfen werden.[61] Überall, wo Menschen über lange Zeit mit der Gewalt leben müssen, gewöhnen sie sich an sie, weil sie sonst nicht weiterleben könnten. Was einmal für abwegig gehalten wurde, wird zum Erwartbaren. Deshalb sind Ordnungssicherheit und Gewalt nicht unter allen Umständen unvereinbare Gegensätze. Eine Analyse der Gewalt, die nicht auch vom Raum und von der Kultur spricht, in denen sie sich entfaltet, wird keine Antwort auf die Frage finden, welche Handlungsmöglichkeiten sich Menschen in Gewalträumen bieten.[62]

»Anlass und Grund der Vergesellschaftung ist die Angst der Menschen voreinander«, behauptet Wolfgang Sofsky.[63] Warum, werden wir fragen. Wir haben doch keine Angst voreinander! Ja, aber die Angst wird in unser Leben zurückkehren, wenn wir die Befolgung der Gesetze suspendieren, wenn wir die Freiheit über das Recht stellen und es den Gewalttätern erlauben, uns ihre Regeln aufzuzwingen. »Wo die Gemeinschaft den Vorwurf aufhebt«, schrieb Sigmund Freud im Jahr 1915 an Albert Einstein, »hört auch die Unterdrückung der bösen Gelüste auf, und die Menschen begehen Taten von Grausamkeit, Tücke, Verrat und Rohheit, deren Möglichkeiten man mit dem kulturellen Niveau für unvereinbar gehalten hätte.«[64] Wenn also die Schleusen geöffnet und die Sicherungen entriegelt werden, weil entweder die Ordnung zusammengebrochen ist oder die Staatsgewalt beschlossen hat, ihr Gewaltmonopol dafür zu missbrauchen, grenzenlosen Terror auszuüben, werden aus Rechtsräumen Gewalträume, aus denen es kein Entkommen mehr gibt. In ihnen gilt nichts als das Gesetz der Gewalt. Und dennoch ist Gewalt als Möglichkeit auch dann präsent, wenn niemand gewalttätig ist und das Argument über die Faust gesiegt hat. Eine Ordnung, die nicht auch jederzeit gegen Widerstand erzwungen werden kann, könnte nicht lange überleben.[65] Deshalb bleibt die Gewalt als Möglichkeit auch dann im Spiel, wenn Frieden herrscht. Nicht ihre Überwindung sollten wir erhoffen, sondern ihre Beherrschbarkeit.

2

Zivilisierung: Die Gewalt verschwindet

Wir leben in einer Epoche beispielloser Friedfertigkeit. Die meisten Menschen, die im Europa der Gegenwart leben, wissen nicht, was Krieg und Terror sind und was sie anrichten können. Denn sie haben keine Erfahrungen mit exzessiver Gewalt gemacht, und wenn sie doch einmal erleben, was sie nicht für möglich gehalten hätten, glauben sie, dass Gewalttaten Ausnahmen sind und nur selten vorkommen. Wenn Männer Frauen schlagen und vergewaltigen, wenn Kinder misshandelt werden, sind wir schockiert. Viele unter uns würde wahrscheinlich schon eine Ohrfeige tief verunsichern. Nicht einmal der Verteidigungsminister, der den bewaffneten Arm der Außenpolitik repräsentiert, weiß noch, was mit den Waffen, die er in Krisengebiete schaffen lässt, geschehen soll. Wir können uns Soldaten vorstellen, die humanitäre Hilfe leisten und Gutes tun, aber es fällt uns schwer, sie als Menschen zu sehen, die andere Menschen töten. Nur noch als abstraktes Geschehen ist die Gewalt in unserem Alltag präsent. Wenn sie sich als Fernsehnachricht in die Wohnzimmer verirrt, wird sie von den Zuschauern als sauberes, geräusch- und geruchloses Ereignis erlebt, in einer fiktiven Welt, die sich aus Zitaten und Phrasen zusammensetzt. Kaum jemand nimmt als Bedrohung wahr, was andere erlitten haben. Alles ist unter Kontrolle, die Gewalt gebannt. Deshalb reden wir uns ein, dass niemals wiederkommen könne, was auch in Deutschland vor Jahrzehnten geschehen ist. Man müsse sich nur an die Schrecken der Vergangenheit erinnern und Mahnungen ausrufen, sagen die Anwälte der Zivilisierung, und schon werde die Gewalt aufhören, unser Leben zu beherrschen. Durch unsere Lebenserfahrungen sind wir zu Gewaltverleugnern geworden.

Die Friedfertigkeit unserer Umgebung verleitet uns also zu der Annahme, unsere Wirklichkeit sei Normalität, das Leben mit der Gewalt die Ausnahme. Wer Krieg und Terror aushalten müsse, glauben wir, empfinde nichts als Verstörung. Die einen leben in der Normalität, die anderen im Ausnahmezustand. Nichts ist uns lieber als der Glaube an den Prozess der Zivilisation, von dem wir erwarten, dass er uns vor dem Rückfall in die Barbarei schützt. Wer lange im Frieden lebt, hat tatsächlich einen plausiblen Grund, an die zivilisierende Wirkung des Fortschritts zu glauben, weil nicht geschieht, was andernorts Alltag ist, und weil die eigene Gegenwart friedlicher als die Vergangenheit ist. Und auch die Geschichten der Historiker tragen zu solcher Ordnungssicherheit bei, weil sie Lesern und Hörern bestätigen, was sie ohnehin zu wissen glauben: dass der Frieden von heute nur möglich sei, weil Menschen auf die Gewalt von gestern verzichten. »Rückblick auf eine Ausnahmezeit«, so nennt der Historiker Heinrich August Winkler das letzte Kapitel seines Buches über Europa im Zeitalter der Kriege und totalitären Regime.[1] Was einmal war, das kann nicht wiederkommen. Wer mag schon an den Zufall oder die Macht des Augenblicks glauben, wenn er sich für den Mythos des Zivilisationsprozesses entscheiden kann? »Bei allem Kummer in unserem Leben«, schreibt der amerikanische Psychologe Steven Pinker, »bei allen Schwierigkeiten, die auf der Welt noch bleiben, ist der Rückgang der Gewalt eine Leistung, die wir würdigen können, und ein Impuls, die Kräfte von Zivilisation und Aufklärung, durch die sie möglich wurde, hoch zu schätzen.«[2] Der moderne Mensch werde von der Vernunft und vom Mitgefühl beherrscht, nicht von der Gewalt. Niemand könne sich überhaupt noch in die Gewaltphantasien eines Menschen der Antike hineinversetzen. Gewalt werde als abstoßend empfunden, und jeder, der erleben müsste, was Menschen der Vergangenheit erfahren hätten, werde nicht anders können als »vor Mitleid zu wimmern«.[3]

Wer an der Harvard-Universität Lebenserfahrungen sammelt, wird über die Gewalt anders urteilen als jemand, der wenige Kilometer entfernt im Drogenkrieg um sein Leben kämpft. Aber wer hört schon auf einen Kriminellen, wenn er sich von Professoren und

Pädagogen beruhigen lassen kann? Nur deshalb sind wir irritiert, wenn auf Schulhöfen Messer zum Einsatz kommen, wenn junge Männer auf der Straße mit äußerster Brutalität auf ihre Opfer einschlagen, wenn Fernsehbilder uns mit dem Grauen in den Bürgerkriegsgebieten dieser Welt konfrontieren. Wäre Gewalt üblich, würden wir uns über sie nicht wundern, es ist die Friedlichkeit des Alltags, die uns empfindlich macht für ihre destruktiven Folgen. Wäre sie üblich, wäre das Interesse an ihren Ursachen gering. Denn niemand fragt nach dem Sinn eines Geschehens, das alle für selbstverständlich halten.

Leben wir tatsächlich im Normalzustand? Und ist zu erwarten, dass jene, die täglich Gewalt zu erdulden haben, irgendwann so leben werden wie wir? Wird, wer den Zustand der Friedfertigkeit erreicht hat, für immer friedfertig bleiben? Gibt es eine Entwicklung, die von der Gewalt zum Argument führt? Darauf haben Historiker, Soziologen und Anthropologen unterschiedliche Antworten gegeben. Wer daran glaubt, dass das, was vorher war, das Jetzt verursacht, wird zu anderen Antworten kommen als jemand, der das historische Geschehen für eine Aneinanderreihung zufälliger Augenblicke hält.

Räume des Schreckens

Was immer man über die Wirklichkeit unserer Gegenwart sagen kann – niemand wird behaupten können, sie werde von sichtbarer Gewalt strukturiert. Im Leben unserer Vorfahren aber war die Gewalt allgegenwärtig. In den Arenen der Antike wurden Gladiatorenkämpfe veranstaltet und Menschen von wilden Tieren zerrissen, nur, um die Zuschauer zu unterhalten und zu belustigen. Als Kreuzfahrer im Jahr 1099 Jerusalem eroberten, richteten sie ein furchtbares Blutbad unter den Bewohnern der Stadt an. Sie zerrten Frauen und Kinder aus ihren Häusern und hinaus in die Gassen, wo sie wie Vieh getötet wurden. Kaiser Otto I. ließ nach einer Schlacht im Jahr 955 den Kopf des gegnerischen Anführers auf eine Stange spießen, dessen Berater blenden und verstümmeln.[4] Noch vor 400 Jahren konnte man dem Grauen auch in Europa kaum aus dem Weg gehen:

Menschen, die öffentlich hingerichtet und deren Körper tagelang öffentlich ausgestellt wurden, die an Galgen hingen, auf Räder geflochten wurden, Landsknechte und Söldner, die zwischen Zivilisten und Soldaten keinen Unterschied machten, und Räuber, die plünderten, mordeten und vergewaltigten.[5]

Auch in den Feldzügen des Dreißigjährigen Krieges wurden Städte bis auf die Grundmauern zerstört, ihre Bewohner massakriert und ausgeraubt. Es gab keinen Krieg ohne Trophäen und Beute, und keinen Sieg ohne Vergewaltigung und Tötung der Unterlegenen. Nirgendwo konnten sich Bauern marodierenden Söldnern und Plünderern widersetzen, weil ihre Dörfer nicht befestigt waren und sie nichts besaßen, was sie den Angreifern hätten anbieten können, um sie zu besänftigen. Mehr als 5000 Kriege wurden im Europa des 17. Jahrhunderts geführt, Landstriche verwüstet, Städte niedergebrannt und die Lebensgrundlagen des Gegners zerstört. Ein Fähnrich aus Hannover, der am Ende des 17. Jahrhunderts als Söldner Venedigs in Griechenland gegen die Türken kämpfte, erinnerte sich an den grauenhaften Anblick, den das Schlachtfeld nach dem Angriff bot: »Unter allen denen Türken, so in selbiger Action geblieben, sahe man keinen einzigen, so nur noch das geringste vom Hembde anhatte. Allen waren die Köpfe abgehauen, die Leiber aufgeschnitten und alle Eingeweide herausgenommen. Die Darmen hatten sie ihnen um die Hende und Füße gewunden, die Finger, Zehen und Scham waren ihnen alle abgeschnitten, auch kein einziger darunter, so nur noch eines Fingers breit Fell auf dem ganzen Leib hatte, sondern waren alle abgeschunden, deren Felle gegerbet und stückweise verkaufet.«[6]

Bis zur Mitte des 18. Jahrhunderts war es gefährlich, zu reisen, weil es keine Polizeigewalt gab, die die Sicherheit der Reisenden auf allen Verkehrswegen garantieren konnte. Die vormoderne Gesellschaft war eine Gesellschaft des Misstrauens, kein Mensch konnte außerhalb der eigenen, kleinen Lebenswelt darauf vertrauen, dass Fremde ihm keine Gewalt antaten. Davon zeugen Burgen, Stadtmauern, Waffen und Fehderituale, mit denen Menschen einander ihre Abwehrbereitschaft signalisierten. In einer solchen Welt war es vernünftig, auf die Gewalt vorbereitet zu sein, Fremden zu misstrauen und sich nur solchen moralischen Regeln zu unterwerfen, die die eigene Gruppe integrierten. Anders gesagt: Die Friedenspflicht galt für die eigene Gemeinschaft, im Verkehr mit Fremden galt sie nicht.[7]

Wenngleich der frühneuzeitliche Staat versuchte, die Gewalt einzudämmen, indem er Söldnertruppen durch stehende Heere mit entlohnten Soldaten ersetzte, Straßen und öffentliche Plätze sicherer machte, Polizeibeamte und Richter in die Provinzen entsandte, um die partikularen Herrschergewalten zu entmachten, setzte er der Gewalt kein Ende. Stattdessen erzeugte er sie: durch Steuereintreiber, Rekrutierungsbeamte, die Bauern in die Armee zwangen, Polizisten und Richter, die versuchten, die Machtansprüche des Zentralstaates durchzusetzen. Auch der Zwang, sich der Konfession des Landesherrn zu unterwerfen, dem sich nach dem Augsburger Religionsfrieden von 1555 niemand mehr widersetzen sollte, war eine Quelle der Gewalt. Der Leviathan der Frühen Neuzeit war ein Anspruchsstaat, der Ungehorsam erzeugte, wo er sich gegen Bewährtes durchsetzen wollte. Nirgendwo war dieses Dilemma so offenkundig wie in Russland, wo Zar Peter I. versuchte, nicht nur alle Ressourcen des Landes für die Modernisierung von Staat und Armee zu mobilisieren, sondern auch Kontrolle über die Bevölkerung zu gewinnen. Ohne Kontrolle hätte es keine Mobilisierung geben können. Kaum jemals waren die Repressionen grausamer und rücksichtsloser gewesen als unter Peter I., der nicht mehr nur Zar, sondern Imperator und Reformer sein wollte. Er führte Vernichtungskriege, die wohlhabende Städte in Trümmerfelder verwandelten, und er bestrafte illoyale Adlige, Räuber und Bauern, die ihren Herren davongelaufen waren, mit beispielloser Grausamkeit. Mit Feuer und Schwert sollte der Geist des Aufruhrs im Keim erstickt und Untertanen zu Sklaven der Obrigkeit werden.[8]

Überall setzte der frühneuzeitliche Staat brachiale Gewalt zur Durchsetzung seiner Machtansprüche ein, nicht, weil er stark, sondern weil er schwach war. Seine Maßlosigkeit erwuchs aus der Erkenntnis, dass Ansprüche und Möglichkeiten einander widersprachen. Wo Konflikte nicht mehr Privatsache, sondern Angelegenheit

Dritter sind, können sie nicht mehr im Konsens, durch Fehde oder Auseinandergehen bewältigt werden. Denn der Staat hat unter allen Umständen ein Interesse an der Verfolgung illegitimer Gewalt, und er will, dass jene, die noch nicht gewalttätig geworden sind, Angst vor den Konsequenzen haben, die eintreten, wenn sie nicht gehorchen. Deshalb kam die Gewalt im Staatsbildungsprozess der Frühen Neuzeit mit rücksichtsloser Brutalität ins Spiel.[9]

Das war auch der Grund für die Maßlosigkeit der Strafen, die die Obrigkeit gegen Gesetzesbrecher verhängte. Außer ihrer Fähigkeit, grausam zu strafen, gab es wenig, was sie zur Erzwingung von Gehorsam und Frieden einsetzen konnte. Ihre Gewalt war eine Repräsentation des Schreckens, die auf die Übertretung von Regeln symbolisch reagierte, indem sie die Strafe als Spiegelung der Tat zur Anwendung brachte und vorführte, was geschehen würde, wenn Regeln gebrochen wurden. Das Theater des Schreckens vermittelte in Fleisch geschnittene Botschaften, die strafende Gewalt fraß sich in den Körper des Delinquenten. Jeder, der Michel Foucaults »Überwachen und Strafen« gelesen hat, wird sich an die grausige Szene erinnern, mit der das Buch beginnt. Sie beschreibt die öffentliche Hinrichtung des Königsmörders Robert Damiens im Jahr 1757 als Fest der Marter, das nach einem genau ausgearbeiteten Gewaltplan vollzogen wird. Der Henker reißt mit glühenden Zangen klaffende Wunden in den Körper des Delinquenten und gießt heißes Blei hinein, dann trennt er Beine und Arme vom Rumpf und wirft den geschundenen Körper ins Feuer. Während dieser Prozedur, die sich über Stunden erstreckt, spendet ein Geistlicher dem Todgeweihten Trost. Offenkundig empfand niemand, der dieser Prozedur beiwohnte, dass hier gegen das Gebot der Menschlichkeit verstoßen wurde. Der Täter hatte versucht, den König zu töten, und nun brannte sich die Obrigkeit in seinen Körper ein, sie übte sichtbare und spürbare Vergeltung, damit nicht in Vergessenheit geriet, dass sie furchtbare Strafen nicht nur androhen, sondern auch durchsetzen konnte.[10]

Zum Alltag gehörte auch die Gewalt zwischen Eheleuten, zwischen Eltern und Kindern, zwischen Bauern und Knechten und zwischen Offizieren und Landsknechten. Familien, Dörfer, Regimenter waren Selbstversorgungseinheiten, kleine Königreiche, in denen Hausväter, Herren und Offiziere Gehorsam durch Einsatz von Gewalt erzwangen, weil ihnen andere Mittel nicht zur Verfügung standen und weil sie keine Instanz anrufen konnten, die ihre Konflikte hätte schlichten können. In der Anwesenheitsgesellschaft war die rohe Gewalt von Vätern, Gutsbesitzern und Landesherren allgegenwärtig. Und dennoch wäre es wahrscheinlich niemandem in den Sinn gekommen, ihr Recht, zu strafen und zu züchtigen, in Frage zu stellen.[11]

Im 18. Jahrhundert nahm die Zahl der bewaffneten Konflikte wenigstens in Europa ab. Die Kriegführung wurde an Regeln gebunden, der öffentliche Raum verstaatlicht. Nun konnte die Herrschaft Gehorsam auch erzwingen, wenn sie ihren strafenden Arm nicht ausstreckte. Sie kam ohne die Anwendung brutaler Gewalt aus, weil die Untertanen von selbst verrichteten, was von ihnen erwartet wurde. Voraussetzung des freiwilligen Gehorsams war die Bindung des Untertanen an den Machthaber. Sobald die Mobilität der Unterworfenen eingeschränkt war, konnte sich die Macht in ihnen durch Furcht oder Autoritätsbindung festsetzen. Der Aufwand, den der Machthaber zur Verhaltenssteuerung betreiben muss, wird reduziert, er muss nicht einmal mehr selbst in Erscheinung treten, um das Verhalten seiner Untertanen zu formen.[12] Die Grausamkeit wird obsolet, die Erzeugung von Angst überflüssig. Nicht Marter und Verstümmelung, sondern Gefängnis und Disziplinierung waren das Signum des modernen Staates. Die Vergeltung zeigt sich in der modernen Rechtsprechung allenfalls noch darin, dass die Höhe der Strafen, die das Gericht verhängt, der Bedeutung des Verbrechens entspricht. So ist es bis heute geblieben. Gerichtsprozesse haben Duelle und Fehden, Diskussionen Faustschläge ersetzt. Aber ist die Eindämmung der Gewalt auch das Ergebnis eines lange währenden Zivilisationsprozesses? So hatte es der Soziologe Norbert Elias gesehen, der in seinem Werk »Über den Prozeß der Zivilisation« aus dem Jahr 1939 den Nachweis führen wollte, dass Gewalt vergeht, wenn die Bedingungen verschwinden, die sie hervorrufen.[13]

Lust und Gewalt

Elias spricht vom Affektgefüge des Menschen, das sich aus verschiedenen Trieben zusammensetzt: Hunger und Durst, Sexualität und Angriffslust. Es sei offenkundig, dass sich die Menschen »nicht von jeher in der Weise verhalten, die wir heute für einen Ausdruck zivilisierten Umgangs halten würden«. Könnte sich ein Mensch der Gegenwart in einen Menschen des Mittelalters hineinversetzen, er würde nichts als Abscheu verspüren: vor der Rohheit der Sitten, der Schamlosigkeit und dem allgegenwärtigen Schmutz.[14] Von der Gegenwart aus gesehen erscheine die Angriffslust der Menschen im Abendland gedämpft, und verglichen mit dem Kampfesfuror eines germanischen Kriegers der Völkerwanderungszeit seien selbst die kriegslüsternsten Nationen der zivilisierten Welt friedfertig. Die Angriffslust ist »durch eine Unzahl von Regeln und Verboten, die zu Selbstzwängen geworden sind, eingeengt und gebändigt. Sie ist so verwandelt, ›verfeinert‹, ›zivilisiert‹, wie alle anderen Lustformen, und nur noch im Traum oder in einzelnen Ausbrüchen, die wir als Krankheitserscheinungen verbuchen, tritt etwas von ihrer unmittelbaren und ungeregelten Kraft in Erscheinung.«[15]

Man muss sich die Menschen der Moderne also als triebgedämpfte Wesen vorstellen, die verlernt haben, Lust an der Gewalt zu empfinden. Davon habe der Mensch des Mittelalters nichts gewusst. Sein Leben habe aus Raub, Kampf und Jagd bestanden, und für die Mächtigen und Starken habe das Verletzen und Töten zu »den Freuden des Lebens« gehört.[16] In den Kriegshymnen und Gedichten jener Zeit seien die »Wildheit des Gefühls«, die Freude am Gefecht und die Schmerzensschreie der Gegner besungen worden. Elias zitiert aus den »Chansons de geste«. In ihnen werde das Loblied auf den Krieg und den Krieger gesungen: Ritter, die Burgen ihrer Feinde schleifen, Brunnen zuschütten, Weinreben zerstören, Vieh vernichten und Menschen töten, als sei es selbstverständlich, was sie tun. Getötet und verstümmelt worden seien vor allem die Armen, Menschen niederen Standes, weil sie zu nichts zu gebrauchen gewesen seien und weil man für sie kein Lösegeld bekommen konnte. Niemand habe das Verletzen und Töten um der Gewalt willen für verwerflich gehalten. »So etwas«, sagt Elias, »wird nicht nur im Lied gesagt. Diese Epen haben unmittelbar im gesellschaftlichen Leben ihren Platz«.[17]

Auch in späteren Phasen der historischen Entwicklung, räumt Elias ein, seien solche Gewaltexzesse vorgekommen. Nur habe man sie im Bewusstsein verübt, Verbotenes und Verwerfliches zu tun. In der Moderne könne das Massaker also nur noch als Entartung wahrgenommen werden. Im Mittelalter aber sei das Rauben, Plündern und Töten nicht verboten gewesen, es habe zur gesellschaftlichen Umgangsform gehört. Ein Adliger, der nicht imstande gewesen wäre, seine Gegner zu töten, hätte sich um Ansehen und Autorität gebracht. »Die Freude am Quälen und Töten anderer war groß, und es war eine gesellschaftlich erlaubte Freude.«[18]

Nun wusste auch Elias, dass die Krieger keineswegs nur aus Lust verletzten und töteten. Es gab auch pragmatische Gründe für die Anwendung brutaler Gewalt. Was sollte nach der Schlacht mit den Gefangenen geschehen? Jeder Überlebende war eine Belastung und ein Sicherheitsrisiko: Gefangene hätten ernährt werden müssen, Entlassene hätten die Streitmacht des Feindes gestärkt. Der Sieg wäre also umsonst gewesen. Deshalb töteten oder verstümmelten die Sieger die Knechte der Verlierer, damit sie für niemanden mehr von Nutzen sein konnten. Solchen Zwecken diente auch die Verwüstung von Äckern und Gärten, die Zerstörung von Brunnen und Burgen. Nur wer die Lebensgrundlagen des Gegners vernichtete, konnte vor Rache und Vergeltung sicher sein. Denn niemand wusste, was in Zukunft geschehen und ob der Verlierer von heute der Sieger von morgen sein würde. Nirgendwo gab es Sicherheit, ein Menschenleben konnte schnell zu Ende sein, wenn der Leichtsinn über die Vorsicht triumphierte. Menschen lebten für den Augenblick und nicht für den morgigen Tag, sie fürchteten sich vor Unvorhergesehenem und schafften mit Gewalt aus der Welt, was sie für eine Quelle ihrer Furcht hielten.[19]

Die weltliche Elite des Mittelalters, schreibt Elias, war eine Kriegerkaste, die nichts als den Kampf liebte. Ritter führten das Leben von

Kriegern, sie fanden Erfüllung darin, zu kämpfen und sich auf den Kampf vorzubereiten. Und wenn sie einmal nicht Krieg führten, simulierten sie den Krieg im Turnier. Elias erzählt die Lebensgeschichte eines französischen Ritters aus dem Jahr 1465, und er nimmt ihn beim Wort, wenn er ihn rufen hört, der Krieg sei für ihn nichts als Freude und Glück. Denn er brachte nicht nur Tod und Zerstörung. Er schuf auch Ordnung in den Reihen jener, die ihn führten. Gemeinsam zu töten bedeutete, einander beizustehen und Gefahren gemeinsam durchzustehen. »Es sind ganz einfache und starke Empfindungen, die sprechen. Man tötet, man gibt sich ganz dem Kampf hin, man sieht den Freund kämpfen. Man kämpft an seiner Seite. Man vergisst, wo man ist. Man vergisst den Tod selbst. Es ist schön. Was mehr?«[20]

Nur die adligen Herren konnten es sich leisten, Gefolgsleute und Knechte zu mobilisieren, die sie auf ihren Beutezügen und Fehden begleiteten und mit ihnen Krieg führten. Solche Machtmittel hatten Bauern und Stadtbewohner nicht zu ihrer Verfügung. Aber auch sie waren in Fehden und Kleinkriege verstrickt, die sie mit Hilfe ihrer Verwandten und Freunde gegeneinander austrugen. Überall war Gewalt, sagt Elias, sie gehörte zum Leben wie die Frömmigkeit, die Menschen half, ihrem unsicheren Leben einen Sinn zu geben. Frömmigkeit und Gewalt waren Teil des gleichen Affekthaushaltes. Menschen fürchteten sich vor der Gewalt, sie beteten für ihr Seelenheil, aber es sei ihnen nicht gelungen, ihre Triebe zu unterdrücken und ihre Lust an der Gewalt zu kontrollieren. »Die Triebe, die Emotionen spielten ungebundener, unvermittelter, unverhüllter als später. Nur uns, bei denen alles gedämpfter, gemäßigter, berechneter ist, und bei denen die gesellschaftlichen Tabus weit mehr als Selbstzwänge in den Triebhaushalt selbst eingebaut sind, erscheint die unverhüllte Stärke dieser Frömmigkeit und die Stärke dieser Angriffslust oder dieser Grausamkeit als ein Gegensatz. Die Religion, das Bewußtsein der strafenden und beglückenden Allmacht Gottes, wirkt für sich allein niemals ›zivilisierend‹ oder affektdämpfend. Umgekehrt: die Religion ist jeweils genau so ›zivilisiert‹ wie die Gesellschaft oder die Schicht, die sie trägt. Und weil also hier die Emotionen in einer Weise zum Ausdruck kommen, die wir im eigenen Lebensraum nur noch bei Kindern beobachten können, nennen wir ihre Äußerungen ›kindlich‹.«[21] Man soll sich die Menschen des Mittelalters als Kinder vorstellen, die weder planen noch vorausschauend handeln konnten, nur für den Tag und die Leidenschaft lebten, die sie empfanden. Die Botschaft lautet: Wer sich der Lust des Augenblicks ergab, war für Frieden und Kooperation nicht zu gebrauchen.

Wie aber kann man wissen, was die Menschen der Vergangenheit über die Ausübung der Gewalt wirklich gedacht, und was sie gefühlt haben, wenn sie töteten oder verletzt wurden? Elias beruft sich auf Zeichnungen aus dem »Mittelalterlichen Hausbuch«, die das Leben aus der Perspektive eines Ritters aus dem späten 15. Jahrhundert illustrieren und darstellen sollen, wie Menschen die Welt gesehen haben.[22] Die Hochzeit der Ritter war schon vorüber, als diese Bücher erschienen, aber genau deshalb hatten sie für Elias eine besondere Bedeutung. Das neue Leben, der Habitus des Hofes sei auf den Bildern schon zu erkennen. Aber man sieht auch Ungewöhnliches, Verstörendes, das Menschen des 15. Jahrhunderts offenkundig für normal und selbstverständlich hielten. Es sind kleine Dörfer, Äcker, Bäume, Wiesen, manchmal Flüsse und Burgen zu sehen, aber es zeigt sich auf diesen Bildern nichts von der Sehnsucht nach Stille und Schönheit, keine Verklärung der Natur als Idylle, wie sie die Maler der Romantik ins Bild gebracht haben. Im 18. Jahrhundert wird auf Bildern nicht mehr dargestellt, was es in der Landschaft alles gibt: Man sieht Hügel, aber keinen Galgen und keine Verbrecher, die auf Räder geflochten werden, Äcker und Wiesen, aber keine zerlumpten Bauern und tierischen Kadaver. Auf den Bildern des späten Mittelalters und der Frühen Neuzeit ist die Landschaft Kulisse für Freud und Leid: Man zeigt Hinrichtungen, Leichen, die auf dem Schlachtfeld liegen, Folter und Tod, und zwar nicht als Aufschrei des Protestes, sondern als ein Geschehen, das sich natürlich in die Landschaft einfügt. Auf einem Bild sieht der Betrachter, was nicht zusammenzugehören scheint: Ein Tier wird ausgeweidet, Bauern pflügen einen Acker um, ein Verurteilter wird zum Galgen geführt, auf einem Rad liegt die Leiche eines hingerichteten Verbrechers. Über ihr ziehen Vögel ihre Kreise. Auf einem anderen Bild sieht man, wie Menschen ein Haus bauen. Edelleute sehen ihnen dabei zu. Im Vordergrund stechen und schlagen Handwerker aufeinander ein. Der Burgherr zeigt seiner Frau das Geschehen, in vollkommener Ruhe, so als sei es selbstverständlich, dass hier ein Haus gebaut und dort ein Mensch erstochen wird.

Auch auf Abbildungen, die Schlachten und Feldzüge darstellen, wird das Töten, Verstümmeln und Vergewaltigen unsentimental in die Landschaft integriert. Auf engstem Raum sind Leben und Tod, Freude und Schmerz miteinander vereint. Warum soll die Natur nicht auch eine Kulisse für Tod und Verderben sein? In einer unsicheren, gewalttätigen Welt war die Natur nur eine Ressource. Niemand empfand sie als Ort der Erholung und der Schönheit. Solch eine Sicht auf die Welt war erst möglich, als die Gewalt aus der Natur verschwand und sie nicht länger bedrohlich war. Der Mensch des Mittelalters aber empfand, was auf den Bildern zu sehen ist, als Normalität: Das Pflügen und das Beten gehörten ebenso zu den alltäglichen Verrichtungen wie die Hinrichtung und das Töten in der Schlacht.[23]

Für die Allgegenwart der Gewalt findet Elias eine einfache Erklärung: Wo Adlige gegen Adlige, Provinz gegen Provinz, Dorf gegen Dorf, Stadt gegen Stadt kämpfen, wo jede Gemeinschaft ein Herrschaftsgebilde eigenen Rechts ist und es niemanden gibt, der zwischen ihnen vermittelt, dort ist es klug, mit der Gewalt nicht nur immer zu rechnen, sondern auch auf sie vorbereitet, gerüstet zu sein. Erst wenn eine Zentralgewalt sich gegen alle Widerstände durchsetzt und sich das Monopol auf legitime Gewaltausübung verschafft, können Menschen darauf verzichten, zu verletzen und zu töten, und sobald sie begriffen haben, dass sie Gewalt nicht benötigen, um sich zu schützen, gewöhnen sie sich auch daran, friedlich zu sein. Nur in Enklaven und zu bestimmten Zeiten ist die gewalttätige Entladung der Triebe noch möglich. Denn selbst in den straff organisierten Heeren des modernen Nationalstaates, dessen Soldaten den Feind kaum mehr zu Gesicht bekommen, gibt es keine ungezügelte Gewalt mehr. Hier wird nur noch auf Kommando getötet und gestorben. Der Trieb ist so weit gedämpft, dass die Gewalt nicht mehr reine Lust, sondern nur noch Notwendigkeit ist. Allein im Sport kann der Mensch noch erleben, was er sich andernorts versagen muss. Im Boxring wird die Aggression kontrolliert entladen und die Lust an der Gewalt zur »gesitteten Lust am Zusehen«.[24]

Es ist der Selbstzwang, der den Menschen davon abhält, zu tun, was seine Vorfahren gern getan hätten. »Daß ihm durch soziogenen Selbstzwang versagt wird, spontan nach etwas zu greifen, was er begehrt, was er liebt oder hasst, ist für den zivilisierten Menschen in hohem Maße charakteristisch.«[25] Man kann zuschauen und muss selbst nicht mehr gewalttätig sein. So wird aus der Gewalt ein visuelles Erlebnis, das Leidenschaften entfacht, aber keine Schmerzen verursacht. Im 16. Jahrhundert hätten die Bewohner von Paris noch Freude empfunden, wenn Katzen gequält und öffentlich verbrannt worden seien, wenn der Henker Verbrecher enthauptet oder in Stücke geschlagen habe. In unserer Zeit ist das Spektakel des Grauens durch Box- oder Ringkämpfe ersetzt worden, die extreme Gewalt nur simulieren, die es uns aber erlauben, sie uns vorzustellen. »Vieles von dem, was ehemals Lust erregte, erregt heute Unlust.«[26] Man will Blut weder sehen noch riechen, man will die geheimen Gelüste zwar befriedigen, aber man mag sich die Gewalt nur noch als geräusch- und geruchsloses Geschehen vorstellen. Die Lust an der Gewalt ist gesellschaftlich so sehr geächtet, dass, wer Gefallen an ihr fände, sie sich abgewöhnen müsste. Wem es nicht gelingt, sich zu kontrollieren, dem drohen Strafen. »Seither ist der Zorn unter Bürgern«, schreibt Peter Sloterdijk, »nur noch mit strengen Auflagen willkommener Gast; als Furor alten Stils passt er überhaupt nicht mehr in die urbane Welt.«[27]

Fremdzwang und Selbstzwang: Der Prozess der Zivilisation

Wie aber soll man sich den Wandel der Triebe vorstellen? Wie kommt es, dass der Mensch der Gegenwart das Gespräch dem Kampf und das Gefängnis der öffentlichen Hinrichtung vorzieht? Elias gibt auch auf diese Frage eine einfache, aber originelle Antwort: Die adligen Krieger hätten irgendwann erkannt, dass sie mit Gewalt nicht erreichen konnten, was sie sich wünschten. An den Höfen des frühneuzeitlichen Staates hätten sie gelernt, miteinander auszukommen, weil der Gebrauch des Wortes dort von größerem Nutzen gewesen sei als der Einsatz des Schwertes. Nicht aus freier Entscheidung und eigenem Willen, sondern aus Eigennutz sei die rohe Gewalt aus dem Leben der europäischen Eliten verschwunden. Elias spricht von »Verflechtungszwängen«, die adlige Krieger in Schmeichler und Intriganten verwandelt hätten. Denn die Königs- und Fürstenhöfe waren nicht nur Orte staatlicher Zentralverwaltung und Repräsentation unumschränkter Macht. Sie waren auch Orte der Kommunikation und Verflechtung. Kein höherer Edelmann konnte es sich leisten, dem Hof fern zu bleiben.[28] Zwar gab es auch im 17. und 18. Jahrhundert Adlige, die als Offiziere in den Armeen des Herrschers ihren Dienst leisteten. Aber sie übten Gewalt nur noch im Auftrag des Souveräns und im Dienst des Staates aus, der alle Herrschaftsfunktionen monopolisierte. Vom Krieg und von der Gutswirtschaft konnten sie nicht mehr leben, Fehden und Raubzüge waren verboten. Am Hof aber erwarteten sie soziales Prestige, Wohlstand und Macht. Deshalb mussten sie sich einen dauerhaften Zugang zu ihm verschaffen, wenn sie ihren Einfluss nicht verlieren wollten. Denn am Hof trafen sie nicht nur auf den Herrscher, sondern auch auf seine Beamten, die darüber befanden, auf welche Weise Souverän und Adel einander zu begegnen hatten.[29] Welche Rolle hätte ein Gewalttäter, der mit dem Schwert umzugehen verstand, an einem solchen Ort noch spielen können?

Funktionsträger, die Hoheitsaufgaben wahrnehmen sollen, sind auf Frieden angewiesen, sie müssen miteinander auskommen, weil Handlungsketten in staatlichen Institutionen lang und unübersichtlich werden können. Ohne Erwartungssicherheit und Berechenbarkeit können Bürokratien nicht arbeiten. Deshalb müssen Menschen ihre Aggressionen zügeln und ihre Triebe unter Kontrolle bringen. Verflechtung und gegenseitige Abhängigkeit erzeugen also eine Kultur des zivilisierten Umgangs. Man konnte ein stolzer Edelmann bleiben und aufhören, ein Krieger zu sein. Was hätte attraktiver sein können? Der Krieger verzichtete auf rohe Gewalt und wurde dafür mit einem Leben in Sicherheit belohnt.

Der Hof wurde zu einer »Zähmungs- und Erhaltungsanstalt des Adels«.[30] Dort ist die Anwendung von Gewalt verboten, sie wäre auch gar nicht zweckmäßig. Am Anfang empfinden die Höflinge noch Schmerz, weil sie nicht tun dürfen, wonach ihnen der Sinn steht, mit der Zeit aber wird aus Fremdzwang Selbstzwang. Am Hof muss der Krieger um die Gunst des Königs buhlen, Intrigen einfädeln und genau beobachten, was die konkurrierenden Höflinge tun. »Sie verlangen und züchten andere Eigenschaften als die Kämpfe, die mit der Waffe ausgefochten werden können: Überlegung, Berechnung auf längere Sicht, Selbstbeherrschung, genaueste Regelung der eigenen Affekte, Kenntnis der Menschen und des gesamten Terrains werden zu unerlässlichen Voraussetzungen jedes sozialen Erfolges.«[31] Auch Höflinge sind aggressiv, verspüren Lust, Widersacher zu verletzen und zu töten. Aber sie schrecken vor der Gewalt zurück, weil sie sich vor Augen führen, was geschieht, wenn sie sich ihren Gelüsten hingeben: die Verstoßung vom Hof, der Verlust von Einfluss und Privilegien. Der Lustgewinn wäre gering, der Verlust groß. Und deshalb richten sich die Höflinge ab, sie entscheiden sich gegen ihre Neigungen selbst dann, wenn die Person, gegen die sich ihre Aggression richtet, gar nicht anwesend ist.

Das Bild vom Menschen verfeinert sich, es wird reicher an Schattierungen, es psychologisiert sich. Der Mensch entwickelt ein Über-Ich, das ihm sagt, was er nicht tun darf.[32] Sobald er seine Gefühle und Triebe dauerhaft unter Kontrolle gebracht hat, lässt er die Kultur der Ehre hinter sich, die Anlass zügelloser Gewalt war, und betritt die Kultur der Würde. Man könnte auch sagen, dass die Aufklärung nicht Ursache, sondern Folge des Zivilisationsprozesses war. Denn die Leiden anderer Menschen müssen überhaupt erst wahrgenommen werden, bevor man sie als Leiden empfinden kann.[33] Wer nicht mehr grausam und gewalttätig ist, will nicht sehen, dass Menschen hingerichtet und verletzt werden. Die Gewalt wird unerträglich, wenn Mitleid und Mitgefühl Aggression und Lust besiegen.

Jetzt weiß man, dass rohe Gewalt unter allen Umständen verboten ist, und man verzichtet auf Gewalt, weil die Befolgung von Gesetzen Vorteile verspricht. Aber auch jene, die befehlen, gewinnen durch den Verzicht auf Gewalt. Der Herrscher spart Zeit, weil er nicht in jedem Fall Anweisungen erteilen und ihre Befolgung kontrollieren muss, er muss nicht einmal anwesend sein, damit sein Wille geschieht. »Das richtige Verhalten«, so Popitz, »ist bekannt, es ist ableitbar aus der Situation.«[34] Die Zivilisierung der Sitten hat Vorteile für alle, die sich ihr ausliefern, weil sie Erwartungs- und Ordnungssicherheit schafft, und weil sie die Macht in die Möglichkeit bringt, dauerhaft zu sein. Kein Gewaltakt kann leisten, was die Zivilisierung vermag.

Für Elias war die höfische Kultur Grund und Ursache der Selbstbeschränkung und der Anfang des Friedens zwischen den Menschen. Zur sozialen Verflechtung von Menschen gehört aber auch der Handel mit Waren. Wer Überschüsse produziert und verkaufen kann, behauptet der amerikanische Psychologe Steven Pinker, begibt sich in eine Beziehung des Gebens und Nehmens. Die Anreize zur Gewaltausübung seien gering, wenn es nur darum gehe, auf die Bedürfnisse und Wünsche anderer Menschen einzugehen, um mit ihnen ins Geschäft zu kommen. Intellektuelle hätten die Angewohnheit, Kaufleute zu verachten. »In Wirklichkeit belohnt ein freier Markt aber das Einfühlungsvermögen.«[35] Denn um die Vorteile des freien Marktes zu nutzen, müssen Menschen für die Zukunft planen, sie brauchen Sicherheit und sie müssen sich in andere Menschen hineinversetzen. Kurz: Sie müssen lernen, ihre Affekte zu kontrollieren, um sich in unterschiedlichen sozialen Zusammenhängen zurechtzufinden.

Elias und Pinker erzählen vom Prozess der Zivilisation, weil sie zeigen wollen, dass die Gewalt verschwindet, wenn Menschen Bedingungen vorfinden, die es ihnen erlauben, ohne Grausamkeit auszukommen. Der Zivilisationsprozess sei kein Plan der Vorsehung, keine List der Vernunft, er habe keinen Anfang und kein Ende, folge keinem Ziel und diene keinem Zweck. Niemand könne ihn wollen. Er sei nichts weiter als das unbeabsichtigte Resultat menschlicher

Abhängigkeiten und Verflechtungen. »Diese fundamentale Verflechtung der einzelnen, menschlichen Pläne und Handlungen kann Wandlungen und Gestaltungen herbeiführen, die kein einzelner Mensch geplant oder geschaffen hat. Aus ihr, aus der Interdependenz der Menschen, ergibt sich eine Ordnung von ganz spezifischer Art, eine Ordnung, die zwingender und stärker ist als Wille und Vernunft der einzelnen Menschen, die sie bilden.«[36]

Wenn geschieht, was sich im Abendland schon vollzogen hat, dann kann die Gewalt aus jedem Winkel der Erde vertrieben werden. Denn das Modell des Zivilisationsprozesses ist universal: Erst erlernen die Eliten, dass Gewalt keinen Nutzen bringt, später verfeinern sich die Sitten in allen Schichten der Gesellschaft, weil auch dort erkennbar wird, dass der Verzicht auf Gewalt die beste Lebensversicherung ist, die man abschließen kann. Irgendwann wird also der Fremdzwang zum Selbstzwang. Menschen kommen miteinander aus, obwohl sie sich nicht kennen, weil sie diszipliniert sind, sich unter Kontrolle haben und sich deshalb vor der Gewalt der anderen nicht mehr fürchten müssen. Sie können sich gefahrlos in der Kultur höflicher Nichtbeachtung einrichten, denn sie wissen, dass der Selbstzwang von allen Menschen Besitz ergriffen hat und sie davon abhält, Böses zu tun. Der Prozess der Zivilisation ist beendet, die Gewalt gebannt. »Der historische Prozess der Zivilisation«, schreibt Pinker, »hat die Gewalt nicht beseitigt, aber sie an die sozioökonomischen Ränder der Gesellschaft gedrängt.«[37]

Und dennoch könne es jederzeit zu Rückfällen in die Barbarei kommen, und zwar dann, wenn sich die Bedingungen änderten, unter denen Menschen einander begegneten. Die Herrschaft der Nationalsozialisten, so gestand Elias später ein, sei ein Prozess der »Entzivilisierung« gewesen. Nun sind aber Geschichten, die von Entwicklungen berichten, ohne Anfang, Ende und Verlauf nicht zu erzählen. Und wer vom Rückfall spricht, muss an den Fortschritt glauben, weil nur er erklärt, warum Menschen hinter Erreichtes »zurückfallen« können.[38] Elias erzählt eine Erfolgsgeschichte, die im späten Mittelalter begann und in die Gegenwart führt. »Es ist diese Verflechtungsordnung, die den Gang des geschichtlichen Wandels bestimmt; sie ist es, die dem Prozeß der Zivilisation zugrunde liegt.«[39] Schöner hätte es auch Hegel nicht sagen können.

Für solche Errungenschaften müssen Preise entrichtet werden. Michel Foucault beschrieb Selbstdisziplinierung und Selbstkontrolle als Techniken, die sich des Körpers bemächtigen und Macht produzieren. Als Folter und grausame Strafen aus der Wirklichkeit verschwunden seien, habe sich die Macht nicht mehr im Körper zeigen und ausstellen können. Der Körper verschwindet im Gefängnis, wo er den Blicken der Öffentlichkeit entzogen ist. Es kommt nicht mehr darauf an, durch Grausamkeit Botschaften an jene zu übermitteln, die ansehen müssen, was mit dem Verurteilten geschieht. Das Fallbeil der Guillotine kam nur noch für den Bruchteil von Sekunden mit dem Körper in Berührung, kein Henker musste den Körper des Delinquenten noch bezwingen; es genügte, wenn er einen Schalter betätigte, um jemanden zu töten. »Beinahe ohne den Körper zu berühren, löscht die Guillotine das Leben aus, so wie das Gefängnis die Freiheit nimmt oder eine Geldbuße Besitztum. Sie soll das Gesetz weniger an einem wirklichen, schmerzempfindlichen Körper vollstrecken als vielmehr an einem juristischen Subjekt, das unter anderem das Recht auf Existenz innehat. Sie muß so abstrakt sein wie das Gesetz selber.«[40]

Als die unsichtbaren Mächte gesiegt hatten, war es mit der ausgestellten Grausamkeit vorbei. Wer Macht hat, kann die »Inszenierung des Leidens« aus der Strafe verbannen, weil es effizientere Methoden gibt, Gehorsam zu erzwingen.[41] Foucault spricht von Überwachungstechniken, die ohne Gewalt auskommen und eine Macht erzeugen, die sich ein Herrscher des Mittelalters niemals hätte vorstellen können. »Das Kerkergewebe der Gesellschaft stellt sicher, dass der Körper wirklich in Verwahrung genommen wird und dass er ständig unter Beobachtung gestellt wird. Aufgrund seiner inneren Eigenschaften ist es der Strafapparat, welcher der neuen Ökonomie der Macht am angemessensten ist. (…) Sie verlangte nach einer Technik zur Verflechtung der subjektivierenden Unterwerfung und der objektivierenden Vergegenständlichung: sie brachte neue Verfahren der Vergegenständlichung mit sich (…). Der erkennbare Mensch (Seele,

Individualität, Bewusstsein, Gewissen, Verhalten) (...) ist Effekt/Objekt dieser analytischen Erfassung, dieser Beherrschung/Beobachtung.«[42]

Und so wird das Individuum durch Fremd- und Selbstzwang zur Schaltstelle der Macht, zum Ort der Disziplinierung und Abrichtung. Was Elias für eine Errungenschaft hielt, für eine Befreiung des Menschen von Unsicherheit, Furcht und Gewalt, war für Foucault ein vergeblicher Sieg. Denn der Verzicht auf grausame Strafen sei nur möglich gewesen, weil Menschen in Machtverhältnisse verstrickt worden seien, aus denen sie sich nicht mehr befreien konnten. Was immer man über den Zivilisationsprozess auch denken mag: In beiden Varianten verschwand die rohe Gewalt aus dem Leben der Menschen.

Die Gewalt verschwindet nicht

Vor Jahrzehnten schon haben Historiker ihren Lesern mitgeteilt, dass nicht zu halten sei, was die Zivilisationstheorie versprochen habe. Auch in diesem Fall bestanden sie auf dem Vetorecht der Quellen. Vom Prozess der Zivilisation könne nur sprechen, wer die »kulturellen Wüsten« markiere, die Menschen auf dem Weg zum Fortschritt hinter sich gelassen hätten. Solche Wüsten aber seien nur in den Selbstzeugnissen der Eliten zu finden, die Altes mit Neuem konfrontierten, um es zu diskreditieren und die Gegenwart in helles Licht zu tauchen. Keineswegs sei die Gewalt in neuerer Zeit verschwunden. Die Vierteilung des Königsmörders Damiens sei in der Mitte des 18. Jahrhunderts geschehen, nicht im Mittelalter, und niemand wird bestreiten, dass die Exzesse der Französischen Revolution eine »Pädagogik des Horrors« waren. Noch im 18. Jahrhundert habe Gewalt den Alltag der meisten Menschen strukturiert, sagen die Historiker, aber sie sei nicht nur in der Moderne, sondern auch im Mittelalter überschaubar und begrenzt gewesen. Denn Gewalt sei nicht nur ein Ausdruck zügelloser Leidenschaft. Leidenschaft und kühle Berechnung, Aggression und List sind keine Gegensätze, und nicht jeder Gefühlsausbruch ist ein Ausdruck barbarischer Disziplinlosigkeit. Man kann gewalttätig sein, aber man kann aus der Gewalt auch jederzeit wieder aussteigen. Es gebe keine Gewalt ohne Ort, ohne Zweck und Bedeutung, versichert der Historiker Martin Dinges, und deshalb lasse sich ihre Wirkung auch nicht von Voraussetzungen trennen.[43]

Und auch die zivilisierende Rolle des Staates wird von den Fachleuten für Vergangenes in Zweifel gezogen: Der frühneuzeitliche Staat habe die Gewalt nicht eingeschränkt, sondern ausgeweitet, durch die Anwendung der Folter, öffentliche Hinrichtungen und exemplarische Strafen. Nirgendwo sei das Gewaltmonopol des Staates tatsächlich durchgesetzt worden, und deshalb seien die Strafverfolgungsbehörden mit äußerster Brutalität gegen Gesetzesbrecher vorgegangen. In Russland habe es in den Dörfern noch im 18. Jahrhundert keinen Staat gegeben. Wo Anspruch und Wirklichkeit nicht zueinander gekommen seien, habe die Macht auf maßlose Gewalt zurückgegriffen, um zu erzwingen, was nicht von selbst geschehen sei. Nicht einmal die Verhöflichung der Eliten sei eine Versicherung gegen die Gewalt gewesen. Denn Krieg und Gewalt seien keineswegs überwunden worden. Wie soll man sich erklären, dass im Europa des 20. Jahrhunderts Millionen Juden getötet wurden, obwohl diejenigen, die Mordbefehle erteilten, »zivilisiert« waren?[44]

Aber hatte Elias wirklich gesagt, dass der Prozess der Zivilisation im 18. Jahrhundert vollendet, das staatliche Gewaltmonopol rational und auf friedliche Weise durchgesetzt worden sei? Eigentlich hatte er nur nachweisen wollen, dass die ökonomische und soziale Verflechtung von Menschen Leidenschaften zügelt und Sitten verfeinert. Gewalt nimmt in dem Maß ab, wie Menschen aufeinander angewiesen sind und auf engstem Raum miteinander auskommen müssen. Zweifellos gab es auch im 18. und 19. Jahrhundert Gewaltexzesse – Palastrevolten oder die Ermordung von Tyrannen –, aber die Eliten führten nicht mehr Krieg gegeneinander. Und wenn sie Krieg gegen andere führten, mussten sie vor sich und anderen rechtfertigen, was sie taten oder mit einem schlechten Gewissen weiterleben. Anders gesagt: Die SS-Männer im Reichssicherheitshauptamt und Hitlers Minister ließen Juden töten, aber sie töteten nicht mehr selbst. Sie redeten sich ein, im Auftrag des Notwendigen und Unabänderlichen zu handeln. Solche Rechtfertigungen erleichterten es ihnen, anzuordnen, was die Henker mit ihren Händen ausführen mussten. Und dennoch empfanden auch sie, dass der Befehl, Menschen auszurotten, gegen moralische Grundsätze verstieß. Man konnte, was Hitlers Helfer taten, nur noch mit schlechtem Gewissen, aber nicht mehr mit Freude und Hingabe tun. Die Täter suchten nach einem moralischen Korsett, das ihnen Halt gab und sie das Unvorstellbare auch tatsächlich tun ließ. »Gerade die Auffassung, böse Handlungen setzten böse Absichten voraus«, schreibt die Philosophin Susan Neiman, »ermöglicht es totalitären Regimen, Leute zur Missachtung ihrer moralischen Skrupel zu bewegen, die sich sonst womöglich durchgesetzt hätten.«[45]

Als Himmler vor SS-Männern verkündete, die Ermordung von Frauen und Kindern sei grausam, aber unvermeidlich, gab er zu verstehen, dass zivilisierte Menschen Grausamkeiten nur begingen, weil sie ihnen befohlen würden, nicht, weil sie sich an ihnen erfreuten. »Ich will hier vor Ihnen in aller Offenheit auch ein ganz schweres Kapitel erwähnen«, erklärte er am 4. Oktober 1943 vor SS-Gruppenführern, die sich im Rathaus von Posen versammelt hatten. »Unter uns soll es einmal ganz offen ausgesprochen sein, und trotzdem werden wir in der Öffentlichkeit nie darüber reden. Ich meine jetzt die Judenevakuierung, die Ausrottung des jüdischen Volkes.« Zwei Tage später wiederholte er vor der Elite der Partei, was er den SS-Führern schon mitgeteilt hatte, und fügte hinzu: »Es musste der schwere Entschluss gefasst werden, dieses Volk von der Erde verschwinden zu lassen. Für die Organisation, die den Auftrag durchführen musste, war es der schwerste, den wir bisher hatten«.[46] Kein Enthusiasmus, keine Leidenschaft, kein Sadismus. Himmler sprach nur von Pflichterfüllung wider Willen. Der Schreibtischtäter aber kam in der Theorie der Zivilisation nicht vor, weil er keine Gewalt ausübte, sondern Befehle erteilte. Heinrich Himmler war ein Mann, den schon eine Ohrfeige überfordert hätte. Gewalt konnte er nicht ertragen, Blut nicht sehen. Für die Ausführung des millionenfachen Massenmords war diese Wahrheit ohne Belang. Verbrechen konnten von Menschen begangen werden, die nicht einmal gewalttätig waren.[47] »Die Schrecken der Nazizeit«, schreibt Pinker, »bestanden nicht in einem Aufflammen von Fehden zwischen Kriegsherren, und die Bürger erstachen sich nicht gegenseitig am Eßtisch; Ausmaß, Wesen und Ursachen der Gewalt waren vielmehr offenbar ganz andere.«[48] Was soll man mit einer Theorie der Zivilisation anfangen, die erklärt, warum Hitlers Paladine untereinander Frieden hielten, aber auf die Frage, warum der organisierte Massenmord in einer scheinbar zivilisierten Gesellschaft entworfen und geplant wurde, keine Antwort weiß?

Waren die Menschen des Mittelalters wirklich leidenschaftlicher und ungebundener als die Menschen der Moderne? Gab es nur in den modernen Gesellschaften Verflechtung, Verregelung und Abrichtung? Auf diese Frage hat der Ethnologe Hans-Peter Duerr eine eindeutige Antwort gegeben. Der Prozess der Zivilisation sei ein Mythos, denn es gebe keinen Zusammenhang zwischen ökonomischer Verdichtung, politischer Zentralisierung und der Verregelung des Alltags. Nicht erst an den Höfen der absolutistischen Herrscher sei der Fremd- zu einem Selbstzwang geworden. Immer schon seien Menschen sozialen Zwängen ausgesetzt gewesen, auch dort, wo Gewalt das Leben beherrschte. Es sei »einfach unzutreffend, dass die Mitglieder vorneuzeitlicher oder ›traditioneller‹ Gesellschaften, dass mittelalterliche Dorfbewohner oder Angehörige von ›Stammesgesellschaften‹ sich einer größeren Autonomie erfreut, dass sie unabhängig voneinander und mit weniger gegenseitigen Verpflichtungen gelebt hätten als, sagen wir, moderne Großstadtbewohner«.[49] Denn nirgendwo ist die Sozialkontrolle und Selbstdisziplinierung größer als in vormodernen Anwesenheitsgesellschaften. Der soziale Druck nimmt zu, je feindseliger die Umwelt empfunden wird, von der man umgeben ist. Ritter, die nicht wissen, wem sie trauen können, Bauern, die Missernten, Unwetterkatastrophen und Kriegen hilflos ausgeliefert sind, Menschen, die jeden Tag ums nackte Überleben kämpfen, weil sie hungern oder bedroht werden – sie alle werden autoritären, geschlossenen Formen von Ordnung den Vorzug gegenüber offenen, liberalen Modellen von Herrschaft geben, wenn ihr einziges Interesse darin besteht, Sicherheit zu haben.[50]

Wer von den Regeln, die sich die Gemeinschaft gegeben hat, abweicht, wird bestraft. Jeder weiß, wie geheiratet, wie gebetet, wie geschenkt und wie gekämpft wird. Niemand kann es sich leisten, den Kampf oder das Geschenk zu verweigern oder darauf hinzuweisen, dass der Vollzug der Blutrache sinnlos sei. Auch schwache Krieger müssen kämpfen, auch arme Bauern schenken. Ein Yanomamo-Indianer aus dem Amazonasgebiet sagte einem Anthropologen: »Wir sind das Kämpfen leid. Wir wollen nicht mehr töten. Aber die anderen sind heimtückisch, und man kann ihnen nicht trauen.«[51] Nicht Leidenschaft und Zügellosigkeit, sondern Aussichtslosigkeit und Misstrauen zwingen den Krieger zum Kampf. Hätte er eine Wahl, könnte er auch den Frieden wählen.

Auch Ritter hatten Angst, litten Qualen und fürchteten sich vor dem Tod, aber sie zogen in den Kampf, weil ihr Status sie darauf festlegte, das Schwert gegen ihre Feinde zu führen. Und sie kämpften nach Regeln, mit Berechnung und Disziplin, ohne die kein Kampf gewonnen werden kann. Wer nicht gewinnen kann, wird auch nicht Krieg führen. »Der Krieg ist kein Turnier«, schreibt der französische Mediävist Georges Duby über die Schlachten des hohen Mittelalters, »er ist ein Geschäft. Man riskiert nichts um des bloßen Ruhmes willen. Jeder hütet sich vor Maßlosigkeit, und wenn die Ernte gut war, hat er nur noch eins im Sinn: Möglichst schnell wieder nach Hause zu kommen.«[52] Und auch die Fehden des Mittelalters verfolgten nicht das Ziel, den Gegner zu vernichten, sondern ihn zum Frieden zu zwingen. Der Mediävist Gerd Althoff behauptet, Fehden seien auf eine Weise ritualisiert worden, dass man sie »ohne erhebliche Lebensgefahr führen konnte«.[53]

Die Häufigkeit von Fehden, Raubzügen und Kriegen, so der Ethnologe Georg Elwert, sei in der Vergangenheit von der Bevölkerungsdichte, den strategischen und den ökonomischen Interessen der Krieger abhängig gewesen. Sklavenhalter hätten es vorgezogen, ihre Opfer durch exemplarische Gewalt zu terrorisieren, weil es ihnen darauf angekommen sei, lebendige Menschen zu versklaven. Niemals sei kollektive Gewalt ein Ausbruch von Gefühlen gewesen. »Andauernde oder sich wiederholende Gewalt ist ein sozialer Prozess.

Sie setzt Normen und Sanktionen, Rollen und Kommunikationswege, Planung und Kalkulation voraus.« Unkontrolliert gewalttätige Menschen stürben früh, emotional aufgewühlte Krieger würden schnell besiegt und vernichtet. Deshalb waren Krieger, die im Kampf bestehen wollten, gut beraten, sich auf Planung und Taktik zu verlassen und nicht ihrer Leidenschaft zu folgen.[54]

Elias' mittelalterliche Krieger aber sind Karikaturen. Nur in ihrer Selbstdarstellung sind sie leidenschaftlich und gewalttätig. Was immer über die Rohheit des mittelalterlichen Menschen zu erfahren sei, schreibt Valentin Groebner, werde nur in Bildern vermittelt. Bilder aber müssten gelesen werden. Historiker unterstellten, den Menschen des Mittelalters habe es an Mitgefühl gefehlt. Zu solch einem Urteil könne aber nur gelangen, wer die »performative Darstellung der Emotion mit ihrer inneren Empfindung«, Propaganda und Legitimation mit der Wirklichkeit des Kampfes verwechselt.[55] Gewaltdarstellungen sind Botschaften, in denen mitgeteilt wird, wie die Welt, wie Freund und Feind zu sehen sind. Sie teilen uns nichts darüber mit, wie Menschen Gewalt verübt und erlitten und was sie dabei empfunden haben.

Der Kampf ohne Unterlass ist auch in vormodernen Ordnungen nicht die Regel, sondern die Ausnahme, denn dauerhafte Gewalt benötigt Institutionen, die sie über längere Zeit am Leben erhalten. Noch im 17. Jahrhundert gab es in Europa aber keine Infrastrukturen, keine Armee und keine Bürokratie, die den organisierten Krieg auf Dauer in jeden Winkel hätten bringen können. Nicht durch ihre Dauer und Intensität, sondern durch ihre Unberechenbarkeit wurde die Gewalt zu einer Realität für jedermann. Niemand weiß, was Menschen empfunden haben, als sie Zeugen grausamer Hinrichtungen wurden, wie sie bis zur Mitte des 18. Jahrhunderts überall in Europa öffentlich vollzogen wurden. Richard Evans beschreibt Hinrichtungen als Spektakel, die nicht nur der Abschreckung dienten und den Zuschauern Lehren erteilten. Sie seien keine Volksbelustigung, keine Befriedigung triebhafter Lust an der Grausamkeit gewesen, sondern ernsthafte Inszenierungen. Wer mit dem Fest der Marter konfrontiert wurde, sah, wie Tod und Vergänglichkeit bewältigt wurden, begriff, was Sühne und Vergebung bedeuteten. Priester begleiteten die Delinquenten zur Richtstätte, nahmen ihnen die Beichte ab und hielten ihnen das Kreuz vor den Mund, damit sie es küssten. »Die Abfolge von Urteil, Vergeltung, Reue und Erlösung inszenierte für alle die Hoffnung auf ein künftiges Leben am Fall jener, die letztlich durch den Tod aus der menschlichen Gemeinschaft ausgeschlossen wurden.« Menschen, die täglich mit der Gewalt zu leben hatten, konnten dennoch Mitleid empfinden, weil sie sich ihrer eigenen Vergänglichkeit und Verletzlichkeit bewusst waren. »Vertrautheit mit dem Tod bedeutete nicht Gleichgültigkeit ihm gegenüber, sonst hätte sich niemand die Mühe gemacht, einer Hinrichtung beizuwohnen.«[56]

Zivilisation und Moderne

Rationalität und Friedfertigkeit scheinen umso heller, je dunkler die Farben sind, mit denen Historiker das Leben der Vergangenheit zeichnen: dort der von Leidenschaft verzehrte, undisziplinierte Mensch, der sich seinen Trieben ganz ausliefert, hier der disziplinierte, aufgeklärte und mitfühlende Mensch, der sich unter Kontrolle hat und sich gegen seine Neigungen entscheiden kann. Aber ist nicht das Gegenteil wahr? »Das ›Dorfauge‹«, schreibt Duerr, »ist ein viel vollkommeneres Überwachungsinstrument als die ›tausend Augen‹ der großen, anonymen Gesellschaft.«[57] Der einzelne Mensch sieht alles, und was er sieht, sehen auch alle anderen Menschen, die mit ihm im Dorf leben. Deshalb kann niemand unbeobachtet und ungestraft von den Regeln abweichen, nach denen sich das Leben im Dorf richtet. Der Konformitätsdruck ist groß, und wer ausbricht, sich widersetzt, bekommt zu spüren, was es heißt, die Folgen des Ungehorsams zu tragen. Jedermann weiß also, wann und wie die Gewalt spricht. Auch in der Vormoderne ist es der Selbstzwang, der bewirkt, dass Menschen manches tun und anderes unterlassen. Es gibt keine gesellschaftlichen Normen, die nicht auch die Normen jener Menschen sind, die in einer Gesellschaft leben. Man schämt sich nicht, weil man Strafe fürchtet, sondern weil man weiß, dass falsch war, was man getan hat.

Nicht nur das Dorf, sondern auch der absolutistische Hof war eine Anwesenheitsgesellschaft, die Menschen eng miteinander verband und sie zwang, einander zu beobachten und zu tun, was von ihnen erwartet wurde. Für den modernen Beamten, der Teil einer anonymen Befehlskette ist, haben Etikette, Ehre und Würde nur eine geringe Bedeutung. Nicht Palast und Hotel, sondern Beruf und Funktion formen ihren Affekthaushalt. In der Moderne ist der Einzelne mit vielen Menschen täglich verbunden, von denen er aber nicht viel weiß, weil er ihnen nur in bestimmten Funktionen und Rollen begegnet. Deshalb bleibt die Verletzung einer Norm oft folgenlos. »Der Betreffende verliert nicht *das* Gesicht, sondern *eines* seiner Gesichter.«[58] Die Allgegenwart staatlicher Kontrolle sei überhaupt erst ins Spiel gekommen, als die alten Formen sozialer Kontrolle ihre Wirkung verloren hatten. Je unübersichtlicher die Welt, je komplexer die Gesellschaft wird, desto größer ist das Bedürfnis nach Institutionen, die das Gleichgewicht der sozialen Kräfte bewahren und Menschen voreinander schützen.[59]

In der modernen Gesellschaft können sich Menschen aus moralischen Zwängen befreien, sie können in verschiedene Rollen schlüpfen, sich voreinander verbergen, und sie können ihren Leidenschaften dort freien Lauf lassen, wo sie niemand kennt. Das Kennzeichen des modernen Menschen ist seine »Doppelmoral«. Man könnte auch sagen, dass der Konformitätsdruck abnimmt, je unübersichtlicher und anonymer soziale Beziehungen sind. Man kann im Dickicht der Großstädte immer wieder ein anderer sein, und man hat als Gewalttäter viele Möglichkeiten, die es im Dorf nicht gibt. Terroristen verüben ihre Anschläge in Großstädten, Schläger und Hooligans brauchen Unübersichtlichkeit, um zu tun, wonach ihnen der Sinn steht.[60] Ob sie wirklich das Gefühl haben, wie Foucault sagt, dass die Macht durch sie hindurchgeht? Das Gegenteil scheint der Fall zu sein. Denn wozu gibt es staatliche Überwachungsorgane, Polizei und Geheimdienste, wenn doch alle von selbst tun, was von ihnen erwartet wird? Das Vertrauen darauf, dass Menschen sich selbst abrichten, ist offenbar gering.

So sehr beherrscht der Mythos vom Zivilisationsprozess unser

Reden über die Gewalt, dass wir den großen Versprechungen des 19. Jahrhunderts immer noch blind vertrauen: dass das staatliche Gewaltmonopol uns nicht nur voreinander schützt, sondern so abrichtet, dass nicht geschehen kann, was jenseits der europäischen Grenzen immer noch Normalität zu sein scheint. Man braucht ein »besonders wildes« Bild vom Mittelalter, um den Optimismus nicht zu verlieren, schreibt Groebner.[61] Aber die Dämpfung der Triebe hängt nicht von der Zentralisierung politischer Macht und der Verfeinerung der Sitten, sondern von den Möglichkeiten ab, die Menschen haben, um sich für oder gegen die Anwendung von Gewalt zu entscheiden. Zwar ist das staatliche Gewaltmonopol eine Vorkehrung gegenseitigen Schutzes, aber es kann auch Quelle der Gewalt sein, wenn Despoten und Diktatoren ihre Macht dazu nutzen, Kriege zu entfachen oder systematischen Terror zu entfalten. Denn der Zivilisationsprozess, so schreibt der britische Soziologe Zygmunt Bauman, habe die Gewalt nur verschoben und die Kontrolle der Gewaltinstrumente in wenige Hände gelegt. Nun konnten wenige darüber verfügen, was mit diesen Instrumenten geschehen und wie sie eingesetzt werden sollten. »Schon wenn Gewaltmittel zentralisiert und jeder Kontrolle entzogen sind, lassen sich selbst ohne technische Perfektionierung ungeahnte Ziele erreichen. Die Zahl der Menschen, die in den letzten beiden Jahrhunderten an den Folgen dieser Militarisierung zugrunde gingen, ist historisch gesehen ohne Beispiel.«[62]

Die Gewalt verschwindet nicht, sie ist als latente Bedrohung stets präsent. Ihre Zerstörungskraft hängt allein davon ab, unter welchen Umständen und auf welche Weise sie ins Werk gesetzt, gelenkt oder dosiert wird. Nicht einmal Handel und Gewerbe, die Menschen im Frieden miteinander verbinden, sind eine Versicherung gegen Verletzung und Tod. Der freie Markt belohne das Einfühlungsvermögen, behauptet Pinker. »Wenn man Gefälligkeiten oder Überschüsse mit anderen austauscht, sind die Handelspartner plötzlich lebendig wertvoller, als wenn sie tot sind.«[63] Eine schöne Idee, zweifellos, die aber allen Erfahrungen mit dem Geschäftsleben widerspricht. Denn warum sollten Händler nicht ihre Konkurrenten umbringen, wenn sie damit Erfolg haben? Warum sollten sie darauf verzichten, am Geschäft mit dem Tod zu verdienen, wenn der Krieg ihnen dazu die Möglichkeit bietet? Händler und Schieber, die Krieger mit Waffen versorgen, haben kein Interesse am Ende der Gewalt, weil sie an ihr verdienen. Sie sind im Gegenteil eine sprudelnde Quelle der Gewalt. Und auch Schutzgelderpresser, Waffenhändler und Zuhälter sind Geschäftsleute, die Waren anbieten und verkaufen und ihren Markt mit Gewalt gegen Konkurrenten verteidigen. Warum sollten sie der Gewalt abschwören, wenn sie ihnen ihren geschäftlichen Erfolg garantiert? Diese Wahrheit hatte schon Benjamin Constant, der Begründer des kontinentaleuropäischen Liberalismus, am Ende des 18. Jahrhunderts gesehen. Krieg und Handel können das gleiche Ziel haben: sich anzueignen, was man besitzen will. Das System der Sklaverei war ein Produkt des Kapitalismus, das von Kaufleuten beherrscht wurde, deren Ideologie der freie Markt war und die sich selbst für Liberale hielten.[64]

Zum Mythos des Zivilisationsprozesses gehört auch die Vorstellung, die Kriege des Mittelalters seien archaisch, wild und ungezügelt, die Kriege der Moderne geregelt und normiert gewesen. In Wahrheit waren die Kriege in der fernen Vergangenheit zwar brutal, aber sie waren nicht regellos. Schon in der Antike gab es Kriege, die zur vollständigen Vernichtung des Gegners führten, weil die Besiegten keine Chance erhalten sollten, sich gegen ihre Feinde je wieder zu erheben. Aber es gab auch begrenzte und überschaubare Kriege, die beendet werden konnten, sobald die Unterlegenen Geiseln stellten und Lösegeld zahlten. Auch in den Kriegen und Fehden des Mittelalters konnten sich Gegner wieder vertragen, wenn der Unterlegene sich rechtzeitig unterwarf, Herrschaftsansprüche aufgab oder Geiseln stellte. Die Zahl der Edelleute war gering, und deshalb gab es ein unausgesprochenes Einverständnis, dass die Sieger die Unterlegenen nach der Schlacht am Leben ließen, sofern sie Christen waren und dem gleichen Stand angehörten. Man tötete die Knechte, nicht aber ihre Herren. Denn an der Vernichtung des Adels hatten auch die Sieger, die die Verlierer von morgen sein konnten, kein Interesse.[65] Die Ideologie des Bellizismus, die den Krieg vergötterte, sei erst im 19. Jahrhundert entstanden, schreibt Johannes Burkhardt. In der Epoche der Frühen Neuzeit habe man den Krieg eher als unvermeidliches Übel, nicht als Fest der Freude gesehen.[66]

Zwar folgten die europäischen Kriege des 19. und 20. Jahrhunderts Regeln, die Zivilisten und Kriegsgefangene schützen und die Gewalt begrenzen sollten. Aber diese Regeln wurden nur erfunden, weil die Zerstörungskraft des modernen Militärapparates keine Grenzen mehr kannte. Alle europäischen Nationalstaaten unterhielten Armeen, mit denen sie Tod und Verderben über ihre Gegner bringen konnten. Der zivilisierte Krieg erwuchs aus dem Gleichgewicht des Schreckens, und alle Kriegsparteien wussten, dass die Überschreitung von Grenzen zu ihrer eigenen Vernichtung führen konnte.[67] Wer es dennoch wagte, die Vernichtung des Gegners zum Grundsatz des Krieges zu machen, setzte die eigene Existenz aufs Spiel, wie es im Zweiten Weltkrieg an der Ostfront geschah. Immer ist die Versuchung groß gewesen, die Grenzen zu überschreiten, weil der Einsatz von Vernichtungswaffen alles möglich werden ließ. Im modernen Krieg konnten sich die Errungenschaften der Zivilisation gegen die Zivilisation selbst kehren. Denn die Wenigen, die den Vielen befahlen, Krieg zu führen, töteten nicht mehr selbst, und sie konnten sich auf die »Gesetze des Krieges« berufen. Aus Barbarei wird Notwendigkeit, und schon ist das Tötungstabu moralisch außer Kraft gesetzt.

Kriege werden von den Mächtigen inszeniert und angezettelt, nicht von den Soldaten, die sie führen müssen. Sie zwingen ihre Untertanen, Uniformen zu tragen und Menschen zu töten, denen sie den Krieg erklärt haben. In der Hand des modernen Staates potenziert sich die zerstörerische Kraft bis zum Äußersten: Maschinengewehre, Panzer, Artillerie, Bombergeschwader und chemische Waffen bringen tausendfachen Tod. Städte können in wenigen Minuten ausgelöscht, Divisionen bis auf den letzten Mann aus der Luft vernichtet werden. Wozu die Heere der Vergangenheit Jahre benötigten, bewältigt die moderne Kriegsmaschine in wenigen Wochen. »Dass das Artifizium der Bewaffnung immense Höhenunterschiede von Verletzungsmacht begründen kann, die von Minderheiten genützt werden können«, schreibt Popitz, »gehört zu den Konsequenzen der herstellenden Intelligenz des Menschen.«[68]

Das Gewaltmonopol des Staates ist eine Waffe, die Diktatoren, Despoten und Tyrannen auch gegen die eigene Bevölkerung ins Spiel bringen können. Denn der moderne Staat verfügt nicht nur über die Mittel, seine Bürger zu überwachen, jeden ihrer Schritte zu kontrollieren, er kann sie auch in Gefängnisse oder Lager einsperren, deportieren oder töten lassen.[69] Hitler hatte keine Skrupel, Behinderte sterilisieren oder beseitigen und Regimegegner in Konzentrationslager schaffen zu lassen. Millionen fielen dem Terror Stalins zum Opfer. Sie verhungerten, wurden nach Sibirien oder Zentralasien verschickt und nach Quoten ermordet, obwohl kaum jemand Widerstand geleistet hatte. Die technischen Möglichkeiten entsprachen den Vernichtungsphantasien der totalitären Diktaturen, die nicht Frieden und Stabilität, sondern Tod und Verderben über ihre eigenen Gesellschaften brachten. Und wo sie verbrannte Erde hinterließen, Bürgerkriege, Massaker und Pogrome verursachten, verloren sie die Kontrolle über das Geschehen.

Außerhalb Europas konnten Europäer ohnehin tun, was auf dem alten Kontinent nicht mehr möglich war. Kein General wäre auf den Gedanken gekommen, auch in Afrika müssten Zivilisten geschützt und Kriegsgefangene nach den Regeln der Genfer Konvention und der Haager Landkriegsordnung behandelt werden. Die Gegner waren schwach, sie konnten sich nicht wehren und auch keine Vergeltung üben, und deshalb konnte man sie nach Belieben umbringen. »Ungesittet« und »unmenschlich« seien die deutschen Soldaten gewesen, erinnerte sich ein Dorfbewohner aus Togo, der erleben musste, wie Kolonialtruppen im letzten Jahrzehnt des 19. Jahrhunderts sein Land verwüsteten. Sie hätten »die Töchter der Einheimischen geraubt, ihre Frauen vergewaltigt, die Dörfer von oben bis unten durchgekämmt und ausgeplündert«.[70]

In den asymmetrischen Kolonialkriegen des 19. und 20. Jahrhunderts gab es für die Unterlegenen keinen Pardon, weil sie nicht als gleichwertige Kombattanten anerkannt, sondern verachtet wurden. In der Haager Landkriegsordnung war nur von Konflikten zwischen

»zivilisierten« Nationen die Rede, wer als »unzivilisiert« galt, stand außerhalb des Rechts.[71] Solche Verachtung aber konnten sich die weißen Herren nur leisten, weil sie mit Vergeltung nicht rechnen mussten. Es gab in den Kolonialkriegen kein Gleichgewicht des Schreckens. Ein für allemal konnte Widerstand im Keim erstickt werden, indem die Unterlegenen getötet, verschleppt und ihrer Ressourcen beraubt wurden. Niemand nahm unter solchen Umständen Rücksicht auf Frauen und Kinder, unterschied zwischen Kombattanten und Zivilisten. Während der kubanischen Unabhängigkeitskriege im letzten Drittel des 19. Jahrhunderts verwüsteten spanische Expeditionstruppen Dörfer und Felder, zerstörten die Lebensgrundlagen der Aufständischen, nahmen Geiseln und verbannten Bauern in befestigte Wehrdörfer und städtische Siedlungen, wo sie für die Rebellen von keinerlei Nutzen mehr waren.[72]

Als französische Truppen in der Mitte des 19. Jahrhunderts Algerien unterwarfen, erstickten sie Widerstand durch gnadenlosen Terror. Dorfbewohner wurden enthauptet, ihre Häuser zerstört, in manchen Regionen lebte niemand mehr, nachdem die Franzosen sie durchquert hatten. Alexis de Tocqueville hielt die Araber für »Halbwilde«, die es stets vorgezogen hätten, »zu fühlen statt zu denken«. Deshalb, so schien es den Offizieren der Kolonialarmee, musste man sie auch nicht wie gleichberechtigte Menschen behandeln.[73] Auch die Unterlegenen wussten, dass es in diesem Kampf auf Leben und Tod nichts zu gewinnen gab, dass sie nicht verschont würden, sollten sie sich ergeben. Als die Äthiopier im Jahr 1895 ein Heer der Italiener vernichtend schlugen, ließen sie niemanden entkommen. Sie kastrierten und enthaupteten ihre Gefangenen, verstümmelten die Leichen der Gegner, die auf dem Schlachtfeld lagen, und nahmen furchtbare Rache an den einheimischen Askaris, die den Italienern geholfen hatten.[74] Und so herrschte auf beiden Seiten das Gesetz der Vergeltung. Der Kampf endete, wenn der Unterlegene getötet oder vertrieben worden war. Großmut wäre von den Verlierern als Schwäche des Siegers empfunden worden.

Keine demokratische Zurichtung und keine zivilisatorische Abrichtung haben die Eliten der europäischen Nationalstaaten daran gehindert, den Tod in Räume zu bringen, die sie nicht für zivilisiert hielten. Sie verlagerten die verbotene Gewalt in die Kolonien, wo sie ungestraft tun konnten, was sie sich in Europa versagt hätten. Der schottische Philosoph David Hume hatte dafür schon 1751 eine Begründung gefunden, auf die sich die Kolonialherren zu allen Zeiten und überall berufen konnten. Wer sich nicht an Regeln halten wolle, könne Fairness im Kampf nicht erwarten, schrieb er. »Und wäre eine zivilisierte Nation in einen Krieg mit Barbaren verwickelt, die nicht einmal Kriegsgesetze anerkennen, so müsste auch sie aufhören, dieselben zu befolgen, da sie in diesem Fall zwecklos geworden sind; und sie müsste jeden Kampf und jeden Zusammenstoß für die ersten Angreifer so blutig und verderblich als möglich machen.«[75] Die »Wildnis« war eine Versuchung, sich von allen Hemmungen zu befreien, die den Krieg in Europa in Grenzen hielten. Zivilisierte Männer töteten, vergewaltigten und plünderten. Niemand in Europa schien zu bemerken, was in Afrika geschah. Die Heimat war fern, und jenseits bürgerlicher Moralvorstellungen schien alles möglich zu sein. Zur eigenen Rechtfertigung genügte es, Gegner als unzivilisierte Barbaren auszustellen, und schon verwandelten sich Massaker in Befriedungsfeldzüge.[76]

Die Geschichte der Moderne ist nicht die Geschichte des Zivilisationsprozesses, sie ist vielmehr eine Geschichte der Machtkonzentration. Sie aber erklärt uns nichts über die Intensität der Gewalt. »Sie wankt und bröckelt, aber sie steht noch«, schreibt Denis Johnson, »jene Massenhalluzination der Menschheit: die Vision eines Planeten vereinter Nationen, der große Irrglaube, dass der Nationalstaat nur jetzt noch nicht funktioniert, eines Tages aber funktionieren wird, und dass die Regierungen, die in jedem Jahr des zwanzigsten Jahrhunderts durchschnittlich eine Million Zivilisten getötet haben, anstatt sie, wie es angeblich ihre Absicht war, zu schützen und ihnen zu dienen, ihre Kriege irgendwann beenden werden«.[77]

Der Preis, der für die Zivilisierung entrichtet werden muss, wird fällig, wenn Krieg und Gewalt über die Menschen hereinbrechen. Es sei das Ziel des Zivilisationsprozesses, schreibt Reemtsma, »uns alle immer leichter traumatisierbar zu machen«.[78] Denn die Gewalt verschwindet nicht, nur ihre Intensität und ihre Formen verändern sich. Sie »ändert ihr Gesicht, verbirgt sich, wandert in Räume ab, in denen man sie bisher nicht vermutete«, sagt der Soziologe Markus Schroer.[79] Was sich uns heute in seiner Friedfertigkeit zeigt, kann morgen schon seine hässliche und gewalttätige Seite offenbaren. Kein Zivilisationsprozess hat Menschen je daran gehindert, einander das Leben zu nehmen. Nicht von dauerhafter Affektkontrolle und innerer Abrichtung, sondern von Räumen und Umständen hängt es ab, ob sie sich für oder gegen die Gewalt entscheiden können. Es geht immer nur um Situationen und ihre Möglichkeiten.

3

Entgrenzung: Moderne und Gewalt

»Man kann kaum glauben, daß es im zwanzigsten Jahrhundert einen Winkel in Europa gibt, wo sich mittelalterliche Barbaren eingenistet haben«, schrieb die 16-jährige Nina Lugowskaja im Dezember 1934 in ihr Tagebuch, »und wo wilde archaische Vorstellungen so merkwürdig mit Wissenschaft, Kunst und Kultur einhergehen.«[1] Auch wir können es nicht glauben: Im Bolschoj-Theater sangen Tenöre von Liebe und Leidenschaft, in der Universität sprachen Dozenten von neuen Menschen und der besten aller Welten, und wenige Kilometer entfernt, in der Lubjanka, wurden Menschen gefoltert. Wie konnte es geschehen, dass Millionen getötet wurden, nach allem, was Aufklärung und Vernunft in Europa vollbracht hatten? Waren zwei Jahrhunderte der Zivilisierung und Aufklärung umsonst gewesen, hatten die Machthaber den Verstand verloren? Oder bediente sich die Vernunft nur einer List, um auf Umwegen ans Ziel zu kommen? Für Nina Lugowskaja ergab der Massenterror, den Stalin und seine Anhänger entfacht hatten, keinen Sinn. Warum mussten Menschen sterben, wenn es doch gar keinen Widerstand, weder Kampf noch Krieg gab? Stalin und seine Helfer konnte sie sich offenbar nur als Barbaren und Monster, nicht als kühle Vollstrecker des Notwendigen vorstellen.

Jahrzehnte später erinnerte sich Ruth Klüger an die Zeit, die sie in den Lagern von Theresienstadt, Auschwitz und Groß-Rosen verbracht hatte. Auch sie hatte in den Abgrund geschaut, aber sie wunderte sich nicht über das, was ihr widerfahren war. Man dürfe sich keinen Illusionen über die Möglichkeiten der Gewalt hingeben. »Katzen kratzen, Hunde beißen, Menschen töten.« Ob man die monströsen Verbrechen des 20. Jahrhunderts als Rückfall in die Barbarei, als Versagen des Zivilisationsprozesses verstehen müsse? Nichts scheint ihr als Erklärung abwegiger zu sein. Denn schon immer hätten Menschen es für möglich gehalten, andere Menschen umzubringen, ganz gleich, ob sie sich der Wissenschaft oder dem Kampf verpflichtet fühlten. »Die Nazis Barbaren? Lächerlich. Die waren keineswegs primitiv, sondern der Wissenschaft verpflichtet.«[2]

Die Gewalt ist nicht verschwunden. Sie ist in ihrer Vernichtungspotenz vielmehr zum Signum des 20. Jahrhunderts geworden. Niemals zuvor wurden so viele Menschen in kriegerischen Konflikten getötet, gefoltert und vertrieben wie im vergangenen Jahrhundert. Und niemals zuvor haben Staaten ihre überlegenen Gewaltmittel mit solcher Skrupellosigkeit und Rücksichtslosigkeit zum Einsatz gebracht. Millionen wurden im Namen und im Auftrag ideologischer Programme systematisch vernichtet, in Lager geschafft und zur Sklavenarbeit abgerichtet. Nur waren die Urheber der Vernichtung keineswegs passionierte Gewalttäter. Sie waren Repräsentanten des staatlichen Gewaltmonopols, Ordnungshüter, die Menschen vernichteten, nicht, weil sie sich im Krieg mit ihnen befanden oder sich vor ihnen fürchteten, sondern weil es in ihrer Macht stand, jedem an jedem Ort und zu jeder Zeit das Leben zu nehmen, ohne die Opfer je gesehen haben zu müssen.[3]

Das staatliche Gewaltmonopol ist eine Vorkehrung, die uns voreinander schützt, es bewahrt uns davor, Opfer privater Gewalt zu werden. Aber es schützt uns nicht vor der Gewalt derer, die die Waffen kontrollieren. Denn wer garantiert uns, dass die Machtmittel des Staates nur zur Erhaltung des Friedens, nicht aber zur Verbreitung von Terror verwendet werden? Wer Gewalt eindämmen will, muss selbst imstande sein, Gewalt auszuüben. »Die Gewaltbegrenzung«, schreibt Trutz von Trotha, »ist ein Teufelskreis von Gewalt und Gegengewalt.« Überall, wo das Gewaltmonopol das Gleichgewicht des Schreckens bricht, drohen die Mächtigen den Unterworfenen, damit sie gehorchen. Nur durch den blutigen Beweis ihrer Überlegenheit können sie Anerkennung erzwingen. Ein Argument kann überhört werden, Gewalt überzeugt, denn sie braucht keinen Übersetzer.[4] Es stellt sich nur noch die Frage, wie es geschehen konnte, dass die Gewalt in der Moderne alle Schutzwälle durchbrach, die gegen sie errichtet worden waren. Welchen Grund konnte es geben, einen Frieden aufs Spiel zu setzen, der doch von jedermann als Errungenschaft empfunden wurde? Schon die Zeitgenossen haben sich über die Intensität und Destruktivität staatlich organisierter Gewalt gewundert und sich gefragt, warum die Macht scheinbar grundlos und sinnlos Menschen tötete, anstatt sie vor Willkür und Verfolgung zu schützen. Hatte der Schutzmechanismus der Zivilisation versagt? Heinrich Himmler und Reinhard Heydrich waren kultivierte Männer, die das Intrigenspiel beherrschten, sich auf das Töten aber nicht so gut verstanden. Und dennoch machte es ihnen, die Blut nicht sehen konnten, nichts aus, den Tod von Millionen ins Werk zu setzen.[5]

Sollen wir uns die Stätten der Vernichtung, Kolyma und Auschwitz, wirklich als Orte vorstellen, die außerhalb der Zivilisation lagen, als Symbole der Barbarei? Und warum sollte die Barbarei erst im 20. Jahrhundert, und ausgerechnet in Deutschland, gegen den Prozess der Zivilisation Recht behalten haben? Weil die Gesellschaften, in deren Mitte der Mord erdacht und exekutiert wurde, vom Pfad der Zivilisation abgekommen seien, sagen die Anwälte des Zivilisationsprozesses. Man soll sich Deutschland also als »verspätete Nation«, Russland als »rückständiges« Vielvölkerreich vorstellen, beide noch nicht reif für das, was sie hätten werden sollen. Es habe in Deutschland keine »innere Verbindung zwischen den Mächten der Aufklärung und der Formung des Nationalstaates gegeben«, beklagte der Soziologe Helmuth Plessner. Unter solchen historischen Umständen hätten sich die Charaktereigenschaften des »Ewigen Deutschen« geformt, und deshalb habe das Verhängnis seinen Lauf nehmen können.[6] Aber wenn die Deutschen an Modernisierungsdefiziten litten, woran litten dann all jene Täter und Kollaborateure, die nicht aus Deutschland kamen und die ebenso Furchtbares taten?[7] Welchen Reim soll man sich auf die blutigen Kolonialkriege, auf die Vernichtung und Vertreibung der indianischen Ureinwohner machen? Warum war die russische Revolution nicht das Ende, sondern der Anfang aller Gewaltexzesse? Sonderwege überall! Und der ewige Frieden nirgendwo!

Der Staat als Gärtner

Nach allem, was im 20. Jahrhundert geschehen ist, fällt es schwer, an den unausweichlichen Triumph der Friedfertigkeit zu glauben. »Die Nackten und die Wilden sind nicht so wild, wie die Zivilisationstheorie behauptet, und die Zivilisierten sind keinesfalls so zahm und mitleidsvoll, wie sie sich selbst gerne sehen möchten«, schreibt Wolfgang Sofsky. »Gewalt und Grausamkeit gehören zu den Invarianten der Kulturgeschichte. Jede Gesellschaft muss sie eindämmen, durch Normen und Kontrolle.«[8] Aber sind Normierung und Kontrolle Garanten des Friedens? Sind sie nicht auch Ursache für die Potenzierung der Gewalt? Hat die Gewalt in der Moderne nicht vielmehr alle Grenzen überschritten? Man müsse sich den Holocaust und die stalinistischen Vernichtungsexzesse als ein Geschehen vorstellen, das sich aus den Möglichkeiten der Moderne hervorgebracht habe, schreibt Bauman. »Ohne die Zivilisation ist der Holocaust undenkbar.«[9] Ohne das destruktive Potential des modernen Staates wären Hitlers und Stalins Massenvernichtungsexzesse Phantasie geblieben. Erst in der Moderne sei es möglich geworden, alle intellektuellen und technischen Ressourcen in den Dienst der totalen Vernichtung zu stellen, glaubt Bauman. Die Welt sollte schöner werden, und deshalb musste alles Hässliche aus ihr weichen. Es waren die technischen Möglichkeiten des modernen Staates, die aus Allmachtsphantasien Taten werden ließen. Nicht unzivilisierte Barbarei und Leidenschaft, sondern kalte Vernunft und Ordnungswut seien die Geburtshelfer totalitärer Gewalt gewesen. »Der Holocaust ist ein legitimer Bewohner im Haus der Moderne, er könnte in der Tat in keinem anderen je zu Hause sein.«[10]

Als der Mensch der Aufklärung sich als Schöpfer seiner selbst begriffen habe, so Bauman, sei die göttliche Ordnung zerfallen. Denn wer erkannt hat, dass die Gedanken frei sind, kann sich seines

Verstandes bedienen, ohne auf die Götter Rücksicht zu nehmen. Gott ist nicht einfach da, er will, dass man ihn erkennt. Und so wird die Welt zu einem Ort, der verstanden, geformt und geordnet wird. Man soll sich die Moderne als eine Zeit denken, in der Ordnung als ein Modus des Lebens bewusst wahrgenommen wird. Man weiß von sich als Schöpfer der Welt, und deshalb kann man Vorstellungen und Ordnungen in ein beliebiges Verhältnis bringen. Als Herr seines Schicksals kann der Mensch selbst entscheiden, welche Ordnung er für die beste aller Welten hält. Vorher war die Welt einfach nur da, sie wusste nichts über sich und hätte sich in unseren Beschreibungen nicht einmal wiedererkannt. In dieser »gedankenlosen und unbekümmerten Welt« gab es weder Zufall noch Notwendigkeit, sondern nur die Wiederkehr des ewig Gleichen. Die Aufklärung aber verlegte das Himmelreich ins Diesseits, und wer es auf Erden errichten wollte, musste die Hindernisse fortschaffen, die sich ihm in den Weg stellten. Die Moderne ist die Geburtsstunde der Freiheit, aber sie ist auch der Anfang aller Hybris. Sobald Menschen ihre Umwelt als Chaos wahrnehmen und ihr eine Struktur geben, begreifen sie sich nicht nur als Meister ihres eigenen Schicksals. Sie wissen auch, dass jeder Lebensentwurf möglich ist, wenn er gedacht werden kann. Der Mensch des Mittelalters habe darüber überhaupt nicht nachgedacht, weil ihm seine Umwelt nicht zum Problem geworden sei, das verstanden werden müsse. »Die Entdeckung, daß Ordnung nicht natürlich ist, war die Entdeckung der Ordnung als solcher.« Und deshalb sei die Fähigkeit, zwischen Ordnung und Chaos zu unterscheiden, das Kennzeichen der Moderne. »Ordnung und Chaos sind moderne Zwillinge. Sie waren empfangen worden inmitten des Aufruhrs und Zusammenbruchs der göttlichen Weltordnung, die weder Notwendigkeit noch Zufall kannte.«[11]

Ordnung schafft Chaos, weil entschieden werden muss, was aus ihr herausfällt. Auch der Mensch des Mittelalters kannte Verschiedenheit, aber er nahm nicht als Problem wahr, dass es Ritter und Bettler, Henker und Huren gab. Jeder Mensch nahm den Platz ein, den ihm die göttliche Ordnung zugewiesen hatte. Wenn aber das Leben verändert werden konnte, warum sollten dann nicht alle

Menschen in der besten aller Welten leben? Darin sieht Bauman das Paradox der Aufklärung: Sie verspricht das Menschenglück und erzeugt Ambivalenz, die eliminiert werden muss. Im Streben nach Gewissheit und Eindeutigkeit wurde, was einmal als Normalität galt, zur Bedrohung. Es sei das Projekt der Moderne, Eindeutigkeit herzustellen und Ambivalenz zu überwinden. Denn überall, wo Menschen sich Ordnungen geben, in denen sie leben wollen, müssen sie anderen Menschen Namen, Rollen und Funktionen zuweisen und entscheiden, was in ihre Welt gehört und was nicht.

Die Entdeckung der Ordnung ist die Geburtsstunde der Rückständigkeit. Selbst die Religion muss sich nun vor dem Gerichtshof der Vernunft verantworten. Und wenn der ungeprüfte Glaube an die Vorsehung mit der Einsicht aus Vernunft nicht in Übereinstimmung zu bringen ist, dann werden Gläubige zu Ignoranten, die bekehrt werden müssen. Jeder Akt des Ordnens ist demnach eine Gewalttat, die an der Welt verübt wird, weil er Widerstrebendes entweder absondert oder es zwingt, sich in die Ordnung einzufügen. Klassifizieren heißt, »der Welt eine Struktur zu geben: ihre Wahrscheinlichkeiten zu beeinflussen; einige Ereignisse wahrscheinlicher zu machen als andere; sich so zu verhalten, als wären Ereignisse nicht zufällig, oder die Zufälligkeit von Ereignissen einzuschränken oder zu eliminieren.«[12] In einer geordneten Welt kann man voraussagen, wie es weitergeht, in ihr ist alles Zufällige, Widerstrebende oder Unberechenbare eine Bedrohung, die abgewehrt werden muss. So aber erzeugt sie immerzu jene Ambivalenz, die sie überwinden will. Man könnte auch sagen, dass die Unordnung mit den Aufgaben wächst, die sich die Ordnungshüter gestellt haben.[13]

Der Mensch entwirft sich seine Welt, und er muss entscheiden, wer hineingehört und wer nicht. Deshalb ist die Entdeckung der Ordnung der Ursprung der Ambivalenz, der Kampf gegen Ambivalenz der Anfang eliminatorischer Gewalt. »Die typisch moderne Praxis, die Substanz moderner Politik, des modernen Intellekts, des modernen Lebens ist die Anstrengung, Ambivalenz auszulöschen: eine Anstrengung, genau zu definieren – und alles zu unterdrücken oder zu eliminieren, was nicht genau definiert werden konnte oder wollte. Die moderne Praxis ist nicht auf Eroberung fremder Länder gerichtet, sondern auf das Ausfüllen der leeren Stellen in der completa mappa mundi. Es ist die moderne Praxis, nicht die Natur, die wahrhaft keine Leere duldet.«[14] Nicht göttliche Ordnungen, sondern Selbstbestimmung und Freiheit erzeugen die Keime, aus denen die Intoleranz sprießt. Die Praxis des Ordnens kennt kein Ende, denn wenn Endgültigkeit herstellbar wäre, müsste der Mensch aufhören, seine Umwelt als Problem und Aufgabe zu empfinden. Er müsste zu den Anfängen zurückkehren und Unordnung erfinden, wenn er seine Existenz nicht aufs Spiel setzen will. Jede Ordnung braucht Unordnung, an der sie sich bewähren kann. Nur als Aufgabe, die niemals gelöst sein wird, ergibt diese Praxis für den modernen Menschen einen Sinn.

Nun weiß der moderne Mensch nicht, dass seine Sehnsucht nach Eindeutigkeit niemals gestillt sein wird, dass Ordnung Ambivalenz erzeugt. »Eine Welt, die man – selbst mit schlechten Gründen – erklären kann«, schrieb Albert Camus, »ist eine vertraute Welt. Aber in einem Universum, das plötzlich der Illusionen und des Lichts beraubt ist, fühlt der Mensch sich fremd.«[15] Er kann sich Sisyphos nicht als glücklichen Menschen vorstellen, und deshalb hört er nicht auf, vom Ende der Geschichte und von der Vollendung des Paradieses auf Erden zu träumen. Hier nun kommt die Gewalt ins Spiel. Denn je mehr Unordnung die Praxis des Ordnens erzeugt, desto größer wird die Zerstörungswut jener, die Ambivalenz nicht ertragen können. Die großen Verbrechen des 20. Jahrhunderts, behauptet Bauman, müssten als Versuche verstanden werden, endgültige Ordnungen zu schaffen: durch Stigmatisierung, Aussonderung und Ausrottung von Menschen.

Wir sollen uns den modernen Staat als Gärtner vorstellen, schlägt Bauman vor, als ordnendes Instrument einer Aufklärungsideologie, die keine Uneindeutigkeit duldet. Gärtner schaffen Ordnung und Schönheit, und je mehr Ordnung sie schaffen, desto mehr Unkraut häufen sie an: Dissidenz, Ketzertum und Fremdheit. Was sich nicht einfügen lässt, schafft der Gärtnerstaat auf die Müllkippe. Die Ordnungswut erreichte ihren Höhepunkt aber erst, als der Staat die technischen Möglichkeiten besaß, mit denen er Unkraut aus jedem Winkel des Gartens entfernen konnte. Nichts wäre von der Wahrheit weiter entfernt als die Behauptung, die Herrschaft der Nationalsozialisten sei ein Rückfall in die Barbarei gewesen. Denn Deutschland sei ein zivilisiertes und technologisch hoch entwickeltes Land gewesen, von dem niemand erwartet habe, dass es Tod und Verderben über Europa bringen werde. Von seinen Nachbarn sei es bewundert worden: für seine Effizienz, seine Ordnung, seine Rechtsstaatlichkeit und seine sozialen Errungenschaften. Der deutsche Staat sei kein Instrument sinnloser Zerstörung gewesen, sondern ein Organ der gesetzgebenden Vernunft, dessen Aufgabe darin bestanden habe, die Gesellschaft zu kontrollieren, zu modellieren und Unordnung zu beseitigen.

Wo Ordnung geschaffen wird, muss unterschieden werden zwischen jenen, die nützlich sind, und jenen, für die im Bauplan der Vernunft kein Platz vorgesehen ist. Erst im modernen Staat fand der Machbarkeitswahn seinen wahren Vollstrecker. Denn seine Beamten erfassten nicht nur, was geordnet werden musste. Sie hatten die technischen Mittel, um Nützliches von Nutzlosem zu trennen und alle Maßnahmen zu erzwingen, die sich aus solchen Unterscheidungen ergaben. Die extremsten Exzesse solcher »Sozialtechnologie« seien deshalb keine Ausbrüche der Barbarei gewesen, behauptet Bauman. »Sie waren legitime Kinder des modernen Geistes, jenes Dranges, den Fortschritt der Menschheit zur Vollkommenheit zu unterstützen und zu beschleunigen.«[16] Der Geist der Moderne sei optimistisch gewesen, für die Ingenieure der Gesellschaft habe es kein soziales Problem gegeben, das nicht durch rationale Planung endgültig gelöst werden konnte.[17]

In allen europäischen Staaten experimentierten Technokraten mit Verfahren, Außenseiter und Kranke aus ihren Gesellschaften zu entfernen und Minderheiten umzusiedeln. Nicht einmal in den Vielvölkerimperien, in Russland, Österreich-Ungarn und im Osmanischen Reich, stand die Vertreibung von Minderheiten im Dienst der Leidenschaften. Sie wurde am grünen Tisch geplant und von

Repräsentanten des Staates vollstreckt.[18] Als Kommunisten und Nationalsozialisten damit begannen, Menschen in großem Stil zu vertreiben und zu ermorden, vollzogen sie nur, was als Idee ohnehin schon in der Welt war. Nicht als Traditionsbruch, sondern als Vollendung modernen Ordnungsdenkens müsse man sich die Experimente der totalitären Diktaturen vorstellen, so Bauman. »Die beiden berüchtigsten und extremsten Fälle des modernen Genozids waren nicht Verrat am Geist der Moderne, nicht Verirrung vom geraden Pfad des Zivilisationsprozesses – sie waren der konsequente, ungehemmte Ausdruck dieses Geistes.«[19]

Der Gärtnerstaat war der Resonanzboden der Utopie. Er vollbrachte, was sich Nationalisten, Rassisten und Kommunisten ausgedacht hatten. Alles war denkbar, und alles war möglich: Kriminelle, Außenseiter und Kranke konnten eliminiert, nützliche Menschen gezüchtet, Unkraut, Viren und Abfall aus der Gesellschaft entfernt werden. Man konnte zugleich ein Gegner der Todesstrafe und ein Anwalt der Euthanasie, ein glühender Anhänger sozialer Gleichheit und Freiheit und ein Apologet des Klassenmordes sein. Gegen die Euthanasie im Dritten Reich habe die Aufklärung nicht mehr recht behalten können, der Protest habe sich stattdessen auf Gottes Schöpfung berufen müssen, schreibt Götz Aly.[20] So gesehen waren Rassismus und Kommunismus zwei Varianten des gleichen Projekts: die Welt zu ordnen und von ihren Feinden zu erlösen. Nicht unkontrollierte Leidenschaft und die Lust am Töten hätten den organisierten Massenmord ins Werk gesetzt, so Bauman, sondern kühle Berechnung und Planung. Deshalb sei der Holocaust kein »völlig irrationaler Akt«, sondern eine kühle »Übung in Sozialtechnologie« gewesen.[21] Die medizinische Sprache wurde überall in Europa zur Sprache der politischen Sozialtechnologen, die Gesellschaften wie menschliche Körper behandelten und versprachen, Viren und Geschwüre aus ihnen zu entfernen. Was Wissenschaftler im 19. Jahrhundert erdacht, Offiziere und Kolonialbeamte erprobt hatten, führten die totalitären Diktaturen im 20. Jahrhundert zu Ende.[22]

Von Anbeginn hatten die Nationalsozialisten keinen Zweifel daran gelassen, dass sie ihrem Versprechen, den Volkskörper von seinen Krankheiten zu erlösen, auch Taten folgen lassen würden. Es begann mit der Sterilisierung und Tötung körperlich und geistig Behinderter Anfang des Jahres 1940, die aus dem Weg geräumt wurden, weil es für sie in der neuen Ordnung keinen Platz gab. Die Sicherungen waren entriegelt, die Schleusen geöffnet, aus denen sich die Gewalt ergießen konnte. Denn mit dem ersten Mord kam den Tätern auch zu Bewusstsein, dass sie nicht nur tun konnten, sondern auch tun durften, was sie sich vorgenommen hatten. Der Erfolg der Euthanasiepolitik, schreibt Henry Friedlander, habe die nationalsozialistische Führung davon überzeugt, dass der Massenmord technisch möglich war und moralisch durchgesetzt werden konnte, und sie habe ihr auch zu Bewusstsein gebracht, dass die Bürokratie und ihre Helfer bereit waren, sich an der Tötung von Hunderttausenden zu beteiligten.[23] Wenn man Behinderte wie Unkraut beseitigen konnte, warum sollte es dann nicht auch möglich sein, Völker zu verschieben und »Rassen« auszulöschen? »Es hätte«, behauptet Bauman, »ohne das Naziprojekt eines rassisch reinen Deutschland keinen Genozid gegeben. Aber gleichermaßen hätte es kein solches Projekt gegeben, ohne die Wissenschaft und die Technologie, die es sowohl denkbar wie – so sei es – respektabel machten.«[24]

Auch in der Sowjetunion wurden Menschen, die sich in die Ordnung der bolschewistischen Machthaber nicht einfügen ließen, stigmatisiert und vernichtet. Für Lenin war der Sozialismus ein Ordnungsprojekt, das Europa nach Russland bringen sollte. Nichts sollte mehr an das Land der Bauern und Ikonen erinnern, alle Unterschiede zwischen Klassen und Völkern verschwinden und vernichtet werden, was in der neuen Ordnung keinen Platz haben konnte. Russlands Wirtschaft solle nach dem Vorbild der Post organisiert werden, schrieb Lenin im Sommer 1917, das ganze Land solle sich in ein preußisches Büro verwandeln.[25] Nirgendwo aber war der Widerspruch zwischen den Ansprüchen und den Möglichkeiten der totalitären Versuchung größer als in der Sowjetunion. Schon während des Ersten Weltkrieges hatten die Generäle des Zaren damit begonnen, innere Feinde durch organisierten Terror zu bekämpfen, die Bolschewiki aber besaßen die Mittel und den Willen, ihr Ordnungsprogramm gegen alle Widerstände durchzusetzen. Auch sie bedienten sich der Sprache der modernen Medizin, um zu demonstrieren, wie sie sich die Lösung sozialer Probleme vorstellten. Ratten, Schlangen und Ungeziefer mussten aus ihren Verstecken geholt und vernichtet, die Gesellschaft durch Prophylaxe und Terror von Viren und Bakterien befreit werden.[26] Und deshalb gefielen sich die Modernisierer als Zerstörer. Sie verwüsteten das eigene Land und töteten Millionen, um Widerstand zu brechen und Altes durch Neues zu ersetzen. »Utopie der Säuberung« – so hat Gerd Koenen den sowjetischen Weg der sozialen Prophylaxe bezeichnet. Für den Versuch, diese Utopie zu verwirklichen, musste ein hoher Preis bezahlt werden: Millionen Menschen wurden auf dem Altar der Sozialtechnologie geopfert, ohne dass den Machthabern zu Bewusstsein gekommen wäre, dass die Zahl der Feinde mit den Ordnungsaufgaben wuchs, deren Bewältigung sie sich vorgenommen hatten.[27]

Die Moderne brachte nicht nur die Idee des nutzlosen Menschen hervor. Sie war auch die Geburtsstunde der leidenschaftslosen Täter, die mit gutem Gewissen töteten, weil sie die Vernichtung der Nutzlosen vor jenen, die nicht gewalttätig wurden, als unabänderlich rechtfertigen konnten.[28] Nicht Rächer und Krieger wollten sie sein, sondern Ingenieure der Ordnung, die Gefahren erkannten und abwehrten. Ein Arzt, der in Auschwitz kranke Häftlinge selektierte und ins Gas schickte, wurde von einer Kollegin, die nicht ertragen konnte, was dort geschah, zur Rede gestellt. Wie er diese Unmenschlichkeit mit dem Hippokratischen Eid vereinbaren könne, wollte sie von ihm wissen. Die Juden, antwortete er, seien der »vereiterte Blinddarm am Körper Europas.« Er schneide ihn heraus, aus »Achtung vor dem menschlichen Leben«.[29] Jeder Arzt, der tötete, anstatt zu heilen, konnte sein Gewissen beruhigen, weil er sich in Übereinstimmung mit der Moral des Regimes sah. Er musste einfach nur vergessen, dass die Ermordeten Menschen gewesen waren.

Zur Konditionierung der Mörder gehörte die Entwürdigung und Entmenschlichung der Opfer. Menschen, die in der Öffentlichkeit ihre Notdurft verrichten müssen, weil man ihnen vorenthält, was den Zivilisierten zusteht, Menschen, die sich wie Tiere auf Essensreste stürzen, verlieren Scham und Menschlichkeit. Primo Levi, der das Vernichtungslager Auschwitz überlebte, erinnerte sich, wie Häftlinge auf dem Transport nach Auschwitz an einem Durchgangsbahnhof aus dem Zug getrieben wurden, um vor aller Augen ihre Notdurft zu verrichten. Nicht nur die SS-Männer, sondern auch die Zivilisten, die an den Gleisen standen, hätten mit Abscheu auf ihn und seinesgleichen herabgesehen: »Menschen wie die haben ihr Schicksal verdient, man braucht sie ja nur anzusehen. Das sind keine Menschen, sondern Tiere, Dreckschweine; das ist sonnenklar.«[30] Wer zum Ungeziefer wird, ist seiner Würde beraubt, zum Objekt degradiert und auf solche Weise in eine Distanz gebracht, die jedes Mitgefühl abschaltet. Die Tötung des Opfers bedarf keiner moralischen Rechtfertigung mehr. Indem sie ihre Opfer zu Nicht-Menschen erklärten, konnten die Täter sich selbst als Menschen mit moralischen Eigenschaften wahrnehmen, als Chirurgen, die Geschwüre aus kranken Gesellschaften herausschnitten, die eine blutige, aber nützliche Tat vollbrachten. Sie konnten sich als Wohltäter sehen, die einen Dienst am Fortschritt leisteten. Seither ist die Idee, man könne menschliches Leben nach Belieben einrichten, zurichten und vernichten, in der Welt, und mit ihr auch die Versuchung, mit Gewalt zu erzwingen, was nicht von selbst geschieht.[31] Nur um den Preis physischer Vernichtung kommt die Eindeutigkeit zu ihrem Recht, weil Ambivalenz erst verschwindet, wenn die Menschen tot sind, die sie zum Ausdruck bringen. Zwar schrieb das moderne Streben nach Eindeutigkeit, die Obsession, Ordnung zu schaffen, den organisierten Massenmord nicht vor, aber es brachte ihn als Möglichkeit überhaupt erst ins Spiel.[32]

Fremdes und Eigenes: Die Utopie der Säuberung

Warum aber durften die anderen nicht weiterleben? Warum musste, wer sich nicht einfügen ließ, physisch vernichtet werden? Schon immer haben sich Historiker darüber gewundert, dass die totalitären

Regime Menschen töteten, die Widerstand weder leisten konnten noch wollten. Darauf sei es, schreibt Bauman, den Anwälten der Eindeutigkeit auch gar nicht angekommen. Die Fremden waren nicht Opposition. Denn Opposition kann erkannt, definiert und in ihren Wirkungen vorausgesehen werden, sie kann Teil einer Ordnung von Freunden und Feinden sein. Die Fremden waren vielmehr jene Menschen, von denen man nicht wusste, wer sie waren, was sie wollten und wo sie hingehörten. Sie bewohnten einen Raum jenseits der vollkommenen Ordnung, an deren Errichtung die Architekten der Eindeutigkeit arbeiteten, und deshalb war ihre Anwesenheit eine Provokation, die aus der Welt geschafft werden musste. »Sie bringen das Außen nach Innen und vergiften das Tröstende der Ordnung durch den Argwohn gegen das Chaos. Dies ist genau das, was die Fremden tun.«[33]

Zur Rechtfertigung der Vernichtungspraxis gehörte in der Moderne immer schon die Versicherung, dass richtig sein müsse, was die Mehrheit wolle. Der amerikanische Soziologe Michael Mann hat von den »dunklen Seiten der Demokratie« gesprochen. Überall, wo die Volkssouveränität zum Maßstab des politischen Handelns geworden sei, habe sich gegen alle Widerstände durchsetzen können, wer die Mehrheit auf seiner Seite wusste. Auch in Demokratien seien Menschen stigmatisiert, ausgesondert und deportiert worden, weil sie nicht Teil der Nation werden sollten. Man müsse nur an die Diskriminierung von Mexikanern, indianischen Ureinwohnern und ehemaligen Sklaven in den USA denken, an die blutigen Auseinandersetzungen um die Grenzen und Möglichkeiten des Nationalstaats im Europa des letzten Jahrhunderts und an die kolonialen Kriege der demokratischen Großmächte. Auch die modernen Diktaturen beriefen sich auf die Idee der Volkssouveränität und die Mehrheit derer, in deren Namen sie zu sprechen vorgaben. Die Deportation von Klassenfeinden und ethnischen Minderheiten in der Sowjetunion und die Ermordung von Juden im nationalsozialistischen Europa waren nur möglich, weil sie die Vorstellung eines Volkskörpers voraussetzten, in dem Minderheiten keinen Platz haben sollten.[34]

Überall dort, wo Volk und Ethnos als deckungsgleich verstanden wurden, verlangten Nationalisten, dass die Nation ethnisch homogen sein müsse. In der Mitte und im Osten Europas konnten sie sich Nationen nur als Ausschließlichkeitsprojekte vorstellen. Auch in der Sowjetunion hatten die Machthaber eine Vorstellung davon, wer das Volk repräsentieren durfte und wer nicht. Was sollte mit all jenen geschehen, die nicht Teil des Staatsvolkes sein konnten, weil sie entweder einer feindlichen Nation oder einer feindlichen Klasse angehörten? In der vormodernen Ständeordnung gab es keine Utopie der Säuberung, weil in ihr jeder seinen Platz hatte. Erst die Idee der Volkssouveränität wirft die Frage auf, wer das Volk ist, was es will und wie es sich zusammensetzt.[35] Der Weg in die Gewalt scheint unvermeidlich, wenn sich diese Idee an der Wirklichkeit ethnischer Heterogenität bewähren muss. Denn wenn die Repräsentanten der Mehrheit alle Machtmittel in ihren Händen halten, ist die Gefahr groß, dass sie sie auch gegen die Minderheit zum Einsatz bringen werden.

Die Agonie der Vielvölkerreiche war nicht der Beginn einer schönen, neuen Zeit. Sie war der Anfang der ethnischen Säuberung, weil sie jene Unordnung hervorbrachte, vor der sich die Nationalisten fürchteten. Mit dem Ende der Imperien verloren Minderheiten ihre Heimat. Sie wurden zu Fremden im eigenen Land, zu einer Bedrohung für den ethnisch homogenen Nationalstaat. »So merkwürdig sich das heute anhört«, schreibt der britische Historiker Tony Judt, »die Demokratie war eine Katastrophe für Juden.« Sie mussten auf den Schutz der aufgeklärten Herrscher verzichten und wurden zu Opfern des demokratischen Nationalismus.[36] Die Vielfalt wird zum Anlass der Vernichtung, weil sie eine Gefahr ist, die beseitigt werden muss und beseitigt werden kann. Es sind die Vorstellungen von einer sozial und ethnisch gereinigten Welt, die Gewalt als attraktive Handlungsoption erscheinen lassen. Denn mit Gewalt kann sofort erreicht werden, was im Konsens niemals gelingt. Darin liegt der Erfolg der totalitären Ideologien begründet. Sie berufen sich auf den Willen der Mehrheit und sie versprechen, alle Probleme sofort und für alle Zeit zu lösen. Die Beseitigung ganzer Völker durch Vernichtung sei in »früheren Jahrhunderten selten« gewesen, sagt Mann. »Erst mit dem Aufstieg von Heilsreligionen und mit dem Aufstieg der Volksherrschaft wird die Lage gefährlicher.«[37]

Ethnonationalisten und Rassisten behaupten die Deckungsgleichheit von Ethnie, Rasse und Nation, Kommunisten versprechen das Ende der Ausbeutung durch Eliminierung der Ausbeuter. Wenn Vielvölkerimperien und Staaten zerfallen, kann es geschehen, dass solche Reinheitsideologien als Machtressourcen und Legitimationsquellen an Attraktivität gewinnen. Zwar müssen Heilslehren, die überzeugen wollen, für Menschen plausibel sein. Im Gewaltraum aber werden die Versprechen von Predigern und Heilsbringern auch ohne Belege für glaubhaft gehalten.[38] Je größer die Verunsicherung ist, desto stärker empfinden Menschen das Bedürfnis nach Übersichtlichkeit und Klarheit. Deshalb verschafft die Demokratisierung unsicherer Verhältnisse Ideologen und politischen Missionaren Gelegenheiten, Feinde zu markieren und die Gewalt sprechen zu lassen. Man könnte auch sagen, dass demokratische Verfahren unter solchen Umständen zu Instrumenten der Eskalation werden. Dann aber kommt die Stunde der Vollstrecker, die Reinheit herstellen, indem sie die Fremden vernichten oder vertreiben. Nur um den Preis exzessiver Vernichtungsgewalt konnte die Ideologie der Endgültigkeit recht behalten. Und so nahm das Verhängnis seinen Lauf.[39]

Zerstörungskräfte

Im Programm der Aufklärung war der Massenmord nicht vorgesehen. Wie war es möglich, dass alle rechtsstaatlichen und moralischen Sicherungen, die über Jahrhunderte errichtet worden waren, in nur einer Dekade zerstört wurden? Darauf gibt es eine einfache Antwort: Weil getan werden konnte, was gedanklich an der Zeit war. Kein Mörder handelt verwerflich, wenn er den moralischen Rahmen nach Erwägungen der Nützlichkeit beliebig verschieben kann. Wenn also einmal erkannt worden ist, worin das Menschenglück besteht und wie man es erreicht, können Täter bedenkenlos zur Tat schreiten. Sie glauben, dass Probleme für immer gelöst werden können und dass ihr Plan aufgehen wird, sobald sie den »Auswurf« aus der Gesellschaft entfernt haben. Wer im Besitz der letzten Wahrheit ist und menschlichen Abfall beseitigt, muss sich für Gewalttaten, die Unabänderliches herbeiführen, nicht mehr rechtfertigen.[40] Nicht als gewissenlose Mörder verstehen sich die Täter, sondern als Vollstrecker einer heiligen Mission. Jede Krankheit konnte geheilt, jedes Problem durch einen chirurgischen Eingriff in die Gesellschaft aus der Welt geschafft werden, ohne dass die Mörder sich mit einem schlechten Gewissen belasten mussten. »Der Tod ist die Lösung aller Probleme. Ein Mensch, ein Problem, kein Mensch, kein Problem«, hat Stalin gesagt, und er hat damit gemeint, dass man sich von Zweifeln und Skrupeln nicht beunruhigen lassen dürfe.[41]

Die Moderne bringt Täter hervor, die ein gutes Gewissen haben, sagen manche Historiker. Sie haben einen ruhigen, tiefen Schlaf, weil sie vergessen können, was sie getan haben. Denn das Leiden anderer Menschen muss, um empfunden werden zu können, erst einmal wahrgenommen werden.[42] Nunmehr kann jedermann zum Mörder werden, weil die totale Absolution alle Verbrechen vergibt, die im Dienst höherer Zwecke begangen worden sind. Die Massenmörder, behauptet Mann, hätten sich nicht von ihrem Über-Ich befreien müssen, um zu töten. Nicht das Böse, sondern die Rationalität sei der Ursprung der Menschheitsverbrechen im 20. Jahrhundert.[43] Die Vernichtung der europäischen Juden sei »sehr viel weniger ein Unfall als die logische Eskalation einer Ideologie« gewesen, die »rücksichtslos alle Hindernisse beseitigte, die sich ihr in den Weg stellten«.[44] Jede Schreckenstat habe sich in eine Moral einfügen lassen, die den Mord als zivilisatorische Leistung pries. »Die größten Übeltäter«, sagt Hannah Arendt in ihren Vorlesungen über das Böse, »sind jene, die sich nicht erinnern, weil sie auf das Getane niemals Gedanken verschwendet haben, und ohne Erinnerung kann sie nichts zurückhalten.« Deshalb sei das »größte Böse« nicht radikal. »Es hat keine Wurzeln, und weil es keine Wurzeln hat, hat es keine Grenzen, kann sich ins unvorstellbar Extreme entwickeln und über die ganze Welt ausbreiten.«[45]

Wie konnte es geschehen, dass ausgerechnet in Deutschland ein Mordprogramm entworfen wurde, das alle Grenzen des Vorstellbaren sprengte? Darüber müsse man sich nicht wundern, glaubt Bauman. »Der Holocaust war ein ins Unermeßliche aufgeblähtes Gewaltinstrument. Die einzelnen Elemente wurden einem einzigen Ziel untergeordnet, entsprechend spezialisiert und technisch immer perfekter. Entscheidender noch als die Größe der Vernichtungsmaschinerie war ihre furchtbare, auf technisch-bürokratischer Steuerung beruhende Effizienz.« Wenn also die Gewalt erst einmal zur bürokratischen Routine wird, kann sie, »wie alle Verfahren, emotionslos und rational vollzogen werden«.[46] Es ist die Zivilisation, die die Mittel hervorbringt, alles zu zerstören, was die Zivilisation geschaffen hat.

»Solange der Staat«, so Wolfgang Sofsky, »dem gesellschaftlichen Bedarf nach Gemeinschaftsbildung widersteht, bleibt der Terror begrenzt auf einzelne soziale Akte. Doch sobald sich staatliche Instanzen daranmachen, die Homogenität der Kultur aktiv durchzusetzen und die Trugbilder der sozialen Gemeinschaft zu Leitlinien der Politik zu erklären, ist der Damm zur systematischen Verfolgung durchbrochen.«[47] Zur Moderne gehört aber nicht nur die Vorstellung, man dürfe alles tun, was dem Fortschritt des Menschenglücks dient. Sie hält auch die Instrumente bereit, die es erlauben, zu tun, was man will. Deshalb erwächst ihre Destruktivität überhaupt erst aus der technischen Machbarkeit des Denkbaren. Ideen lassen sich in Taten nur übersetzen, wenn aus Gelegenheiten Möglichkeiten werden und wenn die Mittel vorhanden sind, die es den Technikern des absoluten Staates erlauben, ihre Phantasien zu verwirklichen. Nicht Ideen töten, sondern Menschen, und wenn »Programmentscheidungen« nicht durchgesetzt werden, haben sie auch keine Wirkung.[48]

Wer Menschen registrieren, kontrollieren, stigmatisieren, deportieren und töten will, braucht dafür geeignete Instrumente. Ohne Kontrolle über das staatliche Gewaltmonopol und den bürokratischen Apparat wären die Mordexzesse überhaupt nicht möglich gewesen. So lautet das Argument jener, die in der Moderne den

Ursprung totalitärer Vernichtungsgewalt erkannt haben. Denn die Staatsbeamten sind nur noch Regeln unterworfen, die der Bürokratie ihre Ziele und Aufgaben geben. Sie dienen Gesetzen, nicht Personen, und sie exekutieren jeden Befehl, als komme, was sie tun, aus ihrer eigenen Überzeugung. Disziplin und Selbstverleugnung sind die Tugenden des modernen Beamten. Solange sie nach fachlichen Gesichtspunkten verrichten, was von ihnen verlangt wird, handeln sie im Kontext ihrer Berufsehre.[49] Man kann Menschen töten lassen und sich dennoch formal korrekt verhalten. Auf diese Wahrheit haben sich nach dem Ende des Zweiten Weltkrieges die meisten nationalsozialistischen Täter zu ihrer Entlastung berufen. »Im Begriff der Ehre«, schreibt Bauman, »wird moralische Verantwortung durch Disziplin ersetzt.«[50]

Das staatliche Gewaltmonopol gewährt Schutz, ohne den Menschen nicht dauerhaft in Frieden und Sicherheit leben könnten. Wir vertrauen einander, weil wir wissen, dass der illegale Einsatz von Waffen bestraft wird. Nur als staatliche Hoheitsträger dürfen sich Menschen in der Öffentlichkeit noch mit Waffen zeigen. Die Gewalt ist unsichtbar geworden, ohne jemals verschwunden zu sein; sie scheint gebannt, und nur als Möglichkeit und Drohung ist sie im Bewusstsein noch präsent. Für die Sicherung des Friedens aber zahlen die Bürger einen Preis: Sie überlassen den Hoheitsträgern des Staates die Kontrolle über die Waffen und verzichten darauf, ihren Einsatz selbst zu überwachen. »Schon wenn Gewaltmittel zentralisiert und jeder Kontrolle entzogen sind«, schreibt Bauman, »lassen sich selbst ohne technische Perfektionierung ungeahnte Ziele erreichen.«[51] Jederzeit können sich Frieden und Sicherheit in Tod und Verderben verwandeln, wenn die Sachwalter des Gewaltmonopols entschieden haben, Krieg zu führen oder Menschen zu verfolgen. Ordnung ist eine Voraussetzung für die Eindämmung der Gewalt, zugleich ist sie aber auch eine Voraussetzung für ihre Organisation. Aus diesem Teufelskreis gibt es kein Entkommen.

Das Zerstörungspotential des modernen Staates ist deshalb so groß, weil er Menschen ohne Macht mit todbringenden Waffen ausstattet, sie anonymen Mächten unterwirft und in Situationen schickt, in denen sie keine andere Wahl haben als zu gehorchen. Bürokratien, Polizeieinheiten und Armeen sind Institutionen, die Macht in Herrschaft verwandeln, weil sie Menschen an einen Ort binden, sie voneinander abhängig machen und Verfahren unterwerfen, die sie zum Gehorsam zwingen. In der Bürokratie erledigen Beamte Aufträge ohne Widerspruch. In Polizeieinheiten und Armeen werden Menschen trainiert, ihre Angst unter Kontrolle zu bringen. Wo es nicht mehr darauf ankommt, was der Einzelne will und kann, können Wenige Viele zwingen, sich ihren Befehlen zu fügen. Jeder Soldat weiß, dass er sich der Gruppe, in der er kämpft, nicht entziehen kann. Er gewönne nichts, wenn er sie verließe. Er verlöre sein Leben, weil er dem Feind schutzlos ausgeliefert wäre, und deshalb tut er, was von ihm verlangt wird. Soldaten verrichten einen Dienst, der ihres freien Willens nicht bedarf, und sie töten im Bewusstsein, etwas zu tun, das sie ohnehin nicht ändern können.[52]

Manche gewöhnen sich an das Töten, und wenn sie im Kampf erfolgreich sind, können sie gar nicht mehr aufhören, auf die Jagd zu gehen. Ein Oberleutnant der deutschen Luftwaffe erklärte im Juli 1940, dass es ihm ein Bedürfnis geworden sei, Bomben zu werfen. »Am zweiten Tag des Polenkrieges musste ich auf einen Bahnhof von Posen Bomben werfen. Acht von den 16 Bomben fielen in die Stadt, mitten in die Häuser hinein. Da hatte ich keine Freude daran. Am dritten Tag war es mir gleichgültig und am vierten Tage hatte ich meine Lust daran. Es war unser Vorfrühstücksvergnügen, einzelne Soldaten mit Maschinengewehren durch die Felder zu jagen und sie dort mit ein paar Kugeln im Kreuz liegen zu lassen.«[53] Die Anonymität des Tötens bringt Distanz zwischen Täter und Opfer und erleichtert es, exzessive Gewalttaten zu verüben: Beamte, die am Schreibtisch den Tod von Tausenden anordnen, ohne sich den Folgen ihrer Befehle aussetzen zu müssen, Befehlshaber von Raketenstellungen, die Computer, aber keine Waffen bedienen, Piloten, die Bomben auf Menschen werfen, deren Sterben sie nicht sehen, Panzer- und Schiffskanonen, die Treffer erzielen, ohne dass die Bewaffneten einander ins Gesicht sehen müssen.[54] »Die Glorie der Technik«, schreibt Popitz, »paßt hervorragend zur Glorie der Gewalt. Und so paßt die technische Perfektion zur Unbetroffenheit des Täters.« Je größer die Distanz ist, die durch die moderne Waffentechnik geschaffen wird, desto leichter fällt es, Gewalt zu preisen und anzuwenden. »Der Zusammenhang der eigenen Handlung mit den Folgen wird unsichtbarer, uneinsichtiger. Nötig ist sachliche Konzentration, Emotionen können nur stören.«[55]

Wir sollten uns, sagen Bauman und viele andere, die Moderne als Ermöglichungsraum zerstörerischer Gewalt vorstellen. In ihr verbinde sich das Streben nach Eindeutigkeit mit dem Vermögen, Denkbares in Machbares zu verwandeln. Die Bürger sind in das eiserne Band der Disziplin gespannt. Bürokratien, Kasernen, Gefängnisse, Schulen, Universitäten und Fabriken sind die eigentlichen Orte der Moderne. In den Fabriken der Ordnung werden Menschen abgerichtet, unterworfen und gefügig gemacht. Sie werden darauf vorbereitet, entschlossen zu handeln und Erwartungssicherheit in ihr Leben zu bringen. Die moderne Zivilisation habe das ganze Universum in ein großes Laboratorium verwandelt, »eine Art Spielwiese für den menschlichen Willen und für die Idee, dass Du alles schaffen kannst, alles wieder neu schaffen kannst«, behauptete Bauman in einem Gespräch mit Harald Welzer. Der Holocaust sei das logische Ende dieser Strategie gewesen, die Welt zu einem anderen Ort zu machen. Er war »die reine Form der Moderne«.[56]

Für Norbert Elias waren die Leidenschaften der Menschen der Grund aller Gewalt. Erst als sie unter Kontrolle gebracht worden seien, habe die Disziplin über den Furor siegen können. Aber die Moderne brachte die Gewalt keineswegs unter Kontrolle. Disziplin, Rationalität und Gewalt, hielt Bauman den Träumern entgegen, schlössen einander nicht aus. Im Gehäuse der Hörigkeit gedieh der Geist der Unterwürfigkeit und des Gehorsams, der zu allem fähig war, weil er ein Geist ohne Verantwortung gewesen sei. Einsicht und Boshaftigkeit, Bürokratie und Gewalt sind keine Gegensätze.[57]

Erst wenn die Ideologie der Moderne als Hybris entlarvt ist, wissen wir, warum sie zu Ende gegangen ist: Weil die Menschen gesehen haben, wohin es führt, wenn dem Machbarkeitswahn keine Grenzen gesetzt werden. Die Moderne feiert sich als Zeitalter der

Emanzipation und der Freiheit, in Wahrheit aber sei sie die Epoche der Intoleranz und der Vernichtung. Die Postmoderne hingegen ist für Bauman das Ende aller Intoleranz. Sie lässt uns erkennen, dass der Fremde überall ist und dass Eindeutigkeit weder herstellbar noch wünschenswert ist. Unsere Kultur wird selbstreflexiv und findet sich mit Verschiedenheit und Ungewissheit ab. »Die Postmoderne ist die Moderne, die mit ihrer eigenen Unmöglichkeit versöhnt ist – und um jeden Preis entschlossen ist, damit zu leben.« Sie ist die Epoche, die alle negativen Utopien, Faschismus und Kommunismus, hinter sich gelassen hat. »Freiheit, Gleichheit, Brüderlichkeit war der Schlachtruf der Moderne. Freiheit, Verschiedenheit, Toleranz ist die Waffenstillstandsformel der Postmoderne. Und wenn Toleranz in Solidarität umgewandelt wird, kann sich Waffenstillstand sogar in Frieden verwandeln.«[58] Ein schöner Traum, der jeden Tag widerlegt wird, weil nur wenige Menschen das Nebeneinander der Verschiedenheit für erstrebenswert halten.

Bewahrung

Baumans Modell ist eine Karikatur der Moderne. Nur als Zeit totaler Gewalt und hemmungsloser Entgrenzung soll in Erinnerung bleiben, was in der Moderne geschah. Beliebigkeit ist aber ebenso wenig ein Garant für den Frieden wie Eindeutigkeit eine Ursache der Gewalt ist. Überall, wo Menschen miteinander auskommen müssen, geben sie ihrer Umwelt eine Struktur. Sie fügen in Kategorien ein, was sie wahrnehmen, und bringen die Welt auf Begriffe. Ohne Ordnung bliebe unser Leben eine Abfolge von Zufälligkeiten, wir wären haltlos, sprachlos, und unsere Nachkommen hätten kein geistiges Erbe, in das sie hineinwachsen könnten. Jede Kultur ist darauf angewiesen, festzulegen, was zu ihr gehört und was nicht, weil der Mensch nur im Anders-Sein ein Selbst-Sein entwickeln kann. Deshalb ist die Ordnung kein Gewaltakt, der an der Welt verübt wird, sie ist ein Modus unserer Existenz. Wäre es anders, dann könnten wir Ordnung und Gewalt nicht mehr voneinander unterscheiden. Wir könnten einander nicht einmal mehr mitteilen, woher wir kommen und wer wir sind.[59] Zwar ist die Welt des vormodernen Menschen nicht weniger eindeutig als das Gefüge, in dem sich das moderne Individuum bewegt. Der moderne Mensch aber kann sich an Orte begeben, die ihm eine Wahl lassen und an denen er nur er selbst sein kann. Solch eine Wahl haben Menschen nicht, die in unsicheren Verhältnissen leben müssen und an den Tag danach keinen Gedanken verlieren, weil sie nicht voraussehen können, was noch kommen wird. Die Ordnung der Vormoderne ist konservativ und exklusiv, und sie ist es um so mehr, je unsicherer die Verhältnisse sind. Sie ist eine soziale Vorrichtung, die Ambivalenz erträglich macht.[60]

Die moderne Rechtsordnung aber ist ein Garant der inneren und äußeren Freiheit. »Der hauptsächliche und wesentliche Inhalt des Rechts ist die Freiheit«, schrieb der russische Rechtsgelehrte Bogdan Kistjakowski im Jahr 1909. »Allerdings ist dies eine äußere, relative und durch das gesellschaftliche Milieu bedingte Freiheit. Doch die innere, absolute und geistige Freiheit ist nur möglich, wenn es äußere Freiheit gibt. Und die letztere ist die beste Schule für die erste.«[61] Kistjakowski, der während der ersten russischen Revolution im Jahr 1905 am eigenen Leib erfahren hatte, wohin Willkür und Gewalt führen, wenn niemand und nichts sie in die Schranken weisen, erkannte, dass die Rechtsordnung kein Instrument der Knechtung, sondern ein Hüter unserer Freiheit ist. Als im Jahr 1940 überall in Deutschland geistig behinderte Menschen ermordet wurden, wandte sich der katholische Bischof von Münster, Clemens August Graf von Galen, in seinen Predigten an die Öffentlichkeit, um anzuklagen, was er für einen Verstoß gegen die christliche Moral und die Rechtsordnung hielt. Die Nationalsozialisten missachteten nicht nur die christliche Glaubenslehre, sondern auch die Gesetze, die Mord unter Strafe stellten. Für den Bischof gab es keinen Zweifel: Es sei verboten, unschuldige Menschen zu töten, die Euthanasie ein Werk des Teufels und die Ideologie der Nationalsozialisten eine »furchtbare Lehre, die die Ermordung Unschuldiger rechtfertigen will«.[62]

Auch in der Justiz gab es Widerstand gegen Gesetzlosigkeit und

Willkür. Der Generalstaatsanwalt von Graz empörte sich über die rechtswidrige Ermordung von Geisteskranken und appellierte im November 1940 an Justizminister Gürtner, »die Ehre der Justiz« wiederherzustellen. Als die Generalstaatsanwaltschaft Stuttgart erfuhr, was in den Heilanstalten geschah, wandte sie sich in einem Schreiben an den Justizminister. Ob sie wegen Mordes gegen Unbekannte ermitteln sollten, wollten die Staatsanwälte wissen, und ob die Geheime Staatspolizei mit der Untersuchung beauftragt werden könne. Sie wussten nicht, dass Hitler selbst den Mordbefehl erteilt hatte, aber sie hatten keinen Zweifel an der Unrechtmäßigkeit einer Weisung, die gegen geltendes Recht verstieß. Deshalb taten sie, was in solchen Fällen vorgeschrieben war: Sie baten den Dienstherrn, ein Ermittlungsverfahren zu eröffnen. Manche Staatsbeamte verstanden sich im Jahr 1940 noch als Hüter von Gesetzen und Verfahren, und wenn sie sich über geltendes Recht hinwegsetzten, taten sie es im Wissen, Verbotenes zu tun.[63]

Der Geist der Bürokratie ist träge, ihre Verfahren sind berechenbar und ihre Beamten routiniert. Wer sie zu Mördern machen will, muss sie dazu bringen, ihre Verpflichtung zu vergessen. Denn Terror und Vernichtung, Razzia und Pogrom beruhen auf dem Prinzip der Willkür und der Unberechenbarkeit, sie sind das Gegenteil von dem, was Bürokratien tun. Hitler verstand, dass er gegen Recht und Ordnung nur obsiegen konnte, wenn Willkür und Terror im Verwaltungsalltag das letzte Wort behielten. Deshalb erteilte er nie wieder einen schriftlichen Mordbefehl, sondern zog es vor, nur noch mündlich zu signalisieren, wie er sich das Vernichtungsprogramm vorstellte. Die preußische Bürokratie war nicht das Modell der nationalsozialistischen Herrschaft. Nichts fürchteten Hitler und die radikalen Nationalsozialisten mehr als die Integration ihres Projektes in die Tradition des preußischen Beamtentums. Ihre Vorstellungen waren das Gegenteil von allem, was die konservativen Ordnungshüter wollten. Nicht um Stabilität und Routine ging es ihnen, sondern um Veränderung und Revolution. Die Deutschen hatten Hitler gewählt, weil sie sich Ordnung von ihm versprachen, Hitler aber fürchtete Lethargie und Apathie. Der Krieg gab ihm die Möglichkeit, zu tun, was er für den Kern des nationalsozialistischen Projekts hielt, und mit ihm konnten sich Tausende subalterner Funktionäre über Recht und Gesetz bedenkenlos hinwegsetzen.[64] Weder die Kommandanten der Vernichtungslager noch die Leiter der Einsatzgruppen, die das Geschäft des millionenfachen Mordes betrieben, waren Beamte. Ihre Loyalität galt nicht Gesetzen und Verfahren, sondern Personen, die von ihnen verlangten, in eigener Initiative zu töten. Auschwitz und Kolyma waren Orte grenzenloser Willkür und Gewalt, die schon die Zeitgenossen als finstere Hölle, nicht aber als Erfüllung eines bürokratischen Traumes wahrnahmen.

Es ist wahr, dass Menschen in der Moderne kategorisiert, erfasst und kontrolliert werden, dass sie unsichtbaren Mächten und Strukturen ausgeliefert sind, über die sie keine Verfügung haben, dass sie in modernen Institutionen abgerichtet und diszipliniert werden. Aber die Bedingungen der Vernichtungsgewalt dürfen nicht mit ihren Ursachen verwechselt werden. Sie erklären uns nur, was möglich war, aber nicht, warum es geschehen ist.[65] Sollen wir wirklich glauben, dass Bürokratien moralische Taubheit erzeugen? Nach allem, was wir über die Praxis der Vernichtung wissen, waren es nicht die Bürokraten, sondern die Henker, die sich moralisch gegen die Gewalt immunisierten. In der Anonymität der modernen Bürokratie ist zwar niemand verantwortlich, weil Verfahren Menschen auf eine Weise miteinander verketten, dass von selbst geschieht, was geschehen soll. Aber die kühle Routine zieht Terroristen und Psychopathen Grenzen, sie ist der Feind jeder Spontaneität. Hitler verabscheute Recht und Justiz, und er hatte gute Gründe für seine Verachtung. Denn wo Verfahren und Gesetze über die Möglichkeiten der Verwaltung entscheiden, ist die Zeit des Terrors zu Ende.[66]

Ist die Gewalt erst einmal ausgebrochen, zersetzt sie die Ordnung der Bürokratie. Der Terror kommt überraschend, er ist chaotisch, willkürlich, er verstößt gegen alles, was Bürokraten wollen. Weder die Einsatzgruppen noch die NKWD-Schergen verstanden sich als Handlanger von Recht und Ordnung. Und in den Lagern prügelten und töteten die Aufseher nicht, weil sie es mussten, sondern weil sie es durften. Einsatzkommandos und Lager waren keine Institutionen der bürokratischen Kultur, sondern der Eigeninitiative und Willkür.[67] Bürokratische Verfahren begrenzen die Möglichkeiten des Einzelnen. Im Lager aber waren die Häftlinge der absoluten Macht ihrer Peiniger ausgeliefert. Jeder Aufseher konnte einen Menschen töten, weil es ihm gefiel, oder er konnte ihn am Leben lassen. »Die Welt, in die man hineinstürzte«, erinnerte sich Primo Levi, »war nicht nur grauenvoll, sondern darüber hinaus auch noch unentzifferbar: sie entsprach keinem der bekannten Modelle, der Feind war draußen und zugleich drinnen, das ›Wir‹ verlor seine Grenzen.« Im Lager gab es keinen Sinn, keine Solidarität. »Stattdessen gab es tausend versiegelte Monaden und zwischen diesen einen verzweifelten, verborgenen, fortwährenden Kampf.«[68] Sie hatten nichts als den Tod zu erwarten, und sie lebten nur noch für den Augenblick, weil sie nicht wussten, ob sie den nächsten Tag überleben würden. Selbst wenn die Täter müde geworden wären, sie hätten nicht aufhören können, Mörder zu sein, nachdem sie alle Brücken hinter sich abgebrochen hatten. Und so wurden Täter und Opfer in ein sinnloses Spiel mit dem Tod verstrickt.

Gewalt, die alle Grenzen überschreitet, verändert alles. Sie zerstört Vertrauen und Berechenbarkeit. Sie ist der Feind jeder Ordnung. Auch im Krieg kann jederzeit alles geschehen. Die staatliche Kriegführung verlangt Planung, Strategie und administratives Geschick, jedenfalls braucht sie mehr Vorbereitung als die Feldzüge von Söldnern und Rittern. Aber die Logistik des Krieges ist etwas anderes als der Kampf. Der Kampf folgt keinem Plan. Er wirft die Kämpfer auf ihre Körper zurück, macht sie zu willenlosen Wesen, die nichts anderem als der Logik des Kampfes unterworfen sind. Und diese Wahrheit gilt für den modernen ebenso wie für den vormodernen Krieg.[69] Nur wissen wir nicht, dass es so ist, weil wir Paraden, Marschkolonnen und Kasernen vor uns sehen, nicht aber das Blut und die zerfetzten Leiber derer, die im Krieg ihr Leben lassen mussten.

Die Bürokratie und ihr Streben nach Eindeutigkeit waren nicht die Urheber des Massenmords, und das moderne Militär nicht der Urheber des Vernichtungskriegs. Bedingungen sind nicht Ursachen, denn wenn es so wäre, warum wurde das Denkbare in Deutschland und nicht in Frankreich zum Machbaren? Warum wurden die ehemaligen Sklaven in den USA zwar diskriminiert und misshandelt, aber nicht systematisch getötet? Warum führte die Staatswerdung in der Sowjetunion in den organisierten Massenmord, nicht aber in der Türkei? Weil man töten kann, um zu erreichen, was man sich vorgenommen hat, es aber nicht muss. Es gibt kein Kausalverhältnis zwischen Ideen und Taten, keinen zwingenden Zusammenhang zwischen Rassentheorien, modernen Institutionen und Gewaltexzessen. Nur von Situationen und ihren Möglichkeiten hängt es ab, ob Vorstellungen Wirklichkeit werden, nicht von Ideologien und ihren Erzwingungsinstrumenten.[70]

Gewalt in staatsfernen Räumen

In der Moderne veränderten sich zwar die Möglichkeiten der Zerstörung, nicht aber die menschlichen Leidenschaften. Nicht einmal für den organisierten Massenmord waren die Moderne und ihre technischen Möglichkeiten eine notwendige Voraussetzung. In der römischen Antike wurden Völker versklavt oder deportiert, Kriegsgefangene getötet und Frauen systematisch vergewaltigt. Caesars Kriege waren Vernichtungskriege, die verbrannte Erde hinterließen, die Kreuzfahrer des hohen Mittelalters plünderten, folterten und vergewaltigten, weil die Unterwerfung nur um den Preis exzessiver Gewalt zu haben war.[71] Nicht Ordnung und Eindeutigkeit, sondern Unsicherheit und Machtlosigkeit waren die Urheber ihrer Vernichtungsgewalt. Nur wer sicher sein kann, dass geschieht, was man erwartet, kann Macht ohne Gewalt durchsetzen. Die Lebensgrundlagen der Verlierer mussten zerstört und ihnen die Möglichkeit genommen werden, Widerstand zu leisten. Schon immer sind Städte geschleift, Menschen getötet oder terrorisiert worden, um die Effizienz der Kriegführung zu steigern. Die Zerstörungswut ist kein Vorrecht der Moderne.[72] Die Grausamkeit römischer Feldherren und mittelalterlicher Fürsten war nicht weniger berechnend als die Gewaltexzesse der Einsatzgruppen im Zweiten Weltkrieg oder der Todesschwadronen in lateinamerikanischen Bürgerkriegen des 20. Jahrhunderts.

Zur Grausamkeit verleitet nicht nur die Lust an der Gewalt, sondern auch das nüchterne Kalkül derer, die ihrer Macht nicht gewiss sein können. Erschlagene Menschen, verbrannte Erde und verstümmelte Körper sind eine Mitteilung an jene, die den organisierten Widerstand noch in Betracht ziehen. Seht nur, wohin ihr kommen werdet, wenn ihr nicht gehorcht! Deshalb ist die Grausamkeit ein Instrument der Macht. »Die facettenreiche Ökonomie der Gewalt«, sagt Trutz von Trotha, »ist für einen Eroberer um so anziehender, je weniger Herrschaftsmittel er selbst in der Hand hat.«[73]

Wenn aber Gewalt die einzige Machtressource ist, die Kriegern, Despoten und Diktatoren zur Verfügung steht, um Gehorsam zu erzwingen, dann müssen sie von ihr auch Gebrauch machen. In der Sowjetunion Stalins, in China und Kambodscha wurden im 20. Jahrhundert Millionen Menschen ermordet, nicht, weil der Staatsapparat allmächtig, sondern weil er schwach war. Stalin und Mao wussten, dass die Primitivität der Institutionen ihrer Macht enge Grenzen zog, dass sie in den Provinzen keine Herrschaft ausüben konnten. Zwar konnten sie Angst und Schrecken verbreiten und die Funktionäre zwingen, ihre Macht zu preisen, aber sie konnten Gehorsam nur von Fall zu Fall erwarten. Der Terror war eine Repräsentation des schwachen Staates, die Grausamkeit ein Mittel der Macht. Der Gezeichnete ist ein lebendes Symbol für die Zerstörungskraft der Macht, und deshalb gehorchen Menschen auch dort, wo sich nichts vom modernen Staat zeigt.[74]

Erst wenn es gelingt, gleichartige Verhaltensweisen in gleichartigen Situationen durchzusetzen, ohne auf Gewalt zurückzugreifen, ist die Macht allgegenwärtig.[75] Solch eine Herrschaft aber gab es weder in der Sowjetunion Stalins noch in China oder Kambodscha. Dort blieb die Furcht der Untertanen die schärfste Waffe der Macht. Deshalb konnten die Despoten ihrer Mordlust freien Lauf lassen. Im Gewaltraum war alles möglich, weil Gewalt ein bekanntes und gewohntes Mittel der Machtdurchsetzung war und weil es keine Institutionen gab, die sich gegen die Exzesse zur Wehr setzen konnten. Unter solchen Umständen eröffneten sich Gewalttätern, die Großes erreichen wollten, ungeahnte Möglichkeiten. Sie konnten Menschen töten lassen, ohne dass Gesetze gebrochen und Verfahren außer Kraft gesetzt werden mussten. Stalin und Mao, Pol Pot, Idi Amin und Saddam Hussein waren Despoten, die weder auf Beamte und Bürger noch auf Recht und Ordnung Rücksicht nehmen mussten. Sie konnten tun, wonach ihnen der Sinn stand, und sie konnten sofort erreichen, was sie sich vorgenommen hatten. Ihre Vollstrecker führten jeden Befehl aus, weil sie selbst in das System der Kontrolle durch Furcht eingespannt waren. Nicht aus Überzeugung und bürokratischer Routine, sondern aus Angst taten sie, was von ihnen verlangt wurde.[76]

In Kambodscha bedienten sich die Roten Khmer traditioneller Ehrvorstellungen, um aus friedlichen Männern Mörder zu machen. In einer vertikal organisierten sozialen Ordnung konnte es Ungehorsam nicht geben. Wer sich widersetzte und den Initiationsmord verweigerte, den die Roten Khmer jedem Bauern abverlangten, war ein Feigling. Er verlor sein Gesicht. Alle Männer lebten in ständiger Furcht, ihre Vorgesetzten zu enttäuschen. Lieber töteten sie, als sich aus der Gemeinschaft der Ehrbaren selbst auszuschließen. In Kambodscha gab es weder einen Gärtnerstaat noch eine Bürokratie. Es gab nicht einmal ein staatliches Gewaltmonopol. Und dennoch ermordeten die Schergen der Roten Khmer in kurzer Zeit mehr als zwei Millionen Menschen.[77] Welcher Gärtnerstaat wäre zu einer solchen Tat imstande gewesen?

Schwäche kann sich in Stärke verwandeln, wenn getan wird, wovon Diktatoren träumen. Hitler konnte nicht tun, was für Stalin, Mao oder Pol Pot eine Selbstverständlichkeit war. Der Judenmord war sein »geographischer Lapsus«, weil er ihn nicht in Afrika, in den Kolonien und Wüsten dieser Welt vollziehen konnte. Auschwitz habe es nur gegeben, behauptete der Dramatiker Heiner Müller, weil Deutschland keine kolonialen Experimentierfelder zu seiner Verfügung gehabt habe. Hitler war »Cortés vor Stalingrad«, seine Azteken seien die Juden gewesen.[78] Er brachte sein Programm der Vernichtung erst zur Vollendung, als er sich gegen Bürokratie, Kirche, Recht und Ordnung nicht mehr durchsetzen musste. Als der Krieg gegen die Sowjetunion begann, brachen die Nationalsozialisten alle Brücken hinter sich ab. Sie verwandelten die Gewalträume im Osten Europas in Todeszonen, in denen sie sich ermächtigten, zu tun, was in Deutschland unmöglich gewesen wäre. Die Täter operierten nicht nur auf fremdem Territorium, sie emanzipierten sich von allen rechtlichen und moralischen Bindungen der bürgerlichen Gesellschaft. Wären Himmler und Heydrich Täter mit gutem Gewissen gewesen – sie hätten den Massenmord nicht nach Osteuropa exportieren müssen. Sie hätten ihn vor aller Augen vollziehen können. Niemand verstand besser als sie selbst, dass die Tötung von Millionen gegen alle moralischen Konventionen der bürgerlichen Gesellschaft verstieß. Einmal begab sich Himmler im August 1941 zu einer Erschießung, die Soldaten der Einsatzgruppe B in Minsk vollzogen. SS-Obergruppenführer Erich von dem Bach-Zelewski erinnerte sich, Himmler sei nervös gewesen, nach jeder Salve habe er betreten zu Boden gesehen. Nach der Aktion sei Himmler bewegt gewesen, habe erklärt, wie sehr ihm das Töten »zuwider« sei. Nur aus Pflichterfüllung und im Auftrag einer historischen Mission müsse er das Unvermeidliche von seinen Männern verlangen.[79] Himmler wusste, was geschehen würde, wenn der Krieg verloren ginge. Nach allem, was Hitlers Vollstrecker getan hatten, blieb ihnen nur noch die Wahl zwischen Sieg und Untergang. »Wir werden«, schrieb Goebbels am 1. August 1941 über den Kampf gegen die Bolschewiki in sein Tagebuch, »mit ihnen fertig werden, hauptsächlich auch deshalb, weil wir mit ihnen fertig werden müssen.«[80]

Der Massenmord kettete die Vollstrecker aneinander und versperrte ihnen den Rückweg in die Zivilisation. Ein Wachmann im Lager Sobibor rechtfertigte sich: »Ich kann kein Mitglied des Lagerpersonals von Sobibor von der Teilnahme an der Vernichtungsoperation ausschließen. Wir waren eine ›Blutsbruderschaft‹ in einem fremden Land.«[81] Nun konnten sie tun, was sie sich zu Hause selbst verboten hätten, weil niemand sie beobachtete und niemand sie für das, was sie taten, bestrafte. Primo Levi erinnerte sich, dass auch die Häftlinge wussten, dass sie in der Isolation von Auschwitz mit dem Beistand derer, die das Gefühl für Menschlichkeit noch nicht verloren hatten, nicht rechnen konnten. Es gab keine Presse, die über die

Gräuel berichtete, keine Priester, die sich für die Unglücklichen verwendeten. Auschwitz war der »Anus Mundi«, von dem diejenigen, die draußen waren, nicht wussten, was dort wirklich geschah.[82] Im Gewaltraum war alles denkbar und alles machbar. Sind erst einmal die Schleusen geöffnet und die Sicherungen entriegelt, können Menschen zu Mördern werden, auch solche, die unter normalen Umständen niemals töten würden. Auf Bekenntnisse und ideologische Motive kommt es nicht mehr an. »Unser System, unser Staat«, lässt Jonathan Littell seine Romanfigur, den SS-Mann Max Aue, sagen, »machte sich nicht das Geringste aus dem, was seine Diener dachten. Es war ihm gleichgültig, ob man die Juden tötete, weil man sie hasste, oder weil man Karriere machen wollte oder weil es einem, in gewissen Grenzen, Spaß machte.«[83]

Gewalt und ihre Situationen

Baumans Moderne ist ein Reich der Ideen und Konzepte, aber kein Ort blutiger Gewalt. In ihm geschieht nur, was Intellektuelle sich gern vorstellen. Ideen werden zu Taten, und wenn die Täter im Besitz der Vollstreckungsinstrumente sind, werden sie auch tun, was sie sich vorgenommen haben. Aber die Wissenschaft handelt nicht, und die Waffen sprechen nur, wenn sich Ermöglichungsräume für ihren Einsatz eröffnen. Wer tötet, muss Hemmungen überwinden, das Tötungstabu außer Kraft setzen und lernen, sich der Gewalt auszusetzen, ohne Schaden an der eigenen Seele zu nehmen. Soldaten und Polizisten müssen das Tötungshandwerk beherrschen, sie müssen ins Kalkül ziehen, dass Opfer und Gegner sich wehren, und sie wissen, dass sie unterliegen und zur Verantwortung gezogen werden können. Sie sind in Befehlsketten, Hierarchien und in der Kultur des militärischen Gehorsams gefangen, die ihnen vorschreiben, was von ihnen erwartet wird, und die ihre Handlungsmöglichkeiten einschränken.[84] Mitläufer werden in das Mordgeschäft nur einsteigen, wenn sich ihre Taten mit dominanten Moralvorstellungen in Übereinstimmung bringen lassen, wenn akzeptiert wird, was sie tun, und wenn sie Vergeltung und Gegenwehr nicht fürchten müssen. Manche Menschen werden zu Tätern, weil sie nicht Opfer werden wollen, sie morden, ohne darüber nachzudenken, wer die Opfer sind und warum sie aus der Welt geschafft werden sollen. Pol Pot nahm die Familien der Vollstrecker als Geiseln, um Loyalität zu erzwingen, Stalin ließ ungehorsame Henker ermorden, und er spielte die Mörder gegeneinander aus. »Wenn ich geflohen wäre oder rebelliert hätte«, erinnerte sich der ehemalige Chef der Staatssicherheit Pol Pots, Kang Khek Ieu, »es hätte niemandem geholfen.«[85]

Wo willkürlich Gewalt verübt wird, erheben sich die Täter zu Herren über Leben und Tod. Sie steigern sich in einen Rausch. Sie spüren die Ohnmacht der Opfer und genießen es, über das Leben von Tausenden zu verfügen. Gewalt ist ansteckend, sie wird zu einer Versuchung für jene, auf die sonst niemand hört. Nur als Mörder und Vollstrecker kommen sie in den Genuss absoluter Macht. Nicht Distanz und Rationalisierung, sondern Gewohnheit und Abstumpfung bringen die Täter dazu, ihre Hemmungen zu überwinden. In den Vernichtungslagern der Nationalsozialisten und in den Genickschussanlagen des NKWD war das Töten »Handarbeit«. Die Täter schauten den Opfern ins Gesicht, sie töteten von Angesicht zu Angesicht, und nichts hielt sie davon ab, ihr blutiges Handwerk zu verrichten.[86] Auch in Ruanda, wo 1994 in wenigen Wochen Hunderttausende Pogromen und Massakern zum Opfer fielen, gab es wenig Distanz. Manche Opfer kannten sogar ihre Mörder.[87]

Sobald sich die Umgebung in einen Gewaltraum verwandelt, in dem das Recht des Stärkeren das Leben strukturiert, gewöhnen sich Menschen daran, zu verletzen und zu töten. Wer lange mit der Gewalt auskommen muss, nur die Wahl zwischen Leben und Tod hat, vergisst, was er einmal gewesen ist. Das Töten sei ihm so leicht geworden wie Wassertrinken, erinnert sich der ehemalige Kindersoldat Ishmael Beah aus Sierra Leone. »Meine Einheit war meine Familie, mein Gewehr mein Ernährer und Beschützer und meine Bestimmung, zu töten oder getötet zu werden.«[88] Für das Leben im Frieden ist der verrohte Soldat nicht mehr zu gebrauchen. Verlaust und »seelisch verkommen« seien sie gewesen, schrieb Willy Peter Reese, der als Soldat der deutschen Wehrmacht an der Ostfront kämpfte. Zu

Hause, im Fronturlaub, hätten sie es nicht lange aushalten können, es zog sie zurück in den Krieg, der zu ihrer eigentlichen Wirklichkeit geworden war. Jedes Verbrechen hätten sie begehen können, und sie hätten als Rechtfertigung nur vorzubringen, Soldaten zu sein. Mit der Moderne hat diese Wahrheit nichts zu tun. Auch die Söldner des 17. Jahrhunderts gewöhnten sich an die Gewalt. Sie wurde zu ihrer zweiten Natur. Nur auf dem Schlachtfeld und im Gefecht fühlten sie sich noch als lebendige Menschen, als Herren ihrer selbst. Jeder weiß, dass Regeln verletzt werden, die im Frieden nicht überschritten werden dürfen, und dennoch wird die Gewalt als Normalität empfunden.[89] »Die Menschen bedurften nicht erst der industriellen Revolution«, schrieb der amerikanische Soziologe Barrington Moore vor nunmehr 50 Jahren, »um Erlösungspläne zu ersinnen, und sie brauchten auch nicht die Maschinen, um gesellschaftliche Einrichtungen zu erfinden, in denen Zwang und Terror sich kristallisierten.«[90]

Waren Rudolf Höß und Stalins Henker Nikolaj Jeschow Repräsentanten des modernen Gärtnerstaates und seines bürokratischen Geistes? Es fällt schwer, das zu glauben. Sie waren vielmehr Männer, die den Mord zu ihrem Geschäft gemacht hatten und es betrieben, weil straflos blieb, was sie taten. Im Dezember 1941 traf Ernst Jünger in Paris mit dem französischen Schriftsteller und Faschisten Louis-Ferdinand Céline zusammen. Céline beklagte sich über die Zurückhaltung der deutschen Wehrmacht. Warum sie mit den Juden nicht kurzen Prozess mache und sie töte? Jünger erkannte sofort, dass Céline zu jener Kategorie von Menschen gehörte, die zu allem bereit waren: »Solche Menschen hören nur eine Melodie, doch diese ungemein eindringlich. Sie gleichen eisernen Maschinen, die ihren Weg verfolgen, bis man sie zerbricht. Merkwürdig, wenn solche Geister von der Wissenschaft, etwa von der Biologie sprechen. Sie wenden sie wie Menschen der Steinzeit an; es wird ihnen ein reines Mittel, andere zu töten, daraus.«[91] Krieg und Diktatur eröffneten ihnen die Möglichkeit zu werden, was sie im Frieden nicht sein konnten.

Der moderne Gärtnerstaat und seine Bürokratie sind Vorrichtungen gegen die Ausbreitung exzessiver Gewalt. Die genaue Definition von Rechten und Pflichten, die Erfassung und Kategorisierung der Bevölkerung entscheiden nicht nur darüber, wer aus der Ordnung ausgeschlossen bleiben muss. Sie erzeugen berechenbare Verfahren und Vertrauen. Man weiß, mit welchen Erwartungshaltungen man Erfolg haben kann und mit welchen nicht. Niemand setzt diese Ordnungssicherheit leichtfertig aufs Spiel, wenn nicht voraussehbar ist, was an ihre Stelle treten wird. Der Rechtsstaat ist eine Leistung der Moderne. Der Massenmord aber ist seine Widerlegung, er feiert dort seine größten Triumphe, wo sich von den modernen Errungenschaften nichts mehr zeigt. Niemand wird bestreiten, dass die Moderne eine Zeit des radikalen technischen und sozialen Wandels war, in der sich die Mittel der Zerstörung vervielfachten. Aber die moralische Grundausstattung des Menschen blieb davon unberührt. Im Wandel der Zeit verändert sich manches, aber keinesfalls alles.[92]

Immer nur kommt es darauf an, was einer kann und was einer darf. Und wenn sich Gelegenheiten eröffnen, zu tun, was man kann und darf, ist auch alles möglich. Es gibt Räume, in denen Gewalt nicht zu vermeiden ist. Im Todestrakt eines Gefängnisses, im Boxring und auf dem Schlachtfeld ist Gewalt geboten, wenngleich sie nicht in jeder Form erlaubt ist. Menschen haben keine Hemmungen an sich, andere Menschen zu töten. Sie haben nur Hemmungen, es »an nicht dafür vorgesehenem Ort« zu tun. Man muss ihnen nur klar machen, dass sie sich in einer Zone gebotener oder erlaubter Gewalt aufhalten, und sie werden bereit sein, sich über die Konventionen des Friedens hinwegzusetzen.[93] In Wahrheit seien die Menschen gar nicht so tief gesunken, schrieb Sigmund Freud über die Gräuel des 20. Jahrhunderts, weil sie gar nicht so hoch gestiegen waren, wie man es von ihnen geglaubt hatte.[94]

4

Unsichtbarkeit: Strukturelle Gewalt

Gewalt schmerzt. Wo niemand Schmerz oder Furcht empfindet, herrscht auch keine Gewalt. Menschen, die in repressiven Verhältnissen leben, spüren Schmerzen, obwohl niemand ihre Wunden sieht. Sie fügen sich in ihr Schicksal, sie gehorchen, obwohl sie nicht einmal wissen, wen sie für ihr Leiden verantwortlich machen sollen oder wie sie sich wehren können. Wer die Spuren nicht bemerkt, die Gewalt in den Seelen von Menschen hinterlässt, wird darüber nichts erfahren. Braucht aber das Opfer den Täter, um sein Leiden als Gewalt empfinden zu können? Gibt es eine Gewalt ohne Täter und Gesicht, ohne Geräusch und Geruch, ohne offene Wunden?

Strukturen

Vor nunmehr 40 Jahren hat der norwegische Friedensforscher Johan Galtung versucht, eine Antwort auf diese Frage zu geben. »Strukturelle Gewalt«, so hieß das 1975 erstmals in deutscher Sprache erschienene Buch, das aus mehreren, in den späten sechziger und frühen siebziger Jahren erschienenen Aufsätzen bestand. Galtung fasste das Lebensgefühl jener Zeit in Worte. Er brachte zum Ausdruck, wonach Millionen sich sehnten: Gewalt, Hunger und Elend für immer zu beseitigen und ewigen Frieden in die Welt zu bringen. Wer erst einmal erkannt hatte, worauf die repressiven Verhältnisse beruhten, in denen Menschen gefangen waren, so glaubten Galtung und seine Anhänger, konnte sie auch verändern und überwinden. Im geistigen Kosmos der Friedensforscher gab es körperliche Gewalt nur, weil Menschen, die sich aus dem Gehäuse der Hörigkeit befreien wollten, keine andere Wahl hatten als zu schlagen und zu schießen. Es sei deshalb nichts gewonnen, wenn der Krieg endet und Frieden zwischen den Menschen geschlossen wird. Denn die eigentliche Ursache für den Unfrieden seien die Verhältnisse, die Gewalt erzeugen. Sie aber müssten beseitigt werden, weil es ohne Gleichheit, Freiheit und Wohlstand keinen Frieden geben könne. Die Überwindung der strukturellen Gewalt wäre also der Anfang vom Ende aller Gewalt.

Möglichst umfassend müsse definiert werden, was Gewalt sei, schlägt Galtung vor. »Gewalt liegt dann vor, wenn Menschen so beeinflußt werden, daß ihre aktuelle somatische und geistige Verwirklichung geringer ist als ihre potentielle Verwirklichung.«[1] Gewalt sei der »Unterschied zwischen dem Potentiellen und dem Aktuellen, zwischen dem, was hätte sein können und dem, was ist«. Was ist damit eigentlich gemeint? Galtung spricht von einer Gewalt ohne Akteure, die entsteht, wenn der Abgrund zwischen dem, was ist, und dem, was sein sollte, vergrößert wird, wenn die Welt nicht so beschaffen ist, wie sie sein könnte. Wenn also nur die körperliche Gewalt aus ihr verschwände, wäre gar nichts gewonnen, denn es blieben immer noch alle repressiven und »inakzeptablen Gesellschaftsordnungen« erhalten.

Nichts ist, wie es sein könnte. Immer klafft eine Lücke zwischen dem gelebten Leben und seinen Möglichkeiten. Man muss also alle Möglichkeiten ausschöpfen, die das Leben bereithält, um das Leiden zu vermindern. Aber warum ist der Unterschied zwischen Sein und Sollen ein Gewaltverhältnis? Galtung gibt darauf eine eindeutige Antwort: Wenn ein Mensch des 18. Jahrhunderts an Tuberkulose gestorben sei, dann habe darin niemand einen Akt der Gewalt gesehen, weil es keine Möglichkeiten gegeben habe, den Tod dieses Menschen abzuwenden. Wenn aber jemand stürbe, obwohl seine Heilung möglich gewesen wäre, werde jedermann darin eine Gewalttat erkennen können. Niemand könne ein Erdbeben verhindern, aber wenn es irgendwann einmal möglich sei, es abzuwenden, und Menschen stürben dennoch in ihren zusammenfallenden Häusern, könne niemand mehr auf das Schicksal oder den Zufall verweisen. So sei es auch, wenn in einer Gesellschaft »die Lebenserwartung der Oberschicht doppelt so hoch ist wie die der Unterschicht«. Überall, wo Menschen leiden, weil diejenigen, die wohlhabend sind, ihnen ihre Hilfe vorenthalten, werde Gewalt verübt. In der Gegenwart seien alle Möglichkeiten vorhanden, die menschliche Lebenserwartung zu verbessern und den Hunger aus der Welt zu schaffen, und dennoch litten und stürben Menschen. Unterlassung müsse deshalb als Gewalt verstanden werden.[2]

Wie aber soll man sich eine Gewalt vorstellen, die keine Täter kennt? Galtung spricht von Gewalt im System. Menschen werden belohnt, manipuliert und durch Konsum korrumpiert. Deshalb bringen sie sich um Handlungsspielräume, die ihnen zur Verfügung stünden, wenn sie nicht bestechlich wären. Nur als Sklaven unsichtbarer Strukturen und gesellschaftlicher Konventionen verrichten Menschen, was sie unter »freien« Bedingungen nicht tun würden. Der Mensch will Gutes tun, aber er wird daran gehindert, zu vollbringen, was er hätte tun können, wenn er nicht ein Opfer seiner Umstände wäre. »Unwahrhaftigkeit« sei »eindeutig gleichzusetzen mit Gewalt«. Zwar erzeuge diese Gewalt identifizierbare Opfer, aber sie werde weder von Absichten hervorgebracht noch von identifizierbaren Tätern vollstreckt. Sie sei als unsichtbare Manipulation »in das System eingebaut und äußert sich in ungleichen Machtverhältnissen und folglich in ungleichen Lebenschancen«.[3] Überall in der modernen Welt seien Ressourcen, der Zugang zur Bildung und zur medizinischen Versorgung ungerecht verteilt, und nur wenige entschieden darüber, wer an ihnen teilhaben dürfe. Man müsse weder Täter noch Opfer identifizieren, um wissen zu können, dass die ungerechte Verteilung von Chancen Hunger und Elend verursache. Die Gewalt sei kein Akt in einem menschlichen Drama, sondern eine Kraft, die von Strukturen erzeugt werde. »Wenn also ein Ehemann seine Ehefrau schlägt, dann ist das ein klarer Fall von personaler Gewalt; wenn aber eine Million Ehemänner eine Million Ehefrauen in Unwissenheit halten, dann ist das strukturelle Gewalt.«[4] Ihr Grund sei »soziale Ungerechtigkeit«.

Auch Gewalt, die unsichtbar ist, kann Schmerzen verursachen. Galtung nennt sie »latente Gewalt«. Im Unterschied zur »manifesten Gewalt«, die sichtbar und spürbar sei, hinterlasse die latente Gewalt am Körper keine Spuren. Und dennoch werde sie als Leiden empfunden. Sollen wir wirklich glauben, dass Strukturen latente Gewalt erzeugen? Daran hatte Galtung offenbar keinen Zweifel. Man müsse sich nur eine revolutionäre, egalitäre Gesellschaftsstruktur vorstellen, die noch nicht gefestigt und ungenügend dagegen geschützt sei, sich in eine hierarchische Ordnung zurückzuverwandeln. Die neue Ordnung ist schon da, aber die alte noch nicht überwunden. Überall sind die Symbole des Überwundenen noch zu sehen, sein Geist zu spüren. Deshalb könnten die neuen Machthaber mit der Rückkehr der alten drohen und sich der Strukturen zu ihrem eigenen Machtvorteil bedienen. »Wenn Du nicht brav bist, werden wir all die häßlichen Strukturen, die wir früher hatten, wieder einführen.«[5] Es sei die Angst vor der Wiederkehr überwundener Strukturen, die sich in die Köpfe und Seelen einbrenne. Sie halte Gesellschaften so sehr in Anspannung, dass sich Strukturen in latente Gewalt verwandelten.

Strukturelle Gewalt ist unsichtbar, weil sie die Körper nicht verletzt und weil es keinen Täter gibt. Sie sei »geräuschlos«, sie sei träge, wie das »stille Wasser«, so Galtung. In einer statischen Gesellschaft werde personale Gewalt als Unterbrechung der alltäglichen Routine wahrgenommen, strukturelle Gewalt aber gar nicht bemerkt und für »naturgegeben« gehalten wie die Luft, die uns umgibt. In den dynamischen Gesellschaften Europas hingegen werde strukturelle Gewalt als Störung des Friedens empfunden, weil sie den »freien Fluß des Wassers hemmt und allen möglichen Wirbel und Aufruhr verursacht«.[6] Wo der Stillstand regiert, wird die Gewalt zu einem Teil des Systems, sie stabilisiert die Ordnung und wirkt im Verborgenen. Nur in dynamischen Gesellschaften, in denen Veränderungen nicht als Krise, sondern auch als Chancen empfunden werden, wird überhaupt auffallen, dass Strukturen Gewalt verursachen. Man will Veränderungen, aber die Strukturen verhindern, dass gelingt, was man will.

In allen modernen Gesellschaftsordnungen sind Machtchancen ungleich verteilt. Die einen sind mächtiger als die anderen. Ungleichheit aber, behauptet Galtung, erzeuge strukturelle Gewalt, aus deren Fängen sich die Abhängigen nicht befreien können. Gewöhnlich bemerken sie nicht einmal, dass Strukturen Ursachen ihres Leidens an der Welt sind, weil sie Hierarchien und Machtverhältnisse nicht in Frage stellen, sondern für selbstverständlich halten. Menschen, die hungern, krank und arm sind, obwohl man ihnen helfen könnte, leiden an einer Gewalt, deren Ursprung sie nicht kennen und deren Mechanismus sie nicht durchschauen, die aber dennoch physische und psychische Schmerzen verursacht. Sie sehen, dass andere besser leben, und sie wissen, dass sie nicht haben können, was die anderen besitzen. Unglück erzeugt Verzweiflung, Ungleichheit Wut. Und deshalb, erklärt Galtung, sei körperliche Gewalt erlaubt, wenn sie sich gegen repressive Strukturen richte, die Menschen in Ungleichheit und Abhängigkeit halten.

Galtungs Analyse struktureller Gewalt war ein Versuch, die Revolte der Empörten und Entrechteten zu legitimieren. Wenn Benachteiligung und soziale Ungerechtigkeit Gewalt seien, dann könne kein Argument gegen die Rebellion der Unterdrückten recht behalten. Zwar müsse stets abgewogen werden, ob der Einsatz personaler Gewalt zur Beseitigung repressiver Strukturen gerechtfertigt sei. Wenn aber die Verluste, die durch Gewalt entstünden, geringer seien als die Opfer, die von den Strukturen erzeugt worden seien, sei der bewaffnete Aufstand nicht nur erlaubt, sondern geboten. Auf Kuba sei es gelungen, strukturelle Gewalt zu vermindern, weil die Unterdrückten dem repressiven System den Gehorsam aufgekündigt hätten. Was aber war dann die Diktatur Fidel Castros? Darauf musste Galtung keine Antwort geben, weil er für erwiesen hielt, dass Revolutionen strukturelle Gewalt aus der Welt schaffen.[7]

Galtungs Konzept der strukturellen Gewalt brachte den Zeitgeist der siebziger Jahre des letzten Jahrhunderts zum Ausdruck. Was heute erklärt werden muss, verstand sich damals, im Zeitalter der Strukturen und Systeme, von selbst: dass Menschen an sich frei sind, von Hierarchien und Ordnungen aber daran gehindert wurden, zu werden, was sie hätten sein können, und dass die Welt sich in einen Ort ohne Hierarchien und Zwänge verwandeln werde, sobald die

Natur der Gewalt erkannt worden sei. Denn das Konzept der strukturellen Gewalt gehörte zum Inventar des aufgeklärten Denkens über die Bestimmung des Menschen. Der Mensch sei von Natur aus frei, hatte Jean-Jacques Rousseau geglaubt, aber überall liege er in Ketten, weil er zum Sklaven der Verhältnisse geworden sei.[8]

Diese Sicht auf die Welt hatte niemand deutlicher ausgesprochen als Karl Marx, der die Geschichte der Menschheit als Geschichte der Unfreiheit beschrieben und verurteilt hatte. »Die Menschen machen ihre eigene Geschichte«, hatte Marx 1852 erkannt, »aber sie machen sie nicht aus freien Stücken, nicht unter selbstgewählten, sondern unter unmittelbar vorgefundenen, gegebenen, überlieferten Umständen.«[9] Am Anfang sei der Mensch bei sich gewesen, frei, und Herr seines Schicksals. Als aber Arbeitsteilung und Eigentum entstanden seien, habe er sich in einen Sklaven selbst gewählter Umstände verwandelt. Eigentum und Arbeitsteilung produzierten Ungleichheit, und Ungleichheit erzeugte repressive Strukturen, weil diejenigen, die Macht und Eigentum in ihren Händen hielten, vor denjenigen geschützt werden mussten, die nichts besaßen. In der arbeitsteiligen Welt gehen Menschen Verhältnisse ein, die unvermeidbar sind, und schon verfangen sie sich in Strukturen, aus denen sie sich nicht wieder befreien können. Die Mächtigen suchen nach Rechtfertigungen für die Verhältnisse, und die Unterdrückten finden in diesen Rechtfertigungen Trost. Für Marx war die Religion die Ideologie des entfremdeten Menschen, denn sie verlegte das Glück von der Erde in den Himmel und verschleierte die Ungerechtigkeit, die auf Erden herrschte. Die Unterworfenen arbeiteten an ihrer eigenen Unterdrückung mit, weil sie verinnerlichten, worauf es den Mächtigen ankam. Man müsse, forderte Marx, die Welt aus dem Traum über sich selbst aufwecken, um den Menschen zu sich selbst zurückzubringen. »Die Kritik der Religion ist also im Kern die Kritik des Jammertals, dessen Heiligenschein die Religion ist.«[10]

Frei ist, wer das Reich der Notwendigkeit verlässt und die Gewalt der »sachlichen Mächte« über sich aufhebt. »Die scheinbare Gemeinschaft, zu der sich bisher die Menschen vereinigten, verselbständigte sich stets ihnen gegenüber und war zugleich, da sie eine

Vereinigung einer Klasse gegenüber einer anderen war, für die beherrschte Klasse nicht nur eine illusorische Gemeinschaft, sondern auch eine neue Fessel. In der wirklichen Gemeinschaft erlangen die Individuen in und durch ihre Assoziation ihre Freiheit.«[11] Am Ende der Geschichte kehren die Menschen zu sich selbst zurück und heben die Strukturen auf, von denen sie versklavt worden waren. Frieden herrscht, wenn die unsichtbaren Macht- und Repressionsverhältnisse erkannt und beseitigt worden sind. Das Ende der strukturellen ist auch das Ende der personalen Gewalt, hätten Marx und Galtung gesagt, weil es für Menschen, die Freiheit und Selbst-Sein gefunden haben, keinen Grund mehr gibt, gewalttätig zu sein.

Manche Konzepte leben länger, wenn man sie von Zeit zu Zeit umbenennt und den Anschein erweckt, man habe Neues mitzuteilen. Galtung selbst erfand den Begriff der »kulturellen Gewalt«. Er konnte als Erklärung nur vorbringen, kulturelle Gewalt sei ein Instrument zur Legitimation struktureller Gewalt. Die eigentliche Antwort aber auf die Frage, was kulturelle Gewalt ist, blieb Galtung seinen Lesern schuldig.[12] Vor einigen Jahren brachte die Literaturwissenschaftlerin Gayatri Spivak den Begriff der »epistemischen Gewalt« ins Spiel, die sie als ein »aus der Distanz orchestriertes, weitläufiges und heterogenes Projekt« beschrieb, »das koloniale Subjekt als Anderes zu konstruieren«.[13] Weder Galtung noch Spivak konnten erklären, was kulturelle und epistemische von struktureller Gewalt unterscheidet und was gewonnen ist, wenn Legitimation und Konstruktion zu Gewaltakten werden. Stattdessen teilen sie im Gestus der Bedeutsamkeit nur mit, was im Begriff der strukturellen Gewalt schon enthalten ist: dass eine unsichtbare, unbewusste Struktur Menschen, die nicht wissen, was mit ihnen geschieht, in Knechtschaft hält. Über diese Mechanismen der Fremd- und Selbstabrichtung hatte Foucault schon alles gesagt. Für ihn waren die totalen Institutionen der Moderne (die Schule, die Klinik oder das Gefängnis) Orte einer unsichtbaren Macht, die das Subjekt durch Techniken der Disziplinierung unterwarf. Foucault sprach von der Macht, die den Körper durchdringt und Menschen in ein unsichtbares Gewebe von Abhängigkeiten verstrickt. Er hätte, was er beschrieb, auch strukturelle

Gewalt nennen können. Wie Galtung und seine Adepten sah auch Foucault in der Totalisierung der Macht, in der permanenten Kontrolle und Selbstunterwerfung des Subjekts einen Akt der Gewalt. Aus guten Gründen aber ließ er die Frage offen, was dagegen zu tun sei.[14]

Gewalt ohne Täter

Niemand wird bezweifeln, dass nicht von jedem als Gewinn empfunden wird, was manche für eine Verbesserung ihrer Lebensqualität halten. Strukturen erzeugen Gewinner und Verlierer, weil sie den einen Möglichkeiten eröffnen und die anderen unsichtbar machen, die einen zur Gegenwehr ermächtigen und die anderen zur Ohnmacht verdammen. Menschen, die Epidemien und Naturkatastrophen ertragen müssen, ohne dass ihnen jemand hilft, die nicht gegen ihre Gewohnheiten und ihre Natur rebellieren können, weil ihnen ihre Kultur verbietet, zu tun, was an der Zeit wäre, empfinden Schmerzen, auch wenn kein Täter auszumachen ist. Außenseiter leiden an ihrer Isolation, die erzeugt wird, wenn es ungeschriebene Regeln gibt, die sie ins Abseits stellen. Manch einer redet sich ein, wertlos und überflüssig zu sein, und setzt seinem Leben ein Ende, weil er das eigene Dasein als unerträgliche Last empfindet. Der Soziologe Markus Schroer spricht von einer Gewalt ohne Gesicht, gegen die sich die Verlierer nicht einmal mehr zur Wehr setzen könnten. Im globalen Dorf der Gegenwart nutzten nur solche Menschen Möglichkeiten, die auf der Klaviatur der Leistungsgesellschaft zu spielen verstünden. Wer nicht mithalten kann und nicht weiß, wie er von der grenzenlosen Freiheit Gebrauch machen soll, wird zum Verlierer, der sich in der modernen Welt nicht mehr auf die Lebensversicherung traditioneller Institutionen wie der Familie verlassen kann. Wenn er nur einer unter vielen wäre, so Schroer, könnte er es ertragen, kein Gewinner zu sein. Verlierer hat es immer schon gegeben. Aber gegenwärtig werde ihnen ihr Dasein als Verlierer täglich vorgeführt. Es vergehe kein Tag, an dem nicht für alle zur Schau gestellt werde, wer Gewinner und wer Verlierer sei. Niemand ist in der globalisierten Welt mit seinem Schicksal noch allein. Es gibt keine Täter, keine Gegner, und dennoch leiden Menschen an der öffentlichen Ausstellung ihrer Nichtigkeit und Machtlosigkeit.[15]

Manche Menschen litten nur deshalb, weil sie von allem ausgeschlossen seien: ein Kind, mit dem niemand spricht, weil es die Kleidung der Verlierer trägt oder ihre Sprache spricht, Konsumenten ohne Geld, Arbeitslose ohne Perspektive, sprachlose Einwanderer, denen tagtäglich ihre Überflüssigkeit vorgeführt wird und die sich damit abgefunden haben, dass sie niemals reich und mächtig sein werden. Es gibt keinen Ausweg, weil man nicht einmal weiß, wer für das Leiden verantwortlich ist, denn wüssten die Verlierer, was mit ihnen geschieht, könnten sie den Lauf der Dinge verändern. Manche Menschen sind nirgendwo mehr integriert: Bewohner von Slums, die ihrer prekären Lage nicht mehr entkommen, Arbeitslose, deren Fähigkeiten niemand nachfragt. Wer keine Papiere habe, könne nicht zur Schule gehen, wer keine Wohnung habe, nicht arbeiten und kein Konto eröffnen, wer nicht arbeite, keine Wohnung finden. Wer weder lesen noch schreiben kann, findet keinen Zugang zu den Kommunikationsmedien. Aus diesem Teufelskreis gebe es kein Entkommen. Wer aus einem System herausfällt, kommt in kein anderes mehr hinein. Strukturelle Gewalt, die von den Funktionssystemen vollzogen werde, beraube Menschen ihrer Persönlichkeit und behandele sie nur noch als das, was sie sind: Körper, die sich um ihre tägliche Erhaltung kümmern.[16]

Strukturelle Gewalt, behauptet Schroer, müsse nicht repressiv sein, um Schmerzen zu verursachen. Ihre Wirkung bestehe darin, dass Menschen, die in kein System integriert seien, ignoriert würden. Denn viel schlimmer, als ausgebeutet zu werden, sei es, ein Niemand zu sein. Man müsse deshalb nicht nur zwischen Gewinnern und Verlierern, sondern zwischen Gewinnern, Verlierern und Ausgeschlossenen unterscheiden. Die Überflüssigen sind nur in ihrer Funktion, Ausgeschlossene zu sein, nicht überflüssig. Im Spiegel der Nutzlosen sehen sich die Nützlichen als Überlegene, und sie lassen es die Ausgeschlossenen spüren, was es heißt, nicht dazuzugehören. Aber die Überflüssigen sind auch der Schrecken jener Verlierer, die nicht ausgeschlossen werden wollen und deshalb alles tun, um im System zu bleiben. Ihre eigentlichen Wirkungen erzielt die strukturelle Gewalt bei jenen, die noch Teil des Systems sind und befürchten, sie könnten aus ihm herausfallen. »Die erkennbaren Konsequenzen einer Exklusion«, weiß Luhmann, »dienen zugleich als Motiv für weitere Beteiligung.«[17]

Je komplexer die Strukturen sind, in denen wir uns bewegen, meinen manche Soziologen, desto größer ist das Gefühl der Ohnmacht, das wir empfinden. Wir schwimmen im Strom des Geschehens und können nicht verändern, was wir nicht ertragen. Man lässt geschehen, worauf man keinen Einfluss hat, und findet sich mit der eigenen Begrenztheit ab. Was kann ein Mensch schon tun, der nichts ist als ein Rädchen in einem Getriebe, das von niemandem gesteuert wird? Nicht einmal der Protest gegen die Strukturen ist das Ende der Ohnmacht. Komplexität erzeugt Unübersichtlichkeit, Ordnungssicherheit Abhängigkeit. Überall zahlen die Armen und Ungebildeten dafür einen höheren Preis als die Reichen und Gebildeten, weil sie keine Mittel haben, sich aus der Abhängigkeit zu befreien. Was für die einen eine Chance ist, empfinden andere als Ausweglosigkeit.

Aber ist der Ausschluss von Menschen aus sozialen Beziehungen eine Gewalt ohne Gesicht? Ist das Leiden an der Welt, das keinen Ursprung kennt, Gewalt? Gibt es überhaupt eine Gewalt ohne Täter? Man müsste, um diese Frage zu beantworten, wissen, ob diejenigen, die ausgeschlossen sind, Schmerzen empfinden, denn wenn niemand Schmerzen hat, gibt es auch keine Gewalt. Werden denn nicht Menschen immerzu von irgend etwas ausgeschlossen? Studenten von den Prüfungsberatungen, Professoren vom Gelächter, das Studenten anstimmen, wenn sie unter sich sind, Kinder von den Entscheidungen, die ihre Eltern für sie treffen. Was als Gewalt wahrgenommen wird, ändert sich mit der Zeit, den Umständen und den Milieus. Es hängt von der »geschulten Empfindlichkeit« ab, sagt Luhmann, welche Handlungen wir für Gewalt halten. Vor vierzig Jahren empfanden auch in Deutschland die meisten Menschen eine Ohrfeige als Erziehungsmaßnahme oder Belustigung. Schüler wurden von Lehrern geschlagen, Söhne von Vätern, und dennoch empfanden nur wenige Zeitgenossen, dass Körperstrafen gegen die Menschenwürde verstießen. Heute werden sie von vielen als demütigende Gewalttat wahrgenommen.[18] Manche spüren schon Schmerzen, wenn ihre Ehre verletzt oder ihre Männlichkeit in Frage gestellt wird, empfinden aber nichts, wenn Frauen oder Kinder misshandelt werden.

Solcherlei Empfindlichkeit wächst in dem Maße, in dem die Gewalt aus der Lebenswirklichkeit verschwindet. Wer mit Gewalt leben muss, kann sich Empfindlichkeit nicht leisten. Abhärtung ist in prekären Verhältnissen eine Lebensversicherung. Was hierzulande als Unterdrückung empfunden und verurteilt wird, erscheint in anderen Regionen der Welt als normales Verhalten zur Disziplinierung und Abrichtung von Menschen. Kaum jemand wundert sich dort, wo die Ordnung zerfallen ist, über grausame Strafen und Gewalt. Nicht einmal in den europäischen Gesellschaften empfinden alle Menschen Abscheu, wenn sie Zeuge von Gewalt werden. Kriminelle, die einen Komplizen erschießen, Väter, die ihre Töchter töten, weil sie gegen den Ehrenkodex der Familie verstoßen haben, tun, was in ihrem Milieu von ihnen erwartet wird. Aber sie tun es nicht im Bewusstsein, wehrlose Opfer ihrer Verhältnisse zu sein, sondern sie handeln als Herren ihrer selbst. Für sie gehören Gewalt und Repression zum Leben. Warum sollten ausgerechnet sie unsichtbare, strukturelle Gewalt als schmerzhaft empfinden?

Physische Gewalt ist spürbar und sichtbar, Verletzungen, die von Faustschlägen oder Waffen erzeugt werden, zeichnen den Körper. Man kann sehen und spüren, wer schlägt und wer geschlagen wird. Auch Drohungen können Tätern zugeordnet werden. Aber was wissen wir über die Folgen der Gewalt? Was geschieht mit einem Menschen, der geschlagen worden ist, und welche Wirkungen erzeugt eine Drohung? In vielen Fällen wissen wir nicht einmal, ob das potentielle Opfer sich über eine Verhöhnung oder Beschimpfung überhaupt geärgert hat. Nicht in jedem Fall leiden Menschen, wenn sie gedemütigt und geschlagen werden. Sadomasochistische Spiele oder ritualisierte Kämpfe zwischen Hooligans beruhen auf dem Einverständnis aller Beteiligten. Was Beobachter als Gewalt empfinden können, bereitet Schlägern und Geschlagenen Lust, auch dann, wenn ihnen Schmerzen zugefügt werden. Wenn sich niemand als Opfer sieht und kein Schaden angerichtet wird, kann von Gewalt keine Rede sein.[19]

Wie von unsichtbarer Hand werden Menschen in komplexen und unübersichtlichen Verhältnissen gelenkt und miteinander verbunden. Die einen sind oben, die anderen unten. Alle Machtverhältnisse sind asymmetrisch, weil der Mächtige Befehle erteilt und erwartet, dass ihm die Unterworfenen gehorchen. Es gibt keine Ordnung, die nicht auf Ungleichheit beruhte. Aber Ungleichheit und Ungerechtigkeit sind nicht Gewalt, denn wäre es so, müsste jede hierarchische Ordnung als Gewaltverhältnis beschrieben werden. In Wahrheit sind komplexe und abstrakte gesellschaftliche Ordnungen Versicherungen gegen Willkür und Gewalt.[20] Selbst wenn unterstellt würde, soziale Ungleichheit sei nur eine Voraussetzung für strukturelle Gewalt, bliebe doch unklar, wer Täter und wer Opfer ist. Die asymmetrische Verteilung von Machtchancen ist noch kein Angriff auf den Körper oder die Seele eines Menschen. Sie erzeugt einen Raum der Möglichkeiten, eine Zone von Aktionen und Gegenaktionen.[21]

Nicht jeder empfindet den Schulbesuch als Befreiung, die Zugehörigkeit zur Unterschicht als Stigmatisierung und das Leben in Unwissenheit als Schande. Der Reichtum der Reichen ist für die Armen nicht nur eine Widerspiegelung ihrer eigenen Armut. Er kann auch zur Quelle der Vorstellungskraft werden, wenn durch Arbeit und Leistung erreichbar ist, was die Reichen besitzen. Leiden wirklich alle Menschen, deren Nichtigkeit in den Medien öffentlich ausgestellt wird? Man kann den Fernseher abschalten oder das Abonnement einer Illustrierten kündigen, in der mitgeteilt wird, wie erfolgreich die Reichen und wie dumm die Armen sind. Man kann sich vorstellen, in einer anderen Welt zu leben, und in der Phantasie wenigstens für einen Augenblick glücklich sein. Jeder bewältigt die Herausforderungen des Lebens auf seine Weise. Und nicht jeder empfindet Armut und Unbildung als Gewalt, die an Wehrlosen verübt wird.

Wer von struktureller Gewalt spricht, unterstellt, dass Ausgeschlossene um jeden Preis integriert werden wollen. Aber empfindet wirklich jeder, der aus einem System ausgeschlossen ist, Isolation und Schmerz? Wer nicht Mitglied der feinen Gesellschaft werden kann, wer keine Arbeit hat, kann immerhin noch ablehnen, wozu er nicht gehört. In manchen Milieus wären Bildung und vornehme Manieren Gründe, um ausgestoßen zu werden. Manchen Akademikern, die nicht glauben wollten, dass auf der Straße andere Regeln als in der Universität gelten, ist auch schon Schlimmeres widerfahren. Wir haben uns angewöhnt, Menschen, die arm sind, für Außenseiter und Opfer repressiver Strukturen zu halten. Aber haben wir uns je gefragt, ob jene, denen wir unterstellen, überflüssig zu sein, sich auch selbst als Ausgestoßene sehen? Könnte es nicht sein, dass die vermeintlich Ausgestoßenen ihre Lebensordnung für überlegen halten und jene verachten, die sich nicht auf ihre Weise durchzusetzen verstehen? Nicht jede Prügelei, nicht jeder Streik und nicht jedes Pogrom sind Aufschreie unterdrückter Kreaturen gegen die Ungerechtigkeit der Welt. Sie sind vielmehr Demonstrationen der sozialen Distanzierung und der Macht, denen die anderen schutzlos ausgeliefert wären, wenn der Staat sie nicht vor der Gewalt der Straße bewahren würde.

Zwar eröffnen physische Stärke und die Bereitschaft, körperliche Gewalt anzuwenden, gewöhnlich keinen Zugang zu privilegierten Funktionen in einer Gesellschaft.[22] Wenn aber die Regeln des Friedens außer Kraft gesetzt sind, im Gewaltraum, käme es auf Muskelkraft und Entschlossenheit, nicht auf Bildung und Manieren an. Die Feinsinnigen und Gebildeten würden sozial beschämt, wären ihrer Macht beraubt. Im Nu kehrte sich die unsichtbare Gewalt gegen ihre Urheber.[23] »Gegenüber unserem Fenster steht ein Landstreicher, ein Gewehr an einem Strick über der Schulter – ein ›roter Milizionär‹«, schrieb der Dichter Iwan Bunin im April 1919 über sein Erleben des russischen Bürgerkrieges. »Und die ganze Straße zittert vor ihm, wie sie früher nicht beim Anblick tausender grimmiger Schutzmänner gezittert hätte.«[24] Von einem Tag auf den anderen hatte sich ein Niemand in einen gefürchteten Gewaltmenschen verwandelt.

Macht beruht auf Ungleichheit. Aber nicht jedes Machtverhältnis wird von den Schwachen als Repression empfunden. Ungleichheit kann auch auf dem unausgesprochenen Einverständnis beruhen, dass jene, die können, was man selbst nicht zu leisten vermag, mehr Macht haben sollen als man selbst. Studenten leiden nicht darunter, dass ihre Professoren, aber nicht sie darüber bestimmen, welche Prüfungsaufgaben ihnen gestellt werden und welche Note sie bekommen. Jeder weiß, dass Prüfungen ungleiche Machtverhältnisse spiegeln, und doch schlägt niemand vor, im Interesse der Gleichheit müsse Nichtwissen wie Wissen belohnt werden. Dass Professoren mehr Geld verdienen und sozial besser gestellt sind als die meisten Studenten, empfinden auch nur wenige als einen Akt der Gewalt. Denn jeder weiß, dass auch Professoren nicht als Wissende zur Welt, sondern durch Leistung ins Amt gekommen sind. Auch in Unternehmen gehorchen Untergebene ihren Vorgesetzten, weil sie sich davon Auskommen und Fortkommen versprechen oder weil sie davon träumen, irgendwann einmal selbst Anordnungen erteilen zu dürfen. Es ist keine Ordnung vorstellbar, die nicht auf Hierarchien und soziale Ungleichheit gegründet wäre, weil Lebenschancen und Fähigkeiten unterschiedlich verteilt sind. Macht, Hierarchie und soziale Differenz sind keine Synonyme für Gewalt, denn wo Menschen miteinander auskommen und sich vor anderen schützen müssen, sind sie darauf angewiesen, Macht zu übertragen. Die ungleiche Verteilung von Machtressourcen ist ein Modus der sozialen Organisation, nicht der Repression. Denn die Übertragung von Macht ist auch eine Entlastung von Entscheidungszwängen. Sie ist unvermeidbar.[25]

Gewalt braucht Täter, um Gewalt zu sein, und Opfer, die wissen, wer ihnen Schmerzen zugefügt hat. Niemand kann eine Struktur als Täter identifizieren, und eine Struktur kann nicht handeln. Zwar können Währungsschwankungen oder Umweltkatastrophen Hunger und Elend verursachen, aber weder Währungsschwankungen noch Umweltkatastrophen handeln. Wer unverschuldet in Not gerät und nicht weiß, wodurch diese Not verursacht wird, mag den lieben Gott oder das schlechte Wetter für das eigene Elend verantwortlich machen. Aber die Unglücklichen werden sich nicht als Gewaltopfer verstehen. Sobald ihnen aber die eigene Regierung Hilfe verweigert, Plünderer und Banditen ihre Dörfer auf der Suche nach Rekruten und Beute heimsuchen, werden sie die Umstände ihres Elends mit anderen Augen sehen. Gewalt wird von Menschen ausgeübt, von Menschen erlitten und von Menschen interpretiert. Ein Kind, mit dem niemand spricht, wird nicht zum Gewaltopfer, weil unsichtbare Strukturen sein Leben unerträglich machen, sondern weil es die anderen Kinder benennen kann, die nicht mit ihm sprechen wollen und es ignorieren. Möglicherweise nimmt es die Missachtung auch tatsächlich als schmerzhaft wahr. Menschen empfinden ihre Nutzlosigkeit und Überflüssigkeit als Gewalt, weil andere Menschen sie verhöhnen. Wo alle arm und arbeitslos sind, gibt es keinen Grund, sich über Hohn und Spott zu beklagen. Manch ein Obdachloser ist in Not geraten, weil ihm die Umstände keine Wahl gelassen haben. Ohne die Menschen, die ihn ihre Verachtung spüren lassen, wäre er kein Opfer von Gewalt, allenfalls ein Opfer seiner Umstände.

Zweifellos leiden Menschen unter Kontrolle und Disziplin, die sie zwingen, zu tun, was sie nicht wollen. Aber auch dieser Zwang wäre ohne die Instanzen, die strafen, wenn man gegen Regeln verstößt, nicht denkbar. Wäre man allein – man könnte sich mancher Zwänge sofort und folgenlos entledigen. Aber ist die Unterwerfung unter selbst erzeugte Umstände auch ein Akt der Gewalt? Wahrscheinlich werden die meisten Bürger in den demokratischen Gesellschaften Europas kaum bemerken, dass ihre Gewohnheiten auf Abrichtung und innerer Disziplin beruhen, und solange jeder tut, was er auch vom anderen erwartet, ist das soziale Leben im Gleichgewicht. Niemand spürt Angst vor Strafen und Ächtung, niemand empfindet die Befolgung von Regeln als Druck und Zwang, wenn Selbstdisziplinierung mit Rechts- und Ordnungssicherheit belohnt wird. Regeln eröffnen Freiräume, die man nicht hätte, wenn jeder tun und lassen könnte, was ihm gefällt. Die Ordnung ist eine Quelle der Freiheit, und nur dort, wo sie sich mit Angst und Terror verbindet, wird sie als Bedrückung empfunden.

Psychische Gewalt

Die Rede von der strukturellen Gewalt kennt keine Täter, nur Opfer. Sie erklärt nichts, weil sie soziale Abhängigkeitsverhältnisse mit Gewalt verwechselt. Die unablässige Bedrohung mit der Verletzung und mit dem Tod ist zweifellos eine andere Machthandlung als die Repression, die von strukturellen Zwängen ausgeht. Psychische Gewalt ist an das Erleben des Opfers gebunden.[26] Sie kennt Täter und Opfer, wenngleich die Wunden, die sie schlägt, unsichtbar sind. Niemand wird bestreiten, dass Verhöhnung, Diskriminierung, die Verbreitung von Terror psychische Qualen und körperlichen Schmerz auslösen. Sie fügen dem Körper und der Seele Wunden zu. Über Jahrzehnte können sich die Folgen einer dauerhaften Demütigung im Seelenhaushalt eines Menschen ablagern, bis sich die Opfer nur noch im Netz der Angst und des Misstrauens bewegen. Aber auch diese Gewalt hat Urheber, die Opfer verbinden ihr Unbehagen mit Gesichtern und Gesten von Menschen, selbst dann noch, wenn sich die Gewalt längst von ihren Zwecken abgelöst hat und nur in der Erinnerung als Erlebtes noch präsent ist.

Dennoch kann psychische Gewalt auch als Machtaktion verstanden werden, die Menschen in ein System qualvoller Abhängigkeit zwingt und sie zu einer Struktur werden lässt. Die Beispiele sind zahlreich: das Gefängnis als Ort fremdbestimmter Disziplin; die latente Gewaltbereitschaft der Diktatur; die Zeit zwischen den Terrorüberfällen, wenn die Angst von den Körpern Besitz ergreift, weil niemand weiß, wer das nächste Opfer sein wird; die dauerhafte Bedrohung von Menschen mit dem Tod, die jeder, der sie erleidet, als körperlichen Schmerzzustand erlebt; die Atmosphäre des Verdachts, wie man sie an den Höfen von Despoten findet; die symbolische Gewalt, mit deren Hilfe Mitglieder von Mafia- und Räuberbanden, Gefolgsleute von Warlords oder Diktatoren nicht nur ihre potentiellen Opfer einschüchtern, sondern sich auch selbst in einen Zustand dauernder Erregung und Angst versetzen. Das Aussprechen des Verdachts, gegen den sich der Verdächtige zur Wehr setzen muss und in den er umso tiefer hineingerät, je mehr er sich rechtfertigt, die öffentlich inszenierte Unterwerfung, Erniedrigung und Tötung eines illoyalen Gefolgsmannes, Schauprozesse, Rituale der Selbstkritik, die Inhaftierung von Familienangehörigen, das Zeigen der Folterinstrumente – das alles kann schlimmer sein als die Eruption der Gewalt, weil Bedrohungen, die kein Ende finden, das Verhalten verändern, das Misstrauen nähren und die Furcht nicht nur für die Opfer, sondern auch für die Täter alltäglich werden lassen. Folter, die erfolgreich sein will, zielt auf den Geist und nicht auf den Körper. Auch psychische Gewalt ist eine Aktionsmacht zur absichtlichen Verletzung anderer Menschen. Sie kann das Leben von Menschen so sehr verändern, dass es nur noch als Antwort auf die Gewalt verstehbar ist.[27]

In despotischen und totalitären Diktaturen ist die Angst der Untertanen die Waffe der Macht. Man zwingt sie, den Führer zu besingen und zu preisen, sein Porträt und seine Standbilder anzubeten und an Wahlen teilzunehmen, die keinem anderen Zweck dienen, als die Allmacht des Regimes vor aller Augen zu demonstrieren. Sie werden Zeugen zerstörerischer Grausamkeit, die sie nicht vergessen können. Mit der Zeit werden sie krank vor Scham und Zorn, weil sie nicht vergessen können, was anderen angetan wurde. Sie werden zu Opfern der Gewalt, ohne jemals selbst gefoltert worden zu sein. Die Schriftstellerin Herta Müller erinnert sich, dass ihre Eltern von der Angst »dressiert« gewesen seien. Die Angst vor der Strafe habe sie unterwürfig und feige gemacht. Mit solchen Menschen hatte die Securitate, der rumänische Geheimdienst, leichtes Spiel.[28] Im Kambodscha der Roten Khmer war der Terror vor allem eine Mitteilung an die Überlebenden. Seht nur, was geschieht, wenn ihr nicht gehorcht! »Die Soldaten der Roten Khmer befahlen uns, unsere Eltern nicht mehr zu lieben oder uns auf sie zu verlassen, weil sie nicht diejenigen seien, die uns unterstützen«, erinnerte sich ein Überlebender des Terrorregimes. »Nachdem die Roten Khmer alle Kinder eingefangen hatten, brachten sie uns in langen Hütten aus Bambus unter, die Dächer aus Palmblättern hatten. In der Mitte gab es einen freien Platz, wo alle Veranstaltungen stattfanden. Wir saßen alle auf dem freien Platz und hörten die Lautsprecher. Sie befahlen uns, die neuen

Führer zu lieben und hart zu arbeiten, um unser Land wohlhabend zu machen. Wenn wir nicht taten, was sie uns befahlen, wurden wir zur Strafe grausam geschlagen. Nach der Versammlung zwangen sie uns, zu jubeln und immer wieder zu rufen, dass wir unsere neue Regierung lieben, respektieren und hart für sie arbeiten.«[29]

Wer Menschen zwingen kann, zu verleugnen, was offensichtlich ist, gebietet über absolute Macht. Es gehört zur Machttechnik despotischer Ordnungen, dass sie ihren Untertanen abverlangt, ihre Unfreiheit zu besingen. »Das Leben ist besser geworden, Genossen, das Leben ist fröhlicher geworden«, verkündete Stalin im November 1935. Millionen waren verhungert, deportiert oder ermordet worden, und der Diktator sprach vom fröhlichen Leben. Tagein, tagaus mussten Schüler, Arbeiter, Bauern und Kommunisten beteuern, dass ihr armseliges Leben glücklicher nicht sein könne.[30] Um sie herum aber tobten Terror und Gewalt. Wie erstarrt saßen Menschen nachts in ihren Wohnungen, als im Jahr 1937 die große Jagd begann. Nacht für Nacht holten Geheimpolizisten Menschen aus ihrem Zuhause und brachten sie ins Gefängnis, an jedem Tag wurden Menschen erschossen und in Gruben geworfen, oder in Waggons verladen und nach Sibirien verschickt. Es verging kein Tag ohne Schauprozesse und Selbstkritikrituale. Das Regime brachte Menschen gegeneinander auf, es produzierte Spitzel und Denunzianten. Es stellte die Welt auf den Kopf. Was einmal für moralisch gehalten worden war, galt nicht mehr. Niemand hatte noch eine andere Wahl, als sich auf das Leben in der neuen Welt einzustellen. Der Literaturwissenschaftler Dmitri Lichatschow erinnerte sich an diese Zeit, als habe er einen bösen Albtraum überlebt. Tag für Tag seien Menschen verhaftet worden, aber niemand habe es gewagt, darüber zu sprechen. »Wenn morgen die Isaak-Kathedrale nicht mehr an ihrem Platz steht«, habe eine Mitarbeiterin seines Verlagshauses gesagt, »werden alle so tun, als sei nichts geschehen.«[31]

Nicht einmal der Despot und seine Handlanger konnten in Frieden leben, weil sie selbst Opfer der Paranoia wurden, die sie ausgelöst hatten. Am Hof des Diktators war das Wort des Diktators Gesetz. Mit einem Augenzwinkern konnte er die Gefolgsleute, die ihn umgaben, befördern oder in den Tod schicken. Deshalb arbeiteten auch seine Helfer am eigenen Überleben. Beförderung oder Tod. Wer sich in die Welt der Paranoia begab, musste zwischen diesen Alternativen wählen und die Signale zu lesen verstehen, die der Despot an seine Gefolgsleute aussandte: wenn er dem einen ein Geheimnis verriet und beobachtete, ob er es für sich behielt, wenn er jemanden lobte oder tadelte oder verlangte, dass man ihm neue Opfer und reiche Beute brachte. Am Tisch des Herrn konnte jedes Wort falsch sein, jede Regung missverstanden werden. Jeder Fehler konnte von den Gefährten ausgenutzt werden, um einen Verdacht auszusprechen und sich selbst ins richtige Licht zu rücken. Wer unter Verdacht stand oder in Ungnade gefallen war, musste um sein Leben fürchten. Manche verloren die Fassung, andere, die alle Prüfungen überstanden hatten, waren Gezeichnete, von denen der Despot alles verlangen konnte. Stalins Gefolgsleute hassten einander, sie konnten einander nicht einmal mehr in die Augen sehen, nachdem der Diktator gestorben war. Sie hatten sich voreinander erniedrigt, sie schämten sich dafür, Schwächlinge und Mörder gewesen zu sein. Bis zu ihrem Tod blieben Angst und Paranoia ihre ständigen Begleiter.[32]

Psychische Gewalt, die bleibende Schäden hinterlässt, entsteht in Situationen äußerster Anspannung, wenn Menschen einen Angriff erwarten und Todesangst verspüren, wenn das Gefühl um sich greift, nicht mehr sicher zu sein. Wer in Angst leben muss, wird ein anderer Mensch. Man stellt sich auf die Situation der Unsicherheit ein und spricht in der Öffentlichkeit nur noch in leisen Tönen, bedenkt, mit wem man spricht und was man sagt. Der Ängstliche hört die Signale deutlicher als derjenige, der keinen Grund hat, sich zu fürchten, mancher Spitzel verzweifelt, weil er zum Verräter wider Willen geworden ist. Er schämt sich für seine Feigheit, die ihn zum Spitzel werden ließ, er hasst sich selbst, weil er dem Druck nicht standhalten konnte. »Verflucht, ich bin so unzufrieden, daß ich mich mit dieser GPU eingelassen habe«, schreibt Stepan Podlubnyj, der Sohn eines Kulaken, am 1. Oktober 1932 in sein Tagebuch. »Die verderben mir die ganze Stimmung. Nehmen mir einen großen Teil meines Lebens weg. Wenn ich von dort rauskomme, bin ich wie betrunken, so erschöpft, daß ich auf der Stelle einschlafen könnte. Krank komme ich von dort raus, und das alles innerhalb von 25 Minuten. Und was, wenn die mich einen ganzen Tag bei sich behalten würden? Da muß man ja verrückt werden. Fürchterlich. Schmerzen. Krämpfe am Herzen. Wirre Gedanken schießen durch den Kopf. Am ersten Tag dort war ich richtig verzweifelt.« Podlubnyj wurde zu einem Täter, weil er nicht Opfer werden wollte. Aber er wurde auch zu einem Gezeichneten, der darunter litt, andere Menschen zu verraten, nur, um selbst zu überleben.[33]

»Wir arbeiteten sieben Tage in der Woche ohne Pause«, erinnerte sich ein Kambodschaner, der seine Kindheit in einem Arbeitslager der Roten Khmer verbringen musste. »Freie Zeit hatten wir nur, um zuzusehen, wie jemand getötet wurde, was uns ein Beispiel geben sollte. Achtzehn Jahre sind vergangen, und ich kann mich an eine dieser Tötungen immer noch sehr eindringlich erinnern. Manchmal habe ich Albträume. Ich erinnere mich an einen Tag, als wir im Gemüsegarten arbeiteten und Unkraut zupften. Mitten in der Arbeit ertönte die Sirene, und die Soldaten befahlen uns, mit der Arbeit aufzuhören. Sie sagten, wir müssten zu einer Versammlung gehen, um die Bestrafung eines Verräters anzusehen. Als wir dort ankamen, zwangen sie uns, uns vorn in die Nähe des Opfers zu setzen, damit wir sehen konnten, was geschehen würde. Im Zentrum des Versammlungsplatzes war eine Frau, deren Hände hinter dem Rücken zusammengebunden waren. Sie war schwanger, und ihr Bauch wölbte sich hervor. Vor ihr stand ein kleiner Junge, der etwa sechs Jahre alt war und eine Axt in der Hand hielt. In seiner schrillen Stimme schrie er uns an, dass wir ansehen sollten, was er tat. Er sagte, dass wir die nächsten seien, die getötet werden würden, wenn wir nicht zusähen. Der kleine Junge war ein Dämon aus der Hölle. Seine Augen waren rot und er sah überhaupt nicht mehr wie ein Mensch aus. Er benutzte die Rückseite der Axt und schlug heftig auf den Körper der armen Frau, bis sie auf die Erde fiel. Er schlug weiter auf sie ein, bis er müde wurde.«[34]

Die Vollstrecker wissen genau, was die Aufführungen des Schreckens anrichten. Sie setzen die Furcht als Waffe ein, und sie wissen, dass ihre Stunde kommt, wenn die Verschreckten an nichts anderes mehr denken können als an die Gewalt. Ihre Macht beruht auf der psychischen Verletzung der Vielen, die die Kraft verlieren, sich gegen sie zur Wehr zu setzen. In allen Despotien ist die psychische Gewalt, sind Einschüchterung und Terror die Instrumente, um den Gehorsam der Überlebenden zu erzwingen. Alle Despoten vertrauten auf die Macht, die durch die Angst der Untertanen entsteht. Als sich im Jahr 1966 Mobutu im Kongo an die Macht putschte, ließ er im Radio verkünden, vier Minister hätten sich gegen ihn verschworen. Wenig später wurden die Männer zum Tode verurteilt und öffentlich hingerichtet. Die Hinrichtung am Galgen wurde im Zentrum Kinshasas, auf einem großen weiten Platz vollzogen, in Anwesenheit Zehntausender Menschen, die gezwungen wurden, dem schrecklichen Schauspiel beizuwohnen. Die Zuschauer waren erschüttert, Panik brach aus. Mobutu hatte gezeigt, wozu er imstande war. »Von da an hatten alle Angst«, erinnerte sich ein Zeitzeuge. »Die Staatssicherheit bekam sehr viel Macht. Keiner traute sich mehr, im Restaurant des Zoos, dem Treffpunkt von Politikern und Diplomaten, zu essen, aus Angst, von den Kellnern belauscht zu werden. Selbst bei den Trauerfeiern fürchteten wir uns vor den kleinen Jungs, die Erdnüsse verkauften. Sie hätten ja Spione sein können.«[35]

Die Davongekommenen müssen mit den Bildern des Grauens weiterleben. Es fällt ihnen leichter, mit ihren Albträumen zurechtzukommen, wenn sie den Schauplatz des Grauens verlassen und sich niederlassen können, wo die Gewalt nicht zum Alltag gehört. Die Zurückgebliebenen aber sind verunsichert. Ihr Urvertrauen ist erschüttert, die Fähigkeit, mit anderen ohne Furcht in einer Gesellschaft zu leben, verloren gegangen. Wer Zeuge exzessiver Gewalt geworden ist, wird gezeichnet sein vom Anblick des Schreckens. Körperliche verwandelt sich in psychische Gewalt, sie erschwert die Rückkehr ins normale Leben, und sie erleichtert es autoritären Diktaturen, mit der Furcht der Untertanen zu spielen und ihnen einzureden, dass ihre Unfreiheit die Quelle der Ordnung sei. Wer unter Verdacht steht oder von der Geheimpolizei verfolgt wird, wird einsam. Freunde und Vertraute wenden sich ab, niemand will mit dem Aussätzigen gesehen werden. Es ist die Erfahrung der Angst und der Einsamkeit, die Gemeinschaften zersetzt und die Stigmatisierten in den Wahnsinn treibt.[36] »Furcht spaltet Gemeinschaften, durch Misstrauen und Anspannung, nicht nur gegenüber Fremden, sondern auch gegenüber den Seinen«, schreibt die Anthropologin Lina Green über das Leben im Hochland Guatemalas. »Furcht gedeiht in Situationen der Uneindeutigkeit. Denunziationen, Klatsch, Anspielungen und Gerüchte über Todeslisten schaffen ein Klima des Verdachts. Niemand weiß genau, wer wer ist.« Die Angst habe sich tief in die Körper und die Vorstellungen der Menschen eingebrannt. »Im Hochland ist die Furcht zu einer Lebensweise geworden. Furcht, Vermittler der Macht – unsichtbar, unbestimmt und still.«[37]

Für immer werden Menschen mit der Schuld leben müssen, die sie auf sich laden, wenn ihr Verrat zur Verletzung oder zum Tod anderer führt. Wie fühlt sich der Denunziant, der gezwungen wurde, Kollegen oder Freunde öffentlich zu Feinden des Volkes zu erklären, wie kann er mit dem Gedanken weiterleben, dass er für das Leiden Unschuldiger verantwortlich ist? Immer wird er daran denken müssen, dass der Denunzierte zurückkehren und Rache nehmen könnte. Die Mörder wider Willen hören nachts die Schreie ihrer Opfer, die Denunzianten sehen in die Augen der Denunzierten. Alle wissen, was geschehen ist, aber niemand darf darüber sprechen, alle wissen, was geschehen kann, und deshalb ist sich jeder selbst der Nächste. Menschen in Angst verarmen, vereinsamen, weil sie das Leid mit niemandem teilen können. Sie geben ihre Angst, ihre Paranoia, die in ihnen ist, an ihre Kinder weiter. Die Opfer können das Misstrauen und die Furcht nicht einfach wie eine zweite Haut abwerfen und ins normale Leben zurückkehren. Sie werden, solange die Angst im Spiel ist, Gefangene der Macht bleiben.[38]

Und so kommt es, dass die Wirkungen psychischer Gewalt über den Tag hinaus Bestand haben und noch spürbar sind, wenn die Zeit der Paranoia vorüber ist. Denn die Verschreckten glauben nicht an das endgültige Ende der Gewalt. Sie haben erfahren, wie leicht es ist, Opfer erzwungener Umstände zu werden, und wie leicht die

Schwelle überschritten wird, die ins Reich der Gewalt führt. Können sie dem Frieden trauen? Ist er vielleicht doch nur eine Täuschung der Mächtigen, die insgeheim an der Neuauflage des Schreckens arbeiten? Die Anspannung bleibt, oft über zwei oder drei Generationen. Aber selbst in der Erinnerung an die Schrecken der Vergangenheit ist die unsichtbare Gewalt ohne Täter nicht vorstellbar. Man verbindet sie mit den Gesichtern der Geheimpolizisten und dem Jargon, den sie verwenden, mit Uniformierten, die Befehle erteilen, und Beamten, die sich in der Rolle von allmächtigen Herren über Leben und Tod gefallen. Sobald sie einem Menschen in Uniform begegne, müsse sie die Straßenseite wechseln, erzählte die Moskauer Architektin Anna der Schriftstellerin Swetlana Alexijewitsch. Nach allem, was sie in der Diktatur ertragen hatte, waren Misstrauen und Angst zu ihrer zweiten Natur geworden, die sie nicht einfach ablegen konnte.[39] Die psychische Gewalt ist unsichtbar, aber nicht abstrakt, sie wird mit Menschen verbunden, die man für sie verantwortlich macht. Sie kann sich als Todes- oder Verletzungsdrohung auf Dauer im Leben von Menschen einrichten, und sie zwingt sie, ihr Verhalten so zu verändern, dass es nur noch auf die drohenden Gefahren reagiert.[40] Ihre Spuren lagern sich im Bewusstsein ab, ergreifen Besitz vom Körper und werden zu einer Struktur, die sich verselbständigt. Obwohl schon niemand mehr handelt und die Demütigung vorüber ist, werden die Opfer Gefangene einer unsichtbaren Gewalt bleiben, die nicht vergeht.

5

Schicksal: Anthropologie der Gewalt

»Vor zwei Tagen war die Strafkompanie mit einigen Dutzend Zugängen, die aus der Slowakei gebracht worden waren, vergrößert worden«, erinnerte sich der polnische Häftling Wieslaw Kielar an einen Tag im Vernichtungslager Auschwitz. »Das waren nur Juden. Auf besonderen Befehl des Lagerführers sollten sie alle hier erledigt werden. Die SS-Männer und die Kapos aus der SK nahmen sich bereitwillig der Sache an. Nach zwei Tagen blieben nur noch wenige übrig. Einer der Juden, athletisch gebaut und entsetzlich dick, hielt sich noch, obwohl gerade er das Hauptobjekt der Misshandlungen der Kapos und der SS-Männer war. Er arbeitete verbissen und bemühte sich, keinen Grund zur Klage zu geben, als ob er noch an die Aufschrift glaubte, die über dem Lagertor, ein paar Schritte von seiner Arbeitsstätte angebracht war (›Arbeit macht frei‹). Er schob also schwere Handkarren, die immer voll beladen waren – die Kapos sorgten schon dafür. Im Laufschritt schob er sie durch ein Spalier von Banditen, die ihn mit Stöcken schlugen, wo sie nur trafen, kippte den Kies an der angegebenen Stelle aus und kehrte denselben Weg mit dem leeren Karren zurück, immerfort geschlagen, geschoben und getreten. Er versuchte um jeden Preis, so schnell wie möglich die für ihn gemachte Falle zu passieren. Das war ein Brett, das über eine tiefe Grube geworfen war. Er wusste, dass an dieser Stelle die meisten seiner Landsleute fertig gemacht worden waren. Wer das Gleichgewicht auf dem Brett nicht halten konnte, der fiel zusammen mit dem Karren in die Grube, von wo es keine Rückkehr mehr gab. Dort schlugen die grausamsten der Kapos ihre Opfer mit Stöcken tot. Wenn sich aber einer darunter fand, der genug Kraft hatte, auf die unter den Füßen wegrutschende Böschung zu klettern, und es schien, als ob er sich aus der Falle befreien konnte, warf ihn der oben stehende SS-Mann mit einem gut gezielten Tritt in die Grube zurück. Der athletische Jude hielt sich noch, wurde aber zusehends schwächer. Sicher war er sich darüber im Klaren, dass er von allen Seiten umzingelt war und dass er nicht mehr entkommen konnte. Er kämpfte jedoch bis zum Schluss um sein Leben. Er versuchte zu arbeiten, doch seine Bewegungen wurden immer langsamer, unkoordinierter. Wie ein Blinder tastete er mit den Händen herum und suchte nach dem Karren, der umgekippt genau vor seinen Füßen lag. Es konnte sein, dass er tatsächlich nicht mehr viel sah. Da er sich ratlos im Kreise drehte, blieb er mit den Füßen an den Unebenheiten des Bodens hängen, und sobald er fiel, sprangen die Kapos auf ihn zu und warfen sich wie ausgehungerte Wölfe auf ihr Opfer. An der Stelle, wo vorher nur ein SS-Mann stand, waren es bereits mehrere. Sogar die Ranghöheren waren dabei. Es war ja ein guter Spaß für sie. Drei Tage schlug man einen Häftling tot. Entweder war es die Unfähigkeit der Henker, oder dieser Jude war ein außergewöhnliches Objekt. Auf jeden Fall lohnte es sich zuzuschauen. Der Jude lag schon seit längerer Zeit in der Grube, vollkommen mit Staub bedeckt, von Schweiß übergossen, blutend (...). Der niedergemachte Jude widersetzte sich immer noch mit unmenschlicher Anstrengung dem Tode. Er versuchte jetzt, aus der Grube herauszuklettern, er stieg immerfort nach oben, aber der Sand lief unter seinen Füßen weg, er fiel erneut auf den Boden der Grube, um nach einer Weile mit gleicher Ausdauer und Hartnäckigkeit bis nach oben zu kommen, vergeblich, denn er rutschte auf die Stelle zurück, von der er herauszukommen versuchte. Nichts für uns! Das konnte noch lange dauern. Die SS-Männer hatten eine wundervolle Schau! Wir wollten umkehren, aber Lagerführer Fritzsch brüllte uns so an, dass wir wie festgenagelt stehenblieben. Der Lagerarzt, der ebenfalls anwesend war, säuberte mit seinem Taschentüchlein gleichgültig die beschlagenen Gläser seiner Brille. Fritzsch wandte sich jetzt an eine kleine Gruppe von Zuschauern und sagte etwas mit erhobener Stimme. Das bezog sich anscheinend auf die Kapos, weil – ohne das Ende seiner Worte abzuwarten – zwei von ihnen in die Grube sprangen. Man hörte die dumpfen Stockschläge und ein herzzerreißendes Stöhnen des Gefolterten. Der Jude fiel auf die Knie und krümmte sich tief, um seinen Kopf zu schützen, wobei er unwillkürlich seinen Rücken, auf den sich alles konzentrierte, den Schlägen preisgab. Die Kapos wussten, wohin sie zu schlagen hatten. Sie schlugen auf die Nieren. Fachmännisch! Der Gefolterte erhob sich noch einmal, brüllte unmenschlich, so dass die ihn misshandelnden Kapos bewegungslos stehenblieben, und fiel dann um. Ende. Plötzlich beugte sich einer der Kapos über ihn. ›Der lebt noch‹, stellte er fest, an die Zuschauer gewandt, mit unverhülltem Staunen und wie zur Rechtfertigung. ›Was?‹ schrie der Lagerführer und schäumte geradezu vor Wut. Das genügte. Der Kapo legte einen Stock auf den mächtigen Hals des Sterbenden, wippte darauf eine Weile, bis etwas knackte. Diesmal gab es keinen Zweifel mehr, dass es das Ende war. (...) In der Kiesgrube arbeitete jetzt die Strafkompanie mit verlangsamtem Tempo. Anscheinend waren die Kapos durch den dreitägigen Kampf ermüdet, und sie hatten auch niemanden, vor dem sie prahlen konnten. Die Zuschauer waren, von Eindrücken gesättigt, fortgegangen. Sie hatten den letzten Juden aus der SK in Abrahams Schoß befördert, womit sie die ihnen vom Lagerführer aufgetragene Aufgabe erfüllt hatten. Das ›fette Schwein‹ wurde unterdessen auf dem Obduktionstisch des Krematoriums zerschnitten.«[1]

Der Mensch kann immer töten

Wie konnte es geschehen, dass Männer, die wenige Jahre zuvor noch brave Familienväter gewesen waren, solche Grausamkeiten begingen? Weder der Lagerführer Karl Fritzsch noch die SS-Männer, die ihn umgaben, waren in ihrer Jugend als passionierte Gewalttäter aufgefallen. Warum töteten sie ohne Anlass und Grund? Warum bereiteten sie den Opfern Qualen, anstatt sie zu erschießen? Niemand hatte ihnen den Auftrag gegeben, Juden zu Tode zu quälen. Hatten sie Hitlers »Mein Kampf« gelesen? Waren sie überzeugte Antisemiten? Konnten sie sich auf den Befehlsnotstand berufen, als sie die Anweisung erteilten, Menschen zu Tode zu prügeln? Nach allem, was wir über die Täter wissen, waren sie weder Sadisten noch Ideologen. Sie hätten Befehle verweigern und ihren Posten im Lager aufgeben können, und niemand hätte sie dafür erschossen. Aber sie blieben, weil sie den Dienst am Tod dem Einsatz an der Front vorzogen, und sie setzten das grausame Spektakel noch fort, als das Ende des Dritten Reiches schon unabwendbar geworden war. Warum? Und warum töteten sie nicht selbst, sondern überließen das Prügeln und Foltern den Häftlingen? Wie konnte es geschehen, dass die Häftlinge sich gegenseitig töteten, tagein, tagaus, ohne dass jemand gewagt hätte, sich gegen die Herren im Lager zu erheben? Die Antwort ist einfach und deprimierend: Menschen können immer töten, wenn sie wissen, dass straflos bleibt, was sie tun, und sobald das Töten zum Gebot wird, braucht niemand mehr eine Lizenz oder eine Legitimation. Auschwitz war ein Ort des Verderbens, ein Gewaltraum, in dem nur überleben konnte, wer sich auf das Spiel mit dem Tod bedingungslos einließ. Das Lager verwandelte Täter in gleichgültige Vollstrecker und machte die Opfer zu willenlosen Komplizen der Gewalt, die töteten, um nicht selbst getötet zu werden.

Der Mensch wird nicht, was er ist, er ist niemals ein anderer gewesen. Stets war die Gewalt eine Möglichkeit, sich Aufmerksamkeit zu verschaffen und Macht durchzusetzen. Zwar ist der Mensch als Kulturwesen imstande, sich eine Welt zu entwerfen, in der auch andere Menschen einen Platz haben können. Denn wenn wir nicht verstehen könnten, worauf die anderen hinauswollen, müssten wir bleiben, wer wir sind. Das Verstehen ist die Existenzweise des Seins.[2] Aber zur Existenz gehören auch die Verletzungsoffenheit und das Wissen um den eigenen Tod, der uns jederzeit ereilen kann. Dieses Wissen formt unser soziales Handeln. Gewalt ist eine attraktive Handlungsoption, wenn sich Räume öffnen, in denen sie sich entfalten kann.

Die Gewalt gehört zu unserem Schicksal. An allen Orten und zu allen Zeiten haben Menschen einander verletzt und getötet. Deshalb sei es zwecklos, schreibt Trutz von Trotha, Gedanken auf das Ende der Gewalt zu verschwenden. Sie müsse vielmehr als Möglichkeit verstanden werden, Mensch zu sein. Die Soziologie der Gewalt aber, beklagt er, sei stets nur eine Gewaltvermeidungsforschung gewesen, die nach Ursachen suche, anstatt sich mit der Sache selbst zu befassen. Gewalttätigkeit werde pathologisiert oder als zweckrationales Verhalten ausgegeben. In Wahrheit hätten Historiker und Soziologen nicht von der Gewalt selbst, sondern nur von ihren Voraussetzungen gesprochen. Die »Soziologie der Ursachen« sei eine »Soziologie der sozialen Probleme«.[3] Eine solche Ursachenforschung aber habe über das Geschehen selbst und seine Konsequenzen nichts mitzuteilen. Stattdessen zähle sie soziale Defizite auf, die nur beseitigt werden müssten, um die Gewalt endgültig zu verdrängen: elende Verhältnisse, Armut, Ignoranz, Unterdrückung. Man müsse nur die Umstände ändern, die gute in böse Menschen verwandeln, sagen sie, und schon werde der Gewalttäter zum Frieden bekehrt.

Wem ist überhaupt aufgefallen, dass seit Jahrzehnten behauptet wird, es seien die Verhältnisse, die Gewalttäter produzierten, dass aber keine einzige Reform die Gewalt aus der Welt geschafft hat? »Die Soziologie der Ursachen von Gewalt«, sagt von Trotha, »ist eine Soziologie von Tätern ohne Verantwortung.«[4] Täter werden zu Befehlsempfängern unsichtbarer Strukturen, die ihnen vorschreiben, was zu tun und was zu unterlassen ist, weil die Ursachenprosa Menschen ihr Selbstsein bestreite. Sobald Menschen Gewalttaten zum Opfer fallen, treten Experten auf, die verantwortungslose Erklärungen ins Spiel bringen. Man müsse, sagen sie, die Lebensbedingungen der Täter verbessern, damit sie aufhören, Unheil anzurichten. Aber was kann dabei schon herauskommen? Man arbeitet sich an scheinbar untragbaren Verhältnissen ab, ohne sie jemals zu beheben, und erklärt Täter zu Opfern ihrer Umstände. Über Körper, Aggressionen und ihre Entfaltungsräume hat eine Forschung, die soziale Ursachen beschreibt, nichts mitzuteilen.

Wer raubt, schlägt oder vergewaltigt, mag Gründe haben, sich so zu verhalten. Aber die Motive der Täter sind nicht identisch mit ihren Rechtfertigungen. Sie wissen, was sie als Motiv ins Spiel bringen müssen, damit verstanden wird, dass sie nicht anders handeln konnten. Niemand soll erfahren, worauf es ihnen wirklich ankam, als sie die Grenze des Erlaubten überschritten. Nun weiß aber jeder Mensch, was in welchem Kontext erlaubt ist und was nicht, auch Menschen, die Gewalt verüben. Stattdessen versorgen Täter die Öffentlichkeit mit Motiven, die vor den Augen jener, die das Ende der Gewalt für möglich halten, bestehen können. Sie erklären, im Leben stets nur benachteiligt und ausgeschlossen und in ihrer Kindheit misshandelt worden zu sein. Unter anderen Umständen, unter ihresgleichen, aber prahlen sie womöglich mit ihren Taten. Motive erfüllen Erwartungen. Man trägt vor, was in einem Kommunikationsrahmen angemessen und verständlich erscheint.[5]

Niemand kann genau wissen, welche Motive dem Täter tatsächlich die Hand führen, wenn er andere Menschen terrorisiert. Zweifellos hat er einen freien Willen, und er kann sich, wenn er bei Sinnen ist, jederzeit gegen seine Neigungen entscheiden. Wäre er schwach oder körperlich behindert, würde er sich auf eine gewalttätige Auseinandersetzung wahrscheinlich nicht einlassen, müsste er mit Gegenwehr oder Vergeltung rechnen, wäre er vorsichtiger und würde abwägen, ob sich der Gewalteinsatz lohnt. Wer Strafe oder Ächtung nicht fürchten muss und reiche Beute vor Augen hat, mag Gewalt für ein aussichtsreiches Mittel halten, um sich zu verschaffen, was ihm sonst versagt bliebe. Selbst unter Zwang bedenken Menschen die Risiken, die sich aus der Anwendung von Gewalt ergeben könnten. Denn niemand will Opfer der eigenen Emotionen werden, jeder hat nur die eigene Sicherheit im Blick.

»Wie viele Menschen weisen eine ähnliche Biographie auf oder fristen ihr Dasein in derselben Trostlosigkeit, ohne im Traum daran zu denken, auch nur die Hand zu heben?«, fragt Wolfgang Sofsky. Niemand werde gezwungen, einem anderen Menschen den Schädel einzuschlagen. Der soziale Kontext sei weder eine Ursache noch eine hinreichende oder notwendige Bedingung für Gewalt. Nicht einmal in Milieus, in denen Gewalt zur Selbstverständlichkeit geworden sei, nutze jeder die Chancen, die sich ihm böten. Es gibt keine Zwangsläufigkeit, die sich mit der Beschaffenheit sozialer Kontexte erklären ließe. Menschen sind verschieden, manche lassen schon beim geringsten Anlass die Faust sprechen, andere schrecken vor Gewalt zurück, manche empfinden sie als abstoßend, anderen bereitet sie Lust. Manche empfinden Mitleid, wenige sind Psychopathen, denen das Leiden anderer Menschen nichts ausmacht. Und manche quälen aus Langeweile oder weil sie sich in ihrer Gruppe bewähren müssen. »Keine Gesellschaft vermag Gewalt zuverlässig zu verhindern und den Frieden auf immer zu sichern«, schreibt Sofsky. »Umgekehrt entspringt der Übergriff jedoch auch keiner sozialen Notwendigkeit.«[6]

Gewalt verändert die Situation, und es ist am Ende nicht mehr von Bedeutung, welchem Motiv sich der Anlass der Aggression verdankt. Die Ursachenforschung aber hat über Räume, die Dynamik und »Anlasslosigkeit« mancher Aggression nichts mitzuteilen.[7] Sie will wissen, warum Gewalt ausbricht, nicht, was sie anrichtet und wie sie ausgeübt wird. Solche Forschung führt zu nichts, weil es keine klar identifizierbaren Ursachen von Gewalt gibt und weil über soziale Defizite schon alles gesagt worden ist.

Was aber soll man tun? Darauf geben die »Anthropologen« der Gewalt eine klare Antwort. Nicht auf Ursachen, sondern auf das Geschehen selbst kommt es an, wenn man verstehen will, was Gewalt ist und was sie anrichtet. Denn Gewaltsituationen sind offen, das Geschehen ist dynamisch und unvorhersehbar. Wer in ein Gewaltgeschehen eintritt, kann nicht voraussagen, was geschieht, ganz gleich, worauf die Aggression beruht, die den Furor ausgelöst hat. Erst wenn man sich auf die Situation eingestellt hat, wird auch der Gewaltraum zu einem Ort, an dem Erwartungssicherheit herrscht. Jeder weiß, was geschieht, womit zu rechnen ist und welche Möglichkeiten den Handelnden noch zur Verfügung stehen. Gewalt verändert Handlungsräume und Menschen in nur kurzer Zeit.[8] Sie wird zur Ursache ihrer selbst, und deshalb muss genau beschrieben werden, was geschieht. Man muss die Situation genau erfassen, in der sich Täter, Opfer und Zuschauer befinden, und die sozialen Beziehungen beschreiben, die entstehen, wenn die Gewalt das letzte Wort behält.[9] Der erste Faustschlag, der das Gesicht trifft, der erste Schuss, der einen Menschen niederstreckt, verändert alles. Die Nerven sind bis zum Zerreißen angespannt, Schmerz durchfährt den Körper, man denkt im Augenblick der Konfrontation an nichts anderes mehr als an das eigene Überleben. Alle Kräfte sind nur noch auf den Augenblick des Geschehens konzentriert. Jetzt hängt es von der Situation ab, wie es weitergeht. Soldaten, die aus dem Graben springen und auf die gegnerischen Linien zulaufen, schießen in Panik um sich, wollen nichts als überleben und nehmen auf nichts und niemanden mehr Rücksicht; die Angegriffenen bringen ihre Maschinengewehre in Stellung und töten jeden, der ihnen entgegenkommt. Alle Bedenken sind ausgeschaltet, nur der Überlebenswille spricht noch aus ihren Handlungen. Nachher zittern die Überlebenden am ganzen Körper, sie machen sich in die Hosen, übergeben sich, sind nur noch Körper.[10]

Nicht einmal ein Auftragsmörder ist entspannt, wenn es darum geht, einen Menschen aus dem Weg zu räumen. Er sieht sich um, schaut nach Fluchtwegen, er will dem Opfer nicht in die Augen schauen, nicht sein Schreien hören. Er will nur, dass es schnell vorübergeht. Wenn misslingt, was er tun soll, gerät auch er in Panik, die Situation eskaliert, wenn Zeugen auftauchen, die nicht sehen sollen, was er tut. Jetzt kann er sein Vorhaben nicht mehr ausführen, er muss nicht nur das Opfer, sondern auch die Zeugen beseitigen, die ihn verraten könnten. Die Flucht ist kein Ausweg, denn ein enttarnter Mörder wäre für den Auftraggeber ohne jeden Wert.

Gewalt in Gruppen gehorcht anderen Regeln als die Herausforderung eines Einzelnen. Wer sich einer Gruppe von Gewalttätern entgegenstellt, die Passanten auf der Straße oder auf U-Bahnhöfen angreifen, riskiert Leib und Leben, denn niemand weiß im Voraus, was die Schläger tun werden, wenn sie sich gegen Widerstand behaupten müssen. Oft hängt es vom Anführer ab, wie sich die Mitläufer verhalten, ob sie zuschlagen, es auf eine Konfrontation ankommen lassen oder den Rückzug antreten. Wenn er zu erkennen gibt, dass der Rückzug nicht in Frage kommt, werden die Komplizen sich voreinander in die Brust werfen und Entschlossenheit demonstrieren, indem sie auf den Störenfried einschlagen, ihn niederwerfen und mit Fußtritten traktieren. Sobald die Täter spüren, dass Angst um sich greift, werden sie zum Äußersten getrieben, weil es ihnen gefällt, Macht über Leben und Tod zu haben. Sie kommen erst wieder zur Besinnung, wenn das Opfer am Boden liegt und die Passanten geflüchtet sind. Denn Tod und Flucht sind das Ende ihrer Macht. Je größer die Gruppe, die sich gegen andere Menschen in Stellung bringt, desto größer ist die Gefahr, dass die Gewalt außer Kontrolle gerät und die Masse Macht über den Einzelnen gewinnt, weil in ihrer Anonymität das Individuum moralisch entlastet wird.

Wer jetzt noch von sozialen Ursachen, von Arbeitslosigkeit oder Armut redet, verkennt den Charakter von Gewalträumen und den Situationen, die in ihnen entstehen können. Zwar verfolgen die meisten Gewalttäter Absichten. Sie haben Motive und Zwecke, die sie erfüllen wollen, und sei es nur das Verlangen, Zerstörungen anzurichten und sich am Leiden anderer zu ergötzen. Nur wenige Menschen lassen sich auf eine Auseinandersetzung ein, die sie unter gar keinen Umständen gewinnen können, es sei denn, sie sind nicht bei Sinnen oder von Gefühlen überwältigt. Sobald die Gewalt außer Kontrolle gerät und nicht vorauszusehen ist, wer aus einer Auseinandersetzung siegreich hervorgehen wird, helfen Planung und Umsicht nicht mehr weiter. Nun endet die Zeit der Strategien, und die Zeit des Körpers bricht an. Der Körper des Anderen muss überwunden, überwältigt, gebrochen, der eigene gegen Verletzung geschützt und verteidigt werden. Man braucht Kraft, um zu vollbringen, was in Gedanken schon vorbereitet worden ist.

Erst wenn die Situation beschrieben wird, in der sich die Gewalt entfaltet, versteht man überhaupt, was geschieht. Keine Analyse gesellschaftlicher Ursachen kann ersetzen, was die dichte Beschreibung von Gewaltverhältnissen vermag. Gewalt zwingt Menschen, ihr Verhalten zu verändern, weil diejenigen, die gewalttätig sind, festlegen, wie die anderen handeln müssen.[11] Man kann Gewalttaten nicht ignorieren, weil vom richtigen Verhalten das eigene Überleben abhängt. Menschen werden zu anderen, sie verlieren das Zeitgefühl und leben nur noch für den Augenblick. Alles, was nun geschieht, wird im Licht der Gewalterfahrungen gesehen und verstanden. Gewaltverhältnisse erschüttern Vertrauen, zerstören soziale Bindungen und verändern den Blick auf die Welt. Die Zeit der Gewalt ist eine

Zeit des Augenblicks, der äußersten Anspannung, eine Zeit der Unsicherheit. Niemand weiß, wie es weiter gehen und ob der nächste Tag der letzte sein wird. Mit allen Fasern des Körpers empfinden Menschen, die in der Gewalt-Zeit leben, was mit ihnen geschieht.

Gewalt hat, wie die Sexualität, die Konkretheit des Sinnlichen, sie weckt Leidenschaften, erzeugt Wut und Hass, und sie hinterlässt Spuren an Körper und Seele. »Es ist ein Geschehen«, schreibt von Trotha, »das von Gebrüll und Schreien erfüllt sein kann, in dem Menschen und Dinge sich schnell bewegen, selbst und oftmals gerade die Unbeweglichkeit nichts anderes als die ›Ruhe vor dem Sturm‹ oder die Wachsamkeit ist, in der die Nerven bis zum Zerreißen gespannt sind, und in dem noch die Stille furchtbar sein kann, wenn sie zur Stimme der Folter und des gewaltsamen Todes wird.«[12] Menschen prügeln, treten, stechen und schießen. Die Gewalt ist eine Leistung des Körpers und seiner Möglichkeiten. Deshalb verfehlt eine Gewaltforschung, die über den Körper nichts zu sagen hat, ihren Zweck. Denn der Körper ist nicht nur Medium und Resonanzboden, er ist auch Produzent von Leid und Gewalt. »Alle Absichten des Menschen auf Unsterblichkeit enthalten etwas von der Sucht, zu überleben«, so Canetti. »Die niedrigste Form des Überlebens ist die des Tötens. So wie man das Tier getötet hat, von dem man sich nährt, (…) so will man auch den Menschen töten, der einem im Wege ist.«[13] Man greift, kratzt, schnappt, der Körper verrichtet automatisch, was er kann. Und wenn er im Zustand äußerster Erregung ist, wenn Wut und Hass das Verhalten steuern, kann sich die Gewalt bis zur Raserei steigern, der nur noch die Erschöpfung Einhalt gebietet. Man verliert die Kontrolle, und der Körper befiehlt, was getan werden muss.

Deshalb muss die Geschichte der Gewalt auch vom Körper und seinen Schmerzen sprechen. Im Schmerz erfährt der Mensch die Macht seines Körpers. Durch Folter und extreme Gewalt wird er als Person ausgelöscht, spürt sich nur noch als Fleisch. Der Schmerz ist eine Erfahrung der Hilflosigkeit. Der Gefolterte ist ausgeliefert, erfährt sich als willenlose Kreatur, die sich nicht mehr unter Kontrolle hat. Gewalt durchdringt den Körper, verletzt die Seele und zeichnet das Opfer. Der Folterer kennt die Anatomie, er weiß, was er mit dem Opfer anstellen muss, damit er bekommt, was er verlangt. Er macht sich den Körper des Gefolterten zur Waffe. Seine Macht ist der Schmerz des Opfers, das aufhört, Mensch zu sein. Das Opfer weiß, dass Anfang und Ende des Schmerzes nicht in seinen Händen liegen, unter der Folter wird jeder Mensch zu einem willenlosen Organismus, der der Außenwelt nichts mehr entgegenzusetzen hat. Wir verlieren die Kontrolle über den Körper, der sich verselbständigt und macht, was er will. Irgendwann löst sich der Körper vom Gefolterten, dem es gleichgültig ist, was mit ihm geschieht.[14] Der Täter weiß darum, und deshalb achtet er darauf, die Grenze nicht zu überschreiten, die den Schmerz von der Gleichgültigkeit trennt. Denn sobald der Gefolterte sich nur noch als Körper empfindet, nicht einmal mehr weinen kann und das Reich der Gleichgültigkeit betritt, ist es mit der Macht des Folterers vorbei.

»Der Schmerzens- und Todesschrei des anderen ist in seine Hand gegeben, er ist Herr über Fleisch und Geist, Leben und Tod. Solcherart wird denn die Folter zur totalen Umstülpung der Sozialwelt«, erinnert sich Jean Améry an seine eigenen Erfahrungen. »Ein schwacher Druck mit der werkzeugbewehrten Hand reicht aus, den anderen samt seinem Kopf, in dem vielleicht Kant und Hegel und alle neun Sinfonien und die Welt als Wille und Vorstellung aufbewahrt sind, zum schrill quäkenden Schlachtferkel zu machen. (…) Aufheulend vor Schmerz ist der gewalthinfällige, auf keine Hilfe hoffende, zu keiner Notwehr befähigte Gefolterte nur noch Körper und sonst nichts mehr.«[15] Niemand, der diese Erfahrung macht, wird jemals vergessen, was ihm angetan worden ist. Man verliert das Urvertrauen, und man erinnert sich daran, dem eigenen Körper willenlos ausgeliefert gewesen zu sein. Er wisse nicht, ob der Gefolterte seine Menschenwürde verliere, schreibt Améry. Doch eines sei gewiss: Mit dem ersten Schlag, der ihn treffe, verliere er das »Weltvertrauen«, das Vertrauen darauf, dass der andere aufgrund ungeschriebener Gesetze und Gewohnheiten die Grenzen seines Körpers respektiert. »Die Grenzen meines Körpers sind die Grenzen meines Ichs. Die Hautoberfläche schließt mich ab gegen die fremde Welt: auf ihr darf ich, wenn ich Vertrauen haben soll, nur zu spüren bekommen, was ich spüren will.«[16]

Im Schmerz erfährt das Opfer seine Einsamkeit, weil nicht mitteilbar und verstehbar ist, was ihm zugefügt wird. Darin liegt die Gleichgültigkeit begründet, mit der Menschen dem Schmerz und dem Leiden anderer begegnen. Was man nicht selbst erfährt, bleibt abstrakt, wird als stechend, beißend, ätzend beschrieben, aber nicht empfunden. »Genau das war es, was mir unbegreiflich blieb«, lässt Jonathan Littell in seinem Roman »Die Wohlgesinnten« den SS-Mann Max Aue sagen, »die Kluft, die absolute Unverhältnismäßigkeit zwischen der Leichtigkeit, mit der es sich tötet, und der unendlichen Schwierigkeit, mit der gestorben wird. Für uns war es ein schmutziges Tagwerk unter vielen, für sie das Ende von allem.«[17] Der Schmerz vernichtet Vergangenheit und Zukunft, er ist nichts als »überwältigende Gegenwärtigkeit«. Nur ist, was vom Opfer als Wirkung des Körpers empfunden wird, nicht Schicksal, sondern Wille und Vorstellung des Täters, der jederzeit aufhören könnte, seinem Opfer Schmerzen zuzufügen. Der Täter will das Opfer hilflos sehen, er macht den Schmerz des Anderen zu seiner Waffe, und er allein entscheidet über die Dauer des Schmerzes und der Qualen, die der Gefolterte zu erleiden hat.[18] Das Opfer ist ausgeliefert, der Täter ist frei, weil er allein über den Anfang und das Ende der Gewalt entscheiden kann. Die Gegenwart des Schmerzes ist für das Opfer die Abwesenheit der Welt. Im Angesicht der Gewalt wird der Mensch auf seine körperliche Existenz zurückgeworfen, im Moment des Aufpralls verlieren Privilegien, Herkunft und Vermögen jede Bedeutung.[19] Sobald die Grenzen des Körpers überschritten werden, nimmt die Selbstzerstörung des Subjekts ihren Lauf.

Ordnung und Gewalt

Wie aber kommt es überhaupt, dass Menschen unter manchen Umständen gewalttätig werden, unter anderen aber auf Gewalt verzichten? Darauf hat Thomas Hobbes eine Antwort gegeben, auf die sich die »Anthropologen« der Gewalt Jahrhunderte später beriefen. In seiner 1651 erschienenen Abhandlung »Leviathan oder Stoff, Form und Gewalt eines bürgerlichen und kirchlichen Staates« schrieb er:

»Die Menschen, die von Natur aus Freiheit und Herrschaft über andere lieben, führten die Selbstbeschränkung, unter der sie, wie wir wissen, in Staaten leben, letztlich allein mit dem Ziel und der Absicht ein, dadurch für ihre Selbsterhaltung zu sorgen und ein zufriedeneres Leben zu führen – das heißt, dem elenden Kriegszustand zu entkommen, der (…) aus den natürlichen Leidenschaften der Menschen notwendig folgt, dann nämlich, wenn es keine sichtbare Gewalt gibt, die sie im Zaume zu halten und durch Furcht vor Strafe an die Erfüllung ihrer Verträge und an die Beachtung der natürlichen Gesetze zu binden vermag. (…) Denn die natürlichen Gesetze wie Gerechtigkeit, Billigkeit, Bescheidenheit, Dankbarkeit, kurz, das Gesetz, andere so zu behandeln, wie wir selbst behandelt werden wollen, sind an sich, ohne die Furcht vor einer Macht, die ihre Befolgung veranlasst, unseren natürlichen Leidenschaften entgegengesetzt, die uns zu Parteilichkeit, Hochmut, Rachsucht und Ähnlichem verleiten. Und Verträge ohne das Schwert sind bloße Worte und besitzen nicht die Kraft, einem Menschen auch nur die geringste Sicherheit zu bieten.«[20]

Was der Philosoph vor nunmehr 350 Jahren auf nüchterne Formeln brachte, kleidet der Soziologe Wolfgang Sofsky in eine schaurige Sprache, die den Leser spüren lassen soll, dass die Welt ein Jammertal und die Gewalt das Schicksal der Gattung ist. Auswege scheint es nicht zu geben. »Als alle Menschen frei und gleich waren, war niemand vor dem anderen sicher. Das Leben war kurz, die Angst grenzenlos. Kein Gesetz bewahrte vor Übergriffen. Jeder misstraute jedem, und jeder musste sich vor dem anderen schützen. Denn noch der Schwächste war stark genug, den Stärksten zu verletzen, zu töten, durch eine Hinterlist oder eine Absprache mit einem Dritten. So schlossen die Menschen einen Bund zur gemeinsamen Sicherheit.«[21] Mit diesen Worten beginnt Sofskys »Traktat über die Gewalt«. Wer hatte jemals zuvor auf solche Weise und mit solchen Worten über Gewalt gesprochen? Die Gewalt als Schicksal der Gattung, als Grundausstattung des Menschen, der nur vorgibt, friedlich zu sein, weil er sich vor Strafe und Vergeltung fürchtet! In Wahrheit aber schlössen Freiheit und Frieden einander aus. Menschen unterwürfen sich dem Tötungstabu nur, weil Mächtigere sie daran hinderten, einander zu verletzen. Nicht die Verhältnisse verderben die Menschen, sondern die Menschen die Verhältnisse, wenn sie dürfen, was sie wollen. Aber sie wissen um sich und ihresgleichen, und deshalb unterwerfen sie sich Machtverhältnissen, die sie vor sich und ihren Leidenschaften schützen. Das Rätsel der Macht löst sich auf, wenn man verstanden hat, dass die schlimmste Diktatur mehr Sicherheit verspricht als die grenzenlose Freiheit.[22] Sozialität ist erst möglich, wenn Menschen ihre Unantastbarkeit vertraglich vereinbaren und auf Gewalt verzichten. Ohne die Zentralisierung und Monopolisierung der Gewalt, ohne die dauerhafte Zähmung der Leidenschaften wird es keinen Frieden und keine Gesellschaft geben.[23]

Sofskys Menschenbild ist dunkel, er glaubt weder an das Licht der Aufklärung noch an den Prozess der Zivilisation. Sein Mensch ist von Trieben und von der Lust an der Gewalt beherrscht. Im Zustand der Gesetzlosigkeit ist der Mensch frei, er kann tun und lassen, was er will. Sicherheit und Überleben hängen allein vom guten Willen ab. Misstrauen und Angst sind überall, weil niemand dem Nächsten traut, und wer überleben will, ist gut beraten, sich gegen Fremde, Bewaffnete und Gewalttäter zu versichern: durch Mauern und Waffen, die Angreifer abschrecken, durch exemplarische Gewalt, die unter Beweis stellt, wozu man selbst imstande ist. Je höher die Türme und je umfangreicher die Mauern, desto größer ist die Unsicherheit, die Menschen empfinden. In dieser Sicht auf die Welt ist die Freiheit eine Quelle der Unsicherheit und der Furcht, eine Freiheit der Starken, die den Schwachen keinen Gewinn bringt. Wer Schwäche zeigt und schutzlos ist, könnte im Reich der Willkür und Gewalt nicht lange überleben.

Menschen tauschten ihre Freiheit gegen Ordnungssicherheit ein, weil sie Angst voreinander hätten, sagen die »Anthropologen« der Gewalt.[24] Der Mächtige verzichtet auf Gewalt, weil die Schwachen gehorchen, und die Schwachen gehorchen, weil sie sicher sein können, dass die Mächtigen andere daran hindern, ihr Leben zu bedrohen. Man überträgt Kontroll- und Vollstreckungsrechte an Dritte und ermächtigt sie, den Frieden zwischen den Menschen mit Gewalt zu erzwingen. Nunmehr ist das Töten nur noch jenen erlaubt, die mit Sanktionsmacht ausgestattet sind: Polizisten, Henkern, Soldaten, die im Auftrag des Gewaltmonopols strafen oder Kriege führen. Für alle anderen gilt das Tötungstabu. Wer es bricht, wird mit dem Tod oder langjähriger Haft bestraft.

Aber was geschieht, wenn die Ordnung zerfällt, die den Frieden garantiert? Carl Schmitt gab darauf eine unmissverständliche Antwort: Wenn die Mächtigen Ordnung nicht mehr erzwingen können, ist es um ihre Legitimität geschehen. »Auctoritas, non veritas facit legem – Autorität, nicht Wahrheit macht das Gesetz.« Nicht das Recht, sondern die Fähigkeit, es gegen Widerstand durchzusetzen, begründet Ordnung und Legitimität.[25] Wer außerstande ist, Leib und Leben zu schützen, kann Gehorsam nicht verlangen. Nun kehrt die unbedingte Freiheit ins Leben zurück, und der Krieg beginnt. Sofsky bringt diese Wirklichkeit auf eine einfache Formel: »Wenn alle Menschen frei wären zu tun, was sie wollen, wäre ihr Leben kurz.«[26] Wer Razzien, Massaker, Pogrome und Bürgerkriege, den Zusammenbruch der Ordnung erlebt und erlitten hat, wird sich über die Möglichkeiten menschlicher Grausamkeit keine Illusionen machen. Die Überlebenden wissen um die Brüchigkeit des Friedens und um den Wert der Ordnungssicherheit. Sie wissen, dass verloren ist, wer das Tötungsverbot aufhebt und Menschen erlaubt, die Schwelle zu überschreiten.

In seinen Lebenserinnerungen erzählt Marcel Reich-Ranicki von einem einfachen Berliner Soldaten, der zu den deutschen Besatzungstruppen in Warschau gehörte und ihn und seinen Bruder schikanierte, sie mit einer Pistole bedrohte und als »dreckige Judenschweine« beschimpfte. Was in seiner Heimatstadt verboten war, sei ihm in Warschau erlaubt gewesen, weil es keine Instanz gab, die Soldaten daran gehindert hätte, Juden zu töten. In nur kurzer Zeit hatte sich die Stadt für Polen und Juden in eine Hölle verwandelt, in einen Gewaltraum, in dem Willkür und Tod regierten. Als der Soldat erfahren habe, dass seine Opfer in Berlin aufgewachsen und Fans des lokalen Fußballclubs Hertha BSC gewesen seien, sei er nicht wieder zu erkennen gewesen. Er veränderte Stimme und Haltung, erklärte, froh zu sein, in Warschau auf Menschen zu treffen, die seine Begeisterung für den Berliner Fußball teilten. »Derselbe junge Mann, der uns vor kaum einer halben Stunde sadistisch geschunden und uns gezwungen hatte zu brüllen, wir seien dreckige Judenschweine, er, der uns noch vor wenigen Minuten mit der Pistole in der Hand gedroht hatte, er würde uns gleich ins eiskalte Wasser des Schwimmbads jagen – dieser Kerl benahm sich jetzt ganz normal, ja nahezu freundlich.«[27] Jeden anderen Juden hätte er erschlagen, einem Fan von Hertha BSC aber wollte er nichts zuleide tun. Nicht dem Recht, sondern dem Zufall verdankte Reich-Ranicki sein Leben. Die selbst ernannten Herrenmenschen nahmen Menschen das Leben oder sie schenkten es ihnen. Es hing allein von ihrer Laune ab, ob sie sich für das Leben oder den Tod entschieden. Wer den Launen von Bewaffneten ausgesetzt ist, wird sich auf Überzeugungen und guten Willen nicht verlassen können. Denn wo die Freiheit der Täter grenzenlos ist, ist auch ihrer Mordlust keine Grenze gesetzt. Der rechtsfreie Raum wird zur Hölle, sobald Menschen ihn in einen Gewaltraum verwandeln. »Homo homini lupus; wer hat nach allen Erfahrungen des Lebens und der Geschichte noch den Mut, diesen Satz zu bestreiten?«, fragte Sigmund Freud.[28]

Sobald das Töten verboten ist, verwandelt sich die Furcht voreinander in Furcht vor der Obrigkeit, die ihre Untertanen durch Drohungen und Strafen davon abhält, Gewalt auszuüben. Die Strafen sind ein Spiegel der verbotenen Gewalt. Wer tötet, stirbt von der Hand der Obrigkeit, wer andere verletzt, wird verstümmelt. Noch in unserer Gegenwart ist die Strafe ein Spiegel der Tat. Denn wäre allein die Besserung des Täters das Ziel staatlicher Gewalt, müssten für alle Vergehen die gleichen Strafen verhängt werden. Die Tötung eines Menschen aber wurde immer und in allen Gesellschaften mit der Höchststrafe geahndet. Nur durch Abschreckung werden Menschen davon abgehalten, zu tun, was sie denken. »Herrschaft bedarf, will sie sich nicht selbst aufgeben, der Gewalt, nach innen und außen«, so Sofsky. »Sie muss zur Gewalt fähig sein, um sich selbst zu erhalten, ja sie ist überhaupt nur Herrschaft, soweit sie über dieses Mittel verfügt.«[29]

Vieles bleibt den Repräsentanten der Sanktionsmacht verborgen. Sie können nicht in die Häuser der Untertanen hineinschauen, sie wissen nicht, was geschieht, weil sie sie nicht tagein, tagaus überwachen können. Wenn der Mächtige schläft, ist die Versuchung groß, die Macht herauszufordern. Solches Verlangen wird durch Erziehung, Disziplinierung und Zurichtung systematisch abgetötet, bis die Lust an der Gewalt von jedermann als Unrecht oder Sünde empfunden wird. Stabile Machtverhältnisse entstehen erst dann, wenn sich die Menschen nicht mehr nur vor der äußeren Repression fürchten, sondern sich selbst unterdrücken. So hatte es auch Norbert Elias verstanden.[30] Die Befehle des Über-Ich sind wirksamer als die Anordnungen der Staatsgewalt, weil man selbst verinnerlicht, was der Gesellschaftsvertrag von allen verlangt. Und so kommt es, dass die Unterworfenen glauben, die zivilisatorische Abrichtung folge ihrem freien Willen. Wer Frieden haben will, bekommt ihn nur um den Preis innerer Repression. Kein Machtinstrument kann ersetzen, was die »Tyrannei des Gewissens« anrichtet. »Was zuvor die Despotie der Ordnung den Menschen antat, tut nun jeder sich selbst an.«[31]

Die Ordnung schützt uns voreinander, deshalb gehorchen wir, solange unsere Erwartungen erfüllt werden. Aber die Menschen wissen um die verlorengegangene Freiheit, und deshalb leiden sie an den Zwängen der Kultur, die ihre Gefühle und Gelüste unterdrücken, so Sofsky. Zwar haben wir immer die Wahl zwischen Frieden und Krieg, aber solange die Ordnungssicherheit uns mehr Vorteile verspricht als die Gewalt, halten wir uns im Zaum. Sobald sich aber eine Gelegenheit biete, den Aggressionen freien Lauf zu lassen, sei es um den inneren Frieden geschehen. »Ist es verwunderlich, dass die Menschen nach Gelegenheiten suchen, um das Tabu einzureißen, um die Schuld abzuwerfen und ihren verborgenen Begierden freien Lauf zu lassen? Je rigoroser das Verbot der Kultur, desto größer die Versuchung, je stärker die Toten, desto heftiger begehrt das Leben auf, je strenger der Selbstzwang, desto mächtiger drängt es zur erneuten Revolte, zu neuer Gewalt gegen das Verbot, gegen die Kultur.«[32] Die Kultur schränkt den Menschen ein, sie zwängt ihn in ein Korsett von Verhaltensregeln und Verboten, sie ist ein Ort der »Entsagung und Selbstbestrafung«. Aber sie ist keine Versicherung gegen die Wiederkehr der Gewalt. Sie produziert Gehorsam, aber sie schafft auch Außenseiter und Rebellen, die sich nach Freiheit und Leidenschaft sehnen.[33]

Warum gerät die Lust an der Gewalt nicht in Vergessenheit? Warum ist der Prozess der Zivilisation nicht unumkehrbar? Weil wir schlagen, stechen und schießen können, weil es keine Menschen ohne Aggressionen gibt. Gewalt ist ein Vermögen, mit dem wir zur Welt gekommen sind. Sie gehört zur Grundausstattung des Menschen. Wir können uns nicht nur alles vorstellen, wir können auch alles tun, was wir wollen. Die Gedanken sind frei, niemand kann sie uns nehmen. Man überwindet jeden Widerstand, ist allmächtig und tötet die Widersacher mit Leichtigkeit. Niemand sieht, was man denkt, und deshalb wächst der Denkende über sich hinaus und befreit sich von den Konventionen, die ihn daran hindern, zu tun, was er denkt. In der erdachten Gewalt ist alles möglich, jede Gräueltat lässt sich ohne Gefahr denken. Und was einmal gedacht und getan worden ist, bleibt für immer in der Welt. Ist die Phantasie erst einmal angeregt, die erste Tat vollbracht, sind den Vorstellungen keine Grenzen mehr gesetzt. Wie stark die innere Repression auch sein mag, sie hindert uns nicht daran, zu denken, was wir wollen. Die Erfindungsgabe ist eine sprudelnde Quelle der Gewalt, die nicht versiegt, solange es Menschen gibt.[34]

Gegen die Gelüste der Einzelnen, mag man einwenden, hilft immer noch das Gewaltmonopol des Staates. Aber es ist keine Versicherung gegen die Wiederkehr des Schreckens. Denn wenn jeder Mensch töten kann, warum sollen es nicht auch jene tun, die ermächtigt sind, den Frieden zu wahren? Warum sollten sie ihre Waffen nicht gegen jene richten, deren Schutz ihnen anvertraut ist? Gegen ihre Übergriffe aber können sich die Untertanen nicht wehren. Sobald entschlossene Gewalttäter sich des Staates und seiner Institutionen bemächtigt haben, ist der Frieden in Gefahr. Sie kündigen das unausgesprochene Abkommen auf, das sie einst an die Macht gebracht hatte, und lassen die Waffen sprechen, nicht, um den Frieden zu erzwingen, sondern um Krieg zu führen. »Herrschaft soll die Gewalt begrenzen«, schreibt Sofsky, »aber sie steigert sie bis zum äußersten. Aus dieser historischen Sackgasse führt kein Ausweg.«[35]

Krieg

»Zunächst klang in der Ferne das Brüllen eines gereizten Tieres. Dumpf und stöhnend, ein Geräusch, das sich mit nichts vergleichen ließ«, beschreibt Gerd Ledig in seinem Tatsachenroman »Die Stalinorgel«, wie Soldaten der Wehrmacht und der Roten Armee im Jahr 1942 an der Front vor Leningrad verbissen um einen Hügel kämpften. »Es drang über einige Werst hinweg wie ein Ruf. Zwei-, dreimal brüllte es auf. Dann das Kreischen einer verstimmten Orgel. Eine Lähmung legte sich über den Frontabschnitt. Das Tacken der Maschinengewehre brach ab. Die Scharfschützen zogen die Karabiner in die Brüstung. Die Männer an den Granatwerfern rückten zusammen. Den Geschützführern erstarb der Feuerbefehl auf den Lippen. Auch der Melder hemmte seinen Schritt. Dann brach es herein. Unzählige Blitze zerrissen den Wald. Fast ein halbes Hundert Geschosse zerplatzte an den Stämmen oder auf der Erde. Ein ohrenbetäubendes Donnern. Feuer, Pulverdampf, faustgroße Messingstücke, Erde, Staub. Die Männer einer Batterie wälzten sich mit vier Geschützen, aufgestapelten Munitionskisten, Kartuschen, Geräten und Pferden im Schlamm. Eine Stunde später brach es über die Feldküche herein. Fahrer, Beifahrer, Koch, kalte Verpflegung für sechzig Mann und hundert Liter wässrige Suppe wurden in alle Winde verstreut. Nach Minuten heulte es auf eine Kompanie nieder, die zur Ablösung nach vorn marschierte: achtzig Mann, im Lauf einer Woche hinter der Front mühselig aufgefrischt, geputzte Stiefel, geölte Waffen. Die vierzig Mann, die den Graben erreichten, waren verdreckt, blutbespritzt, demoralisiert. Zwei Stunden, zwei Tage, zwei Wochen. Irgendwo rollte eine Abteilung Panzer in die Bereitstellung. Im Schutz einer Mulde versammelte der Kommandeur seine Besatzungen zur letzten Besprechung. Ein Geräusch am Horizont. Fünf oder sechs Sekunden beklemmendes Schweigen. Aus dem Nichts bersten die Geschosse. Schreie. Sprengstücke regneten auf leere Panzer. Der jüngste Offizier hatte Mühe, genügend Fahrer zu finden, um die zwölf Panzer mit den toten Besatzungen wieder nach hinten zu bringen. Und alle, die das Zittern der Erde spürten und den Rauch der Detonationen zum Himmel ziehen sahen, dankten dem Schicksal oder Gott, daß es andere getroffen hatte und sie noch einmal verschont geblieben waren.«[36]

Hier kommen nun die Leidenschaften, Furcht und Aggressionen ins Spiel, von denen nicht nur Sofsky spricht. Denn die Aufhebung des Friedens und der Beginn der Gewalt mögen aus der Vorstellung kommen und das Töten befohlen worden sein. Damit aber die Vorstellung zur Tat werden kann, bedarf es der Waffen und der Körper, die sie bedienen. Im Angesicht der Gewalt werden Absichten und Ideen bedeutungslos, jeder ist mit sich, seiner Wut, seiner Angst und seinem Körper allein. Seit Jahrhunderten hat sich daran nichts geändert. Die Körper der Soldaten sind angespannt, wenn sie den Gegner erwarten, wenn sie in der Stille vor dem Angriff in den Gräben hocken und nur daran denken, wie sie die nächsten Stunden überleben sollen. Im Gefecht hören und sehen sie nichts mehr, wie in Trance tun sie, was ihnen ihr Körper befiehlt. Im Inferno des Krieges bleiben sie stumm, verlieren jeden Einfluss auf das Geschehen, sind nur noch Getriebene im Strom der Gewalt. Die Furcht vor dem Tod überschattet alles. Fatalistisch erdulden sie, was ihnen aufgetragen ist, weil ihnen der Kampf im Verband größere Sicherheit bietet als die Flucht.[37]

Es gibt Räume, in denen die Gewalt nicht vermieden werden kann, so sehr man es sich auch wünschen mag. Zu ihnen gehört auch der Krieg. Er gehorcht Zwängen, die es im Frieden nicht gibt. Kein Richtschütze käme während des Gefechts auf die Idee, seinen Panzer zu verlassen und zu erklären, er wolle jetzt lieber für den Frieden demonstrieren. Denn von seinem Geschick hängt nicht nur das Leben der Kameraden, sondern auch sein eigenes ab. Auf der Flucht hätte er nur geringe Überlebenschancen. Auch in der Infanterie ist der Zusammenhalt Garant für das eigene Überleben. Man lässt die Kameraden nicht im Stich, weil die eigenen Chancen, heil davonzukommen, größer sind, wenn man bei den Seinen bleibt. Zum Kampf gibt es keine Alternative, wenn er erst einmal ausgebrochen ist. Deshalb töten Soldaten auch gegen ihren Willen, denn sie wollen Überlebende sein. Sie sehen die Leichen, die verzerrten Gesichter der Sterbenden, aber sie selbst sind mit dem Schrecken davongekommen. Ihre Furcht löst sich in Befriedigung auf. Denn nicht sie, sondern die anderen sind tot.[38] Und deshalb müssen die anderen sterben.

Es ist die Masse, so Canetti, die den Krieg auch dann noch am Leben hält, wenn er militärisch schon keinen Sinn mehr ergibt. »Daß Kriege so lange dauern können, daß sie noch weitergeführt werden, wenn sie längst verloren sind, hängt mit dem tiefsten Triebe der Masse zusammen, sich in ihrem akuten Zustand zu erhalten, nicht zu zerfallen, Masse zu bleiben. Dieses Gefühl ist manchmal so stark, daß man es vorzieht, sehenden Auges zusammen zugrunde zu gehen, statt die Niederlage anzuerkennen und damit den Zerfall der eigenen Masse zu erleben.«[39] Erst wenn die Masse zur Belastung für den Einzelnen wird, verlässt er sie. Sobald sich die Truppe in heilloser Flucht auflöst, ist der Soldat dem Gegner schutzlos ausgeliefert, er läuft um sein Leben, das er hätte retten können, wenn seine Einheit nicht aufgerieben worden wäre oder sich geordnet vom Schlachtfeld zurückgezogen hätte. So widerfuhr es auch den Soldaten der Grande Armée Napoleons im Winter des Jahres 1812. Kälte, Hunger und Krankheiten dezimierten die einst stolze Streitmacht des französischen Kaisers auf ihrem Rückzug aus Russland, Tag für Tag erfroren, verhungerten, verbluteten Soldaten am Wegesrand. Anfangs waren sie noch ergriffen, wenn verwundete Kameraden im Schnee lagen, sich vor Schmerzen wanden und nach ihrer Mutter riefen. Als die Einheiten zerfielen und der Rückzug zur ungeordneten Flucht wurde, vergaßen sie Freundschaft und Kameradschaft. Ungerührt liefen sie an den Verwundeten vorbei, wollten nur noch das eigene Leben retten.[40]

Auch der Schriftsteller Dieter Wellershoff machte als junger Soldat der Wehrmacht in den letzten Wochen des Krieges diese Erfahrung. Seine Einheit löste sich im April 1945 nördlich von Berlin auf und zerfiel in panischer Fluchtbewegung. »Das Regiment gerät wieder auseinander, vermischt sich mit Versprengten anderer Truppenteile«, erinnert er sich. »Neben mir läuft eine Zeitlang ein Soldat mit einem blutroten Verband. Ihm sind zwei Finger abgeschossen worden. Er versucht, Anschluss zu halten, bleibt aber immer weiter zurück. Mehrere Soldaten in nassen unvollständigen Uniformen kommen aus einem Waldstück. Sie sind auf der Flucht vor den Russen durch einen See geschwommen. Ich schleppe immer noch einen Karabiner mit mir herum. Viele haben ihre Waffen schon weggeworfen. Im Sand der Waldwege stecken Flüchtlinge mit ihren hochbeladenen Pferdewagen fest, Frauen und Kinder, einige alte Männer. ›Soldaten, helft uns!‹, flehen sie uns an. Aber das ist sinnlos, und wir gehen weiter. Die Dämme sind gebrochen, und jeder kämpft hier um sein eigenes Leben. Nur noch gruppenweise gibt es Zusammenhalt.«[41]

Soldaten, die unter solchen Bedingungen kämpfen, stumpfen ab, ergeben sich in ihr Schicksal und empfinden die Gewalt irgendwann als schreckliche Normalität. Sie erfahren, was es heißt, Kameraden blind vertrauen zu müssen, sie lernen, auf die Stimme ihres Körpers zu hören und nur noch zu tun, was das eigene Überleben zu sichern verspricht. Die Körper sind aufeinander abgestimmt, jeder weiß, was getan werden muss, wenn es ernst wird. Ihr Horizont verengt sich auf den Lebensraum des Bataillons, des Grabens und der Kameraden, die mit ihnen kämpfen. Eine andere Welt kennen sie nicht mehr. Wer das Kriegshandwerk kennt, handelt instinktiv richtig. Die Soldaten wissen auch in der Schlacht, was zu tun ist, wie ein Uhrwerk vollzieht sich der Kampf, die Kameraden verschmelzen zu einem großen Ganzen, und solange es voran geht, arbeitet die Maschine des Krieges mit Präzision und Zuverlässigkeit. Nur die Kaltblütigkeit sichert dem Soldaten das Überleben.[42] Und dennoch ist der Alltag an der Front ein Auf und Ab der Gefühle. Nach dem Artilleriebeschuss sind die meisten Soldaten demoralisiert, niedergeschlagen und apathisch, weil sie keine Kontrolle über das Geschehen haben und dem Beschuss hilflos ausgeliefert sind. In der Hitze des Gefechts aber werden ihre Aggressionen geweckt. Sie töten jeden feindlichen Soldaten, der auf ihre Linien zuläuft, mitleidlos vernichten sie das Leben von Menschen, weil es um nichts anderes als um ihr eigenes Leben geht.[43] Unmittelbar nach dem Gefecht ist die Anspannung groß, Wut und Erbitterung grenzenlos. Man sieht die Leichen der Kameraden, ist wie betäubt von der soeben überstandenen Schlacht und von Hass auf den Feind erfüllt, der die Waffen streckt und um Gnade bittet. Unmittelbar nach dem Gefecht haben Soldaten, die sich ergeben, geringere Überlebenschancen als Stunden nach der Schlacht. In allen Armeen des Ersten und Zweiten Weltkrieges kam es zu Übergriffen auf Kriegsgefangene vor allem in den ersten Minuten nach dem Gefecht.[44] Später erst, wenn die Gemüter sich beruhigt haben, erinnern sich Soldaten wieder an das Kriegsrecht.

Im Krieg wird das Töten zum Handwerk, es wird unter Soldaten nicht zu einem Problem, das einer Rechtfertigung bedarf. Der Krieg eröffnet einen Raum, schreibt Harald Welzer, »der auf ganz andere Weise gewaltoffen ist als der Frieden; Gewalt wird hier erwartbarer, akzeptabler, normaler als unter Bedingungen des Friedens.«[45] Die Lebenserwartung eines Pazifisten im Krieg wäre gering, Widerstand gegen Offiziere zwecklos. Im Verband sind die Überlebenschancen größer als auf der Flucht, und wer sich auf das Töten versteht, weiß, was zu tun ist, wenn die Schlacht beginnt. Und dennoch sind Soldaten keine willenlosen Automaten, die mechanisch verrichten, was von ihnen verlangt wird. Manchmal sind die Spielräume groß, und Soldaten nutzen sie, um zu zerstören und zu töten, nicht, weil sie es müssen, sondern weil sie es können und dürfen: Piloten, die auf Fahrzeugkolonnen und Flüchtlingstrecks schießen, Bomben auf Häuser werfen, in denen Zivilisten wohnen, U-Boot-Kommandos, die Handelsschiffe versenken, Panzerfahrer, die mit ihren stählernen Kolossen Häuser zerstören. Der Spaß am Töten wächst mit der Entfernung, die Täter von Opfern trennt. Ein Druck auf den Knopf, und schon fallen die Bomben aus dem Flugzeug. Aus der Luft sind nur die Blitze der Einschläge und die Staubwolken zu sehen, der

Pilot hört weder die Schreie der Opfer noch muss er sich den Geruch verbrannten Fleisches zumuten. Ein Pilot der deutschen Luftwaffe, der 1940 über dem Ärmelkanal abgeschossen worden war, erzählte den Kameraden in der Gefangenschaft von den Einsätzen und der Freude, die er dabei empfunden habe. »Dann haben wir etwas sehr Schönes, auf dem Rückflug haben wir mit der ›111‹ etwas sehr Schönes gemacht. Da haben wir vorne eine Zwei-Zentimeter-Kanone einbauen lassen. Dann sind wir im Tiefflug über die Straßen, und wenn uns Autos entgegenkamen, haben wir den Scheinwerfer angemacht, die dachten, es käme ein Auto ihnen entgegen. Dann haben wir mit der Kanone reingehalten. Damit hatten wir viele Erfolge. Das war sehr schön, das machte riesigen Spaß. Auch Eisenbahnzüge und so Zeug.«[46] Aus der Luft war es ein Leichtes, das Leben von Zivilisten auszulöschen. Im Angesicht der Opfer wäre es dem Soldaten wahrscheinlich schwerer gefallen, die Maschinenpistole zu entsichern und wehrlose Frauen und Kinder zu erschießen.

Im Krieg ist erlaubt, was im Frieden unter Strafe steht. Der Referenzrahmen ist verschoben, das Töten zum Gebot geworden. So fällt es leichter, von den Waffen Gebrauch zu machen. Das kaltblütige Töten gehört zum »Normgefüge des Krieges«. Deshalb sprechen Soldaten über die Gewalt, als sei sie eine Selbstverständlichkeit, die keiner Erklärung bedarf.[47] Zwar galten in den gehegten Staatenkriegen des 19. und 20. Jahrhunderts Regeln: die Haager Landkriegsordnung und die Genfer Konvention, die vorschrieben, wie Kombattanten, Kriegsgefangene und Zivilisten zu behandeln waren. Und solange die Offiziere die Durchsetzung des Kriegsrechts erzwangen und Soldaten bestraften, die Regeln verletzten, blieb das Kriegsgeschehen für Angreifer und Verteidiger auch berechenbar.[48] Sobald aber das Kriegsrecht zur Disposition gestellt wurde, konnten die Soldaten ihrer Mordlust freien Lauf lassen. Im Krieg der Wehrmacht gegen die Rote Armee, der im Juni 1941 begann und im Mai 1945 endete, wurde das Recht auf beiden Seiten mit Füßen getreten. Deutsche Soldaten erschossen politische Kommissare, Juden und Kriegsgefangene, sie zerstörten Dörfer und massakrierten ihre Bewohner, nicht, weil sie dazu aufgefordert worden waren, sondern weil die Offiziere sie dazu ermunterten. Der Soldat Kurt S. schrieb im Herbst 1941 aus Minsk: »Neulich konnte man keine 50 m vom Leninhaus entfernt beobachten, wie in einen Haufen Kriegsgefangene einfach von den Wachmannschaften hineingeschossen wurde. Die Kerle stritten sich um Brot und alte Kleidungsstücke, die ihnen zugeworfen worden waren. Drei blieben tot liegen und wurden von Juden an Ort und Stelle wie verreckte Hunde verscharrt. Man muss sie so behandeln, sonst wird man ihrer nie Herr. Sie sind keine Menschen mehr, sondern vertierte Horden.«[49]

Als die Rote Armee im Winter 1944 die Grenzen des Deutschen Reiches überschritt, brachten ihre Soldaten Tod und Verderben über ihre Gegner. Frauen wurden vergewaltigt, Dörfer dem Erdboden gleichgemacht. Auf ihrem Weg nach Berlin hinterließen sie eine Spur der Verwüstung. Die Offiziere der Roten Armee gaben ihren Soldaten zu verstehen, dass jenseits der sowjetischen Grenzen die Vergewaltigung von Frauen erlaubt sei. Ein sowjetischer Major erklärte einem britischen Kriegsberichterstatter, dass die Bauernsoldaten hungrig nach Sex seien. Und nun bekämen sie, wonach sie sich sehnten. Kaum war das Tor zur Freiheit geöffnet, ergoss sich eine Orgie der Gewalt über die Frauen des Gegners.[50] »Frauen, Mütter und ihre Töchter lagen überall links und rechts der Straße«, erinnerte sich der Soldat Leonid Rabitschew an den Einfall der Roten Armee in Ostpreußen, »und vor jeder stand eine Armada lachender Bauern mit heruntergelassenen Hosen. Blutüberströmt und bewusstlos warf man sie beiseite und die ihnen zur Hilfe eilenden Kinder wurden erschossen. Wiehern, Johlen, Lachen, Schreien und Stöhnen. Und ihre Kommandanten, ihre Majore und Obristen stehen an der Straße, der eine lacht, der andere gibt Anweisungen – nein, reguliert. Damit wirklich all ihre Soldaten ohne Ausnahme sich daran beteiligen.«[51] Kein Motiv außer der Lust kann erklären, was hier geschah. Denn die Vorstellung, schreibt Reemtsma, jemand »zwinge sich zur Sexualität, um seinen Machtgelüsten Plausibilität zu verleihen, hat etwas Absurdes«.[52]

In den modernen Armeen Europas wurden die destruktiven Energien junger Männer und die Lust an der Gewalt in den Dienst militärischer Zwecke gestellt. So ist es auch heute noch, wenn Armeen im Auftrag von Regierungen zum Einsatz kommen. Soldaten gehorchen Befehlen, und sie setzen sich über die Regeln des gehegten Krieges erst hinweg, wenn ihre Offiziere es ihnen erlauben. Sobald der Damm gebrochen ist, gerät die Gewalt außer Kontrolle, und manche Männer tun, was ihnen das Kriegsrecht verbietet. Ist die Gewalt erst einmal losgelassen, folgt sie einer Dynamik, die sich kaum noch steuern lässt. Emotionen verbinden sich mit Gewohnheiten, die Lust mit professionellem Können. Jederzeit müssen Täter wie Opfer damit rechnen, dass sich die Gewalt verselbständigt, wenn erlaubt ist, was man sonst nicht darf.[53] Mit anderen Worten: Es kommt nicht darauf, was man kann, sondern ob man darf, was man kann.

Grausamkeit im Krieg ist aber nicht nur ein Zeichen der Verachtung jener, die sich Großmut nicht leisten wollen. Manchmal ist sie auch ein Zeichen der Schwäche. Denn wenn der Sieger den Frieden weder garantieren noch sichern kann, weil er über Land und Leute keine Kontrolle ausübt, weil Infrastruktur und Kommunikation unterentwickelt sind, muss er damit rechnen, dass der Unterlegene den Kampf wieder aufnimmt. Verlierer wie Sieger haben gute Gründe, misstrauisch zu sein, und deshalb ist die Vernichtung des Gegners eine Lösung, die den Tag überdauert. Auch Despoten und Tyrannen sind grausam, weil sie wissen, dass Allmacht im schwachen Staat auf der Anwendung exzessiver Gewalt beruht: öffentlich aufgeführte Hinrichtungen und Erniedrigungsrituale, Folter und Psychoterror. Nicht Maßlosigkeit und blinde Wut, sondern kühle Berechnung ist der Anlass für Grausamkeit. Der Gegner soll sich nie wieder erheben.[54] Deshalb werden die Frauen der Unterlegenen vergewaltigt, die Felder zerstört, das Vieh weggetrieben und die Gefangenen verstümmelt. Für immer sollen sich die Verlierer an die Leiden erinnern, die ihnen die Sieger zugefügt haben, und nie wieder sollen sie es wagen, Krieg zu führen.

Der Terror ist eine Waffe, deren Einsatz auch den Schwachen einen Gewinn verspricht. Sie haben keine Kontrolle über das Geschehen, aber sie wollen, dass auch der Gegner die Übersicht verliert. Deshalb töten sie aus dem Hinterhalt, schlagen zu, wenn niemand es erwartet, stören die Kommunikation und Infrastruktur, verbreiten Angst und Schrecken, aber niemals stellen sie sich dem offenen Kampf, den sie nicht gewinnen könnten. Terroristen, Partisanen und Guerilleros zwingen dem Gegner ihre Kampfesweise auf. Denn mit herkömmlichen Mitteln können sie ihn nicht bezwingen. Während des russischen Bürgerkrieges gab es keine offenen Feldschlachten, weil weder die Armeen der Roten und der Weißen noch die Bauernhaufen des Nestor Machno auf solche Auseinandersetzungen vorbereitet gewesen wären. Der Bürgerkrieg war ein Kampf um Ressourcen und Menschen. Sieger blieb, wer Beute machte und die Lebensgrundlagen des Gegners zerstörte. Brunnen wurden zugeschüttet, Weizenfelder abgebrannt, Hütten niedergelegt, Kinder verschleppt und zu Soldaten gemacht, Frauen vergewaltigt und die Kämpfer des Gegners verstümmelt. In diesem Krieg gab es keinen Pardon. Wer dem Gegner lebend in die Hände fiel, konnte Gnade nicht erwarten. Denn die Überlebenden waren die Rächer von morgen, und deshalb töteten Rote wie Weiße, wen sie für ein Sicherheitsrisiko hielten. Auch die aufständischen Bauernheere in der Ukraine säten Gewalt, wo immer sie erschienen, weil sie verhindern wollten, dass Kommissare oder Gutsbesitzer die Macht in den Dörfern zurückeroberten. Sie zerstörten Telegraphenmasten und Postämter, ermordeten Staatsbeamte und Angehörige der zarischen Elite. Adlige, die ihnen in die Hände fielen, hatten eine geringe Überlebenschance, Kommunisten wurden gefoltert oder lebendig begraben, Bauern, die nicht ablieferten, was die Räuber von ihnen verlangten, mitleidlos umgebracht. Zu Beginn des Jahres 1920 erhoben sich im Gouvernement Ufa tatarische Bauern gegen die Herrschaft der Kommunisten. Sie warfen die Funktionäre in kochendes Wasser, stachen ihnen die Augen aus und schnitten ihnen die Nasen ab, andere wurden in Stücke gehauen. 23 Kommunisten kamen ums Leben. Die Antwort der Bolschewiki ließ nicht lange auf sich warten. Ihre Kommandos verwüsteten die Region und töteten mehr als 400 Bauern.[55] Der russische Bürgerkrieg war ein einziger, großer Pogrom, ein Krieg der Vernichtung, in dem niemand für, aber alle gegen etwas kämpften.

Diese Erfahrung mussten auch die Soldaten der Wehrmacht machen, als sie an der Ostfront in den Jahren 1942 und 1943 in einen mörderischen Krieg gegen Partisanen verwickelt wurden. Sie hatten keine andere Wahl als sich auf die Kampfesweise der Partisanen einzustellen. Denn ihre Überzahl war kein Garant für den Sieg. In einem Merkblatt für die »Bandenbekämpfung« erklärte das Oberkommando der Wehrmacht im Mai 1944, es komme darauf an, die Partisanen mit ihren eigenen Waffen zu schlagen. Es empfahl, »Jagdkommandos« einzusetzen, die auf gleiche Weise kämpften wie die Gegner. Terror vergalten sie mit gnadenlosem Gegenterror, der auf das Kriegsrecht keine Rücksicht nahm. Der Krieg verselbständigte sich, er löste sich von den ursprünglichen Zielen, die einmal Anlass des Konflikts gewesen waren. Auf der Suche nach Beute und Rekruten, Feinden und Saboteuren verloren die Kriegsparteien alle Ziele aus den Augen. Nichts als Vergeltung und Rache hatten sie jetzt noch im Sinn.[56]

Aber berechnende Grausamkeit bleibt nicht ohne Folgen. Sie entfacht auch die Phantasien der Skrupellosen und Psychopathen, für die der Krieg das Paradies ist, weil sie nur in ihm sie selbst sein dürfen. Despoten und Warlords, die Verräter in ihren Reihen öffentlich hinrichten lassen, Gefangene massakrieren und ihren Kämpfern befehlen, Frauen zu vergewaltigen und Dörfer niederzubrennen, handeln aus Kalkül. Terror lähmt den Gegner. Mit geringem Aufwand können Menschen durch Terror unterworfen werden.[57] Jede Vergewaltigung ist eine Demonstration der Stärke gegenüber den Verlierern, die ihre Frauen vor der Gewalt nicht schützen können, jede Hinrichtung und jedes Massaker eine Botschaft an jene, die in Versuchung geraten könnten, sich gegen die Warlords und Krieger zu erheben. Nur passionierte Gewalttäter sind solchen Herausforderungen wirklich gewachsen, und deshalb bricht ihre Stunde an, wenn die Regeln des Krieges außer Kraft gesetzt sind. Alle anderen gehorchen und töten, weil sie sich davor fürchten, selbst getötet zu werden oder weil sie sich irgendwann daran gewöhnen, Mörder zu sein.[58]

Massaker und Pogrome

Massaker und Pogrome müssen begründet werden, weil sich die Tötung von Wehrlosen wenigstens unter Soldaten nicht von selbst versteht. Es ist der Ehrenkodex der Rache, der das Schlimmste rechtfertigt, was Menschen einander antun können.[59] »Wir fuhren weiter die Straße entlang«, vertraute der SS-Mann Felix Landau am 5. Juli 1941 seinem Tagebuch an. »Hunderte von Juden mit blutüberströmten Gesichtern, Löchern in den Köpfen, gebrochenen Händen und heraushängenden Augen laufen die Straße entlang. Einige blutüberströmte Juden tragen andere, die zusammengebrochen sind. Wir fuhren zur Zitadelle, dort sahen wir Dinge, die bestimmt noch selten jemand gesehen hat. Am Eingang der Zitadelle stehen Soldaten mit faustdicken Knüppeln und schlagen hin, wo sie treffen.« Für diese Gräueltaten fand Landau sogleich eine plausible Erklärung: »Anschließend erfahren wir von den dort stehenden Soldaten, dass sie eben Kameraden, und zwar Flieger hier in einem Lazarett in Lemberg besucht hätten und gesehen haben, wie man diese bestialisch zugerichtet hatte. Man hatte ihnen von den Fingern Nägel heruntergerissen, Ohren abgeschnitten und auch die Augen ausgestochen. Das war der Grund ihrer Handlungsweise, durchaus verständlich.«[60] Das große Massaker war also nichts weiter als ein Racheakt, der von empörten Soldaten an Juden vollzogen wurde. Die Opfer waren unbewaffnet und wehrlos, aber die Täter redeten sich ein, Mörder und Sadisten zu töten, und schon konnten sie vor jedermann verantworten, was sie taten. Ob Landau und seine Kameraden glaubten, was sie sich einzureden versuchten? Man wird es nicht in Erfahrung bringen können. Aber es besteht kein Zweifel, dass die Ermordung von Unbewaffneten, von Frauen und Kindern nach Begründungen rief, die sich mit dem eigenen Selbstbild in Übereinstimmung bringen ließen. Man weiß, dass das Töten wehrloser Menschen unmoralisch ist. Aber die anderen tun es auch. Warum soll es dann falsch sein? Deshalb legt man sich eine Moral zurecht, die das eigene Handeln in ein helles Licht taucht, und die Welt ist wieder in Ordnung.[61]

Das Massaker selbst aber wird weder von Begründungen, noch von ideologischen Motiven strukturiert. Hätte man dem SS-Mann Landau den Befehl erteilt, Slowaken oder Franzosen zu töten – er hätte es getan. Denn im Gewaltraum, den der entgrenzte Krieg öffnet, fallen alle Hemmungen. Manche wollen töten und berauschen sich an ihren Taten, andere müssen töten, weil sie sich vor der Vergeltung fürchten, weil sie vor den Kameraden bestehen wollen oder weil sie sich einfach daran gewöhnt haben, Befehle auszuführen. Landau, der bei der Gestapo-Dienststelle in Drohobycz in der Nähe von Radom diente, war wahrscheinlich kein Sadist. Aber es verschaffte ihm Genugtuung, Macht über Leben und Tod zu haben. Er misshandelte Ukrainer und Polen, die sich seinen Befehlen widersetzten, trat mit seinen Stiefeln auf wehrlose Menschen ein. Probleme löste er mit der Pistole.

Anfang August 1941 kam Hans Frank, der Generalgouverneur, nach Drohobycz, um die Dienststelle der Gestapo zu inspizieren. »Der G. G. soll morgen kommen«, schrieb Landau am 1. August in sein Tagebuch, »und da muss meine Miliz eingekleidet sein.« Sofort gab er dem Judenrat des Ghettos den Befehl, bis zum nächsten Tag 48 Uniformen herzustellen. Am 2. August schrieb er: »Um 12 Uhr meldete mir der Ältestenrat: alle Uniformen fertig. Seitdem ich zwanzig Mann wegen Arbeitsverweigerung wegschießen ließ, klappt der Laden.«[62] Über das Töten hatte er nur mitzuteilen, dass es anstrengend sei, eine lästige Schmutzarbeit, die erledigt werden müsse.[63] »Das Judengebäude wird morgen geräumt und dann beginnt von neuem die Arbeit«, beklagte er sich am 13. August.[64] Am 12. Juli vertraute er seinem Tagebuch an, was er und seine Kameraden empfanden, als sie zur »Arbeit« hinausgeschickt wurden: »Die Todeskandidaten treten mit Schaufeln an, um ihr eigenes Grab zu schaufeln. Zwei weinen von allen. Die anderen haben bestimmt erstaunlichen Mut. Was wohl jetzt in diesem Augenblick in den Gehirnen vorgehen mag? Ich glaube, jeder hat eine kleine Hoffnung, irgendwie doch nicht erschossen zu werden. Die Todeskandidaten werden in drei Schichten angestellt, da nicht soviel Schaufeln hier sind. Eigentümlich, in mir rührt sich gar nichts. Kein Mitleid, nichts. Es ist eben so und damit ist alles erledigt. (…) Langsam wird das Loch immer größer, zwei weinen ununterbrochen. Ich lasse sie immer länger graben, da denken sie nicht so viel. Während der Arbeit sind sie auch tatsächlich ruhiger. Die Wertgegenstände, Uhren und Geld, werden auf einen Haufen zusammengelegt. Nachdem alle auf einen freien Platz nebeneinander gebracht werden, werden die zwei Frauen als Erste zum Erschießen auf das eine Ende des Grabes aufgestellt. (…) Die Schüsse fallen und die Gehirnmassen schwirren durch die Luft. Zwei auf den Schädel ist zuviel. Sie reißen fast den Kopf weg. Fast alle sinken lautlos zusammen, nur bei zweien klappt es nicht, sie heulen und winseln noch lange. Die Revolverschüsse taugen nichts. (…) Die vorletzte Gruppe muss nun die bereits Erschossenen in das Massengrab werfen, dann müssen sie sich aufstellen und fallen von selbst hinein. Die letzten Zwei müssen sich auf den vorderen Rand des Grabes setzen, damit sie gleich richtig hineinfallen. Nun werden noch einige Leichen mit einer Spitzhacke umgeschichtet und dann beginnen wir mit der Totengräberarbeit.«[65]

Der Tod ist allgegenwärtig; dass Juden erschossen werden, empfindet in dieser Umgebung niemand mehr als anstößig. Landau leidet, weil er ein schmutziges Tagwerk verrichten muss, ihn aber niemand lobt oder befördert. Er erschießt Menschen, und am Abend erfreut er sich an den Briefen, die ihm seine Geliebte schickt. Er sieht darin keinen Widerspruch, und wenn er doch einmal in eine Depression verfällt, betrinkt er sich bis zur Besinnungslosigkeit.

»Ganz normale Männer«. So hat der amerikanische Historiker Christopher Browning jene deutschen Polizisten genannt, die 1941 in die Sowjetunion geschickt wurden, um Juden im Hinterland der Front zu töten. Als man ihnen befahl, Kinder und Frauen zu erschießen, gehorchten sie. Am Anfang waren sie noch verstört, hatten Albträume und mussten sich übergeben. Wenige Wochen später aber machte es ihnen nichts mehr aus. Sie betranken sich, töteten nach Vorschrift, mitleidlos und ohne Skrupel, weil sie sich einredeten, einen Ehrendienst zu verrichten. Sie taten, woran andere zerbrochen wären, nicht aus niederen Beweggründen, sondern weil sie sich einredeten, die Menschheit von ihren Übeln zu befreien. Niemand wird je erfahren, ob die Mörder glaubten, wovon sie sich und andere überzeugen wollten. Aber darauf kommt es auch gar nicht an. Das Töten von Wehrlosen war zum Gebot geworden, und es gab nur wenige Männer, die sich diesem Gebot widersetzten. Am Ende zählten für sie Kameradschaft und Ehre mehr als die Gewissensbisse, von denen sie geplagt wurden. Denn in der Heimat wussten wahrscheinlich nur wenige von ihrem blutigen Handwerk, und im Einsatzgebiet gab es keine Menschen, vor denen sie sich rechtfertigen mussten.

Die meisten Polizisten interessierten sich weder für Politik noch waren sie Antisemiten. Sie erledigten ihre »Arbeit«, manche verrichteten sie widerwillig, andere mit Freude. Aber es kam nur selten vor, dass sich die Täter den Befehlen ihrer Vorgesetzten widersetzten. Konnten sie denn ihren Kameraden das Töten überlassen? Nachdem die ersten Menschen getötet worden waren, war es ohnehin zu spät, sich unter Berufung auf das Gewissen Erleichterung zu verschaffen. Was im Frieden und unter Zivilisten eine Option gewesen wäre, konnte im Referenzrahmen militärischer Ehre nicht gelingen. Nicht Überzeugung und Hass, sondern Kollegialität und Kameradschaft bewirkten, dass die Leistungsbereitschaft der Männer wuchs. Denn in Institutionen, deren Mitglieder sich einer strengen Initiation unterziehen müssen, werden Ungehorsam bestraft und Abweichler geächtet.[66] »Wer zum Ehrenmann wird«, schreibt John Dickie über die Inititationsrituale der Mafia, »nimmt eine völlig neue Identität an und betritt ein anderes ethisches Universum.«[67] So war es auch in den Einsatzgruppen, die ihre Mitglieder auf die Einhaltung nationalsozialistischer Tugenden verpflichteten. Wer erst einmal in das große Verbrechen verstrickt war, konnte den Teufelskreis organisierter Gewalt nicht mehr verlassen.

Warum widersetzte sich niemand, warum gab es keinen Protest? Warum nahm die Gewalt kein Ende? Die ideologische Zurichtung der Täter, auf die sich manche Historiker berufen haben, erklärt nichts. Denn nicht einmal in den Einsatzgruppen gab es besonders motivierte Antisemiten.[68] »Sich der vorherrschenden Ansicht zu widersetzen«, schreibt der Psychologe Harvey Asher, »wie auch immer diesen Ansichten eine Vorherrschaft zugekommen sein mag, erfordert vom Einzelnen die Loslösung von sozialen Bindungen, eine

Trennung vom vertrauten Umfeld, das die Sicherheit des Wissens, der Handlung und der Identität gewährt.«[69] Solchen Mut aber brachten diese Männer nicht auf. Hätten die Offiziere der Wehrmacht sie ihre Verachtung spüren lassen und sich ihnen widersetzt, wären ihre Mordtaten in der Heimat bekannt geworden – die Massaker hätten ein schnelles Ende genommen. Die Polizisten selbst hatten diese Wahrheit begriffen. Im August 1941 schrieb ein Kaufmann aus Bremen, der im Reserve-Polizeibataillon 105 in Lettland diente, einen Brief an seine Ehefrau, in dem er sie über das Mordgeschäft informierte. »Hier werden sämtliche Juden erschossen«, schrieb er. Er selbst präsentierte sich als Mann mit weichem Herzen. Er habe Juden von seinem Brot gegeben. Ihre Ermordung aber sei unabwendbar, man könne nichts dagegen tun, und er gab seiner Ehefrau den Ratschlag, dem ältesten Kind »nichts davon zu erzählen«.

Tatsächlich verhielten sich Polizisten, die in vertrauter Umgebung eingesetzt waren, anders als solche, die im Kriegsgebiet, fernab der Heimat ihren Dienst verrichteten. In Ost-Oberschlesien hatten die Polizeioffiziere Mühe, ihre Untergebenen auf eine nationalsozialistische Haltung gegenüber den Juden einzuschwören, die in der Industrie Zwangsarbeit leisteten. Es kam vor, dass Polizisten Juden grüßten, die sie kannten oder ihnen die Hand gaben. Was im Hinterland der Front zur Normalität geworden war, wäre im Reichsgebiet undenkbar gewesen.[70]

Zwar waren die Täter Mitglieder einer militärischen Formation und Hierarchie, sie verstanden sich als Soldaten, die Befehlen gehorchten. Aber auch diese Wahrheit erklärt nicht, warum das Mordgeschäft reibungslos vollzogen werden konnte. Erst wenn die Situation genau und dicht beschrieben worden ist, wird verständlich, warum sich »normale« Männer in Mordmaschinen verwandelten. Jedes Massaker, das die Einsatzgruppen verübten, folgte einem Plan. Die Täter registrierten ihre Opfer, kennzeichneten ihre Häuser und ihre Kleidung, damit für jedermann erkennbar wurde, dass Juden vom Leben nichts mehr zu erwarten hatten. Niemand protestierte gegen diese erniedrigende Behandlung. Manche Juden mögen gehofft haben, man werde ihnen das Leben schenken, wenn sie gehorchten.

Von den ukrainischen Bauern aber hatten sie wenig zu erwarten. Denn die Stigmatisierung der einen gab den anderen die Gewissheit, selbst mit dem Leben davongekommen zu sein. An manchen Orten nahmen die Bauern das Eigentum der Getöteten in Besitz und halfen den Tätern, ihre Opfer zu identifizieren und zu den Exekutionsstätten zu bringen.[71]

Die Massaker folgten stets dem gleichen Muster. Zuerst umstellten Soldaten das Dorf, in dem die Opfer wohnten, dann drangen sie in die Häuser ein und zerrten sie auf die Straße. Unter Gebrüll und mit Stockschlägen trieb man die Juden zu den Sammelplätzen und von dort zur Hinrichtungsstätte. Das organisierte Chaos gehörte zur Strategie der Täter, die Opfer in heillose Verwirrung zu stürzen und sie nicht zur Besinnung kommen zu lassen. Wie betäubt und starr vor Schreck, unfähig, an Widerstand überhaupt zu denken, liefen Frauen und Kinder ihrem Verderben entgegen. Solange sie sich in ihr Schicksal fügten, hatten die Täter leichtes Spiel, ihren Auftrag zu vollenden. Sie zwangen die Opfer, sich zu entkleiden, und trieben sie in Gruppen zu den Gräben, wo das Exekutionskommando auf sie wartete und sie mit Genickschüssen tötete. Das alles geschah vor den Augen von Zuschauern und Mitwissern: ukrainischen Bauern und Hilfspolizisten, Soldaten der Wehrmacht und Zivilisten der deutschen Besatzungsbehörden, die sahen, was geschah, aber nichts unternahmen, um den organisierten Mord zu beenden. Je mehr Menschen zusehen, desto geringer ist die Wahrscheinlichkeit, dass jemand eingreift und den Opfern hilft. Man schiebt die Verantwortung den anderen zu, schaut sich um, was geschieht. Wer könnte jetzt helfen? Wie würden die anderen reagieren, wenn man den ersten Schritt wagte? Warum soll man selbst rebellieren, wenn der Offizier, der neben einem steht, nichts tut? Jeder wartet darauf, dass die anderen etwas tun, und deshalb geschieht nichts. Die Täter haben keinen Grund, sich zu schämen, weil die Umstehenden eine scheinbar neutrale Haltung einnehmen, die Opfer fügen sich, weil sie erkennen, dass die Unbeteiligten ihnen nicht helfen werden. Von den Ukrainern, die das Geschehen aus der Ferne sahen, konnten Juden nichts erhoffen, denn die Täter kümmerte es nicht, was die Einheimischen über sie dachten. Sie gehörten zu einer Welt, in der sich Deutsche für ihre Taten nicht rechtfertigen mussten. Man konnte sie einfach ignorieren.[72]

Gewalträume eröffnen Möglichkeiten, sie strukturieren aber auch das Verhalten derjenigen, die sich in ihnen bewegen müssen. Nun nutzen zwar nicht alle Menschen alle Gelegenheiten, die sich ihnen bieten. Doch wo das Töten als Normalität empfunden wird, ist fast alles möglich. Brave Bürger verwandeln sich in Killer, Sadisten und Psychopathen erfüllen sich ihre Lebensträume, weil sie nicht mehr unauffällig sein müssen, sondern sie selbst sein dürfen.[73] Und dennoch verhalten sich Menschen zu den Bedingungen, die sie im Gewaltraum vorfinden. Vor dem Überfall bringen sich die Angreifer in Rage, sie überzeugen sich und ihre Umgebung davon, Untaten rächen zu müssen. Sie verbreiten Gerüchte über die Bösartigkeit und die vermeintlichen Übeltaten ihrer Opfer, die bestraft werden müssten. Noch bevor der erste Schuss gefallen ist, glaubt jeder, der angreift, dass er im Recht ist. Aber es gibt jetzt noch die Chance, der Gewalt aus dem Weg zu gehen, sich für den Frieden zu entscheiden. So steht es auch um die Angegriffenen. Sie können sich auf den Gewaltausbruch vorbereiten, weil schon in der Luft liegt, was bald geschehen wird, weil auch sie von den Gerüchten erfahren, die über sie verbreitet werden. Sie könnten fliehen, sich bewaffnen oder verhandeln. Wenn der Pogrom aber erst einmal ausgebrochen ist, gehorcht die Gewalt dem Sog der Dynamik.[74]

Die Täter kommen in Gruppen, sie schießen, schlagen, werfen Fenster ein, brechen Türen auf und legen Feuer. Auf den Straßen beginnt die Hetzjagd, sobald die Opfer aus den Häusern kommen und zu fliehen versuchen. Frauen werden vergewaltigt, Kinder erschlagen, und erst wenn der letzte Feind tot oder geflüchtet ist, gibt die Meute Ruhe. Haben sich die Opfer erst einmal zum Widerstand formiert, wird aus dem Pogrom eine kriegerische Auseinandersetzung, deren Ausgang ungewiss ist. Deshalb hängt der Erfolg des Angriffs von der Überraschung und Verwirrung der Opfer ab. »Ich konnte Gewehrsalven und Granatenexplosionen hören, außerdem das Schreien von Menschen, die getötet wurden,« erinnerte sich ein

Zeuge an das Massaker, das bewaffnete Hutu im April 1994 in Ruanda an wehrlosen Tutsi verübten. »Die Angreifer feuerten Schüsse ab und warfen Granaten in die Menge. Anschließend rückten die Mörder in Gruppen vor und töteten mit traditionellen Waffen alle noch lebenden Menschen. Es begann am frühen Morgen des 21. April und dauerte den gesamten Donnerstag und Freitag an. Am Freitag suchten sie vorwiegend nach Personen, die sich versteckt hielten.«[75]

Die Angreifer bewegen sich im Rhythmus der Meute, sie geraten in Rage, sind blind vor Eifer, sehen und hören, wie ihre Kameraden töten, aber sie nehmen nicht wahr, was sie anrichten. Wie in Trance laufen, schlagen und schießen sie, bis es vorbei ist und Ruhe auf dem Schlachtfeld einkehrt. Die Zeit des Massakers und des Pogroms ist kurz, denn die Täter wollen, was sie sich vorgenommen haben, schnell erreichen. Solange sie sich im Rhythmus der Meute bewegen, fällt das Töten leicht, sie lassen sich treiben, sehen, was die anderen tun. Niemand empfindet in der Gruppe Schuld oder Verantwortung, denn was alle tun, kann nicht verwerflich sein. »Bald brennt das Haus, an das die Frauen Feuer gelegt, und die Insassen drängen heraus«, beschreibt Canetti die Bewegung der Kriegsmeute. »Sie können nicht sehen, wer aus dem Dunkeln auf sie schießt, doch sie selbst sind hellerleuchtete Ziele. Die Feinde dringen ein und schlagen mit ihren Keulen auf sie los. Die Geschichte ihres Unterganges ist in wenigen Sätzen vollendet. Es kommt hier nicht auf Kampf, sondern auf absolute Vernichtung an. Die weinenden Kinder werden ins Feuer geworfen. Die Toten werden einer nach dem anderen in Stücke gehauen. Ein Überlebender, der sich mit Blut beschmiert und unter sie legt, in der Hoffnung zu entkommen, teilt ihr Schicksal. Den toten Häuptling spannen sie an einen Baum und schießen auf ihn, bis er in Stücke fällt. Die Schändung einer toten Frau ist der schauerliche Höhepunkt. Alles geht im Feuer ganz zugrunde.«[76] Canetti hatte nur beschrieben, was sich seit Menschengedenken ewig wiederholt: die Gräuel des Dreißigjährigen Krieges, Judenpogrome im zarischen Russland, die Massaker der Waffen-SS in Oradour und Sant'Anna di Stazzema im Jahr 1944, der US-Armee in My Lai, die Hetzjagden der Hutu auf die Tutsi in Ruanda, denen im Jahr 1994 fast eine Million Menschen zum Opfer fiel. Zu jeder Zeit und überall vollzogen sich solche Exzesse auf gleiche Weise, wenngleich ihre logistische Vorbereitung und ihr technischer Vollzug variierten.

Sobald aber der Rhythmus des Massakers unterbrochen wird, weil Widerstand aufkommt, die Meute zerstreut wird, Täter und Opfer einander einzeln gegenüberstehen, ist es mit dem Gleichklang der Bewegungen vorbei. Dann kann es geschehen, dass Täter ihre Opfer entkommen lassen, weil sie nicht wissen, was sie mit ihnen anstellen sollen, wenn sie ihnen allein und Auge in Auge entgegentreten müssen. Soldaten, die ihren Opfern allein gegenüberstehen, haben größere Hemmungen zu töten als solche, die ihnen in der Gruppe begegnen. In Sant'Anna di Stazzema überlebte ein Junge, weil ein Soldat ihm die Gelegenheit gab zu flüchten.[77] Nur durch die Entschlossenheit von Anführern kann die Meute ihre Kraft zurückgewinnen, fällt sie auseinander, ist das Massaker beendet, ganz gleich, wovon die Täter überzeugt sein mögen.

Das Lager

An geschlossenen Orten, in Gefängnissen und Lagern, ist die Allmacht der Täter und die Ohnmacht der Opfer grenzenlos. Solange die Gefangenen Rechte haben, sich beklagen können, ist die Macht der Wärter begrenzt, wenn aber das Ziel der Haft die Vernichtung der Häftlinge ist, gibt es für die Täter keinen Grund mehr, sich zurückzuhalten. In den stalinistischen Lagern starben Menschen bei der Arbeit, verhungerten oder wurden zu Tode geprügelt. Und weil der Tod in Kauf genommen wurde, konnten die Tschekisten ihre Gefangenen verletzen, erniedrigen und töten, ohne dass sie für diese Taten bestraft worden wären. »Jede Arbeitsverweigerung«, erinnerte sich Gustaw Herling an seine Zeit in den Lagern an der Kolyma, »wird mit sofortigem Erschießen bestraft. In anderen Lagern muss der ›Sünder‹ nackt in Schnee und Eis stehen, bis er sich entweder unterwirft oder stirbt.« Herling überlebte das Grauen, viele überstanden nicht einmal die ersten Tage ihrer Haft. »Trotz starken Frostes waren die Gefangenen fast alle barfuß, hatten nur Lumpen am Leibe und waren so erschöpft, dass sie kaum vorwärtskamen. Vor meinen Augen brachen am Lagertor zwei Gefangene zusammen und starben auf der Stelle. Auf Befehl des Lagerführers Soroka marschierten die Gefangenen unter den Klängen eines Akkordeons zur Arbeit. An meinem ersten Tage dort fielen drei Gefangene der Brigade bei der Arbeit tot um. In der Isolierungszone ermordeten stärkere Gefangene die Schwächeren, um sich ihre Verpflegung anzueignen, gingen dabei aber völlig straflos aus.«[78]

Das Lager zersetzt den Menschen, Wärter wie Häftlinge, es zerstört alle produktiven sozialen Beziehungen, tötet das Mitgefühl füreinander ab. Niemand kann sich unter den Bedingungen des Lagers Solidarität leisten. Denn jeder Häftling ist ein Konkurrent um Nahrungsmittel und Schlafplätze, jeder Schwächling, jeder Kranke eine Belastung, weil sie die Arbeitsleistung mindern, die das Häftlingskollektiv erbringen muss. »Hier wird der Kampf um das Überleben ohne Erbarmen geführt«, schrieb Primo Levi über den Alltag in Auschwitz, »denn jeder ist verzweifelt und grausam allein. Wenn irgendein Null Achtzehn strauchelt, findet er keinen, der ihm die Hand reicht; wohl aber findet er einen, der ihn aus dem Wege schafft, weil niemand daran interessiert ist, daß sich noch ein Muselmann mehr jeden Tag zur Arbeit schleppt. Und kommt jemand durch ein Wunder an grimmig entschlossener Ausdauer und Durchtriebenheit auf eine neue Kombination, um sich vor der härtesten Arbeit zu drücken, auf ein neues Verfahren, das ihm einige Gramm Brot einbringt, dann wird er das nach Möglichkeit geheim halten, er wird darum bewundert und respektiert werden und seinen ausschließlichen persönlichen Nutzen davon haben; es wird ihn stark und gefürchtet machen, und wer gefürchtet wird, ist schon dadurch ein Anwärter fürs Überleben«.[79]

In nur wenigen Tagen verwandelten sich Menschen in Bestien, die für das eigene Überleben den Tod der Leidensgenossen in Kauf nahmen. Das Lager zersetzte den Widerstandswillen, und es waren die Häftlinge selbst, die diese Leistung zustande brachten. Song Byeok, der sechs Monate in einem Arbeitslager in Nordkorea verbracht hatte, erinnerte sich, dass die Häftlinge einander misstraut und bestohlen hätten, weil nach wenigen Tagen jeder nur noch um das eigene Überleben kämpfte. Nachts seien Gefangene von ihren Leidensgenossen blutig geschlagen worden, weil sie tagsüber zu wenig gearbeitet hätten. Die Wächter hätten sie damit beauftragt. Wer seine Mitgefangenen schlug, musste am nächsten Tag weniger arbeiten. Niemand konnte sich unter solchen Umständen noch Solidarität und Mitgefühl erlauben.[80]

Im Ausnahmezustand sind alle Maßstäbe verschoben, was man im Frieden noch für unmöglich gehalten hatte, wird zur Normalität. Nun beginnt die Stunde des Gewalttäters, den niemand mehr daran hindert, seiner Phantasie zu folgen. »Die Passion für die Macht, für das ungehinderte Morden ist groß«, schreibt Warlam Schalamow über den Alltag im sowjetischen Lager. In nur wenigen Wochen hätten sich friedliche Menschen in reißende Wölfe verwandelt.[81] Das ist die Lehre, die Gewaltopfer aus solchen Erfahrungen ziehen.

Grund und Anlass für die Maßlosigkeit der Qualen und der Gewalt, die Menschen in den Lagern zu erdulden hatten, war die Asymmetrie der Machtverhältnisse und die Ausweglosigkeit der Situation. Die Täter wussten, dass ihre Opfer weder flüchten noch Rache nehmen konnten, dass sie ihnen auf Gedeih und Verderb ausgeliefert waren. Sie konnten mit ihnen tun, wonach ihnen der Sinn stand, und niemand empfand als anstößig, was dort geschah. Denn die Aufseher waren mit sich und den Häftlingen allein, nur den Blicken der Kameraden, nicht aber dem Urteil der Außenwelt ausgesetzt. Vor Freunden und Angehörigen mussten sie verbergen, was sie taten, und wenn es doch einmal herauskam, half ihnen auch keine Rechtfertigung über die Scham hinweg, die sie im Angesicht ihrer Nächsten empfanden. Im April 1946 sprach der amerikanische Gefängnispsychologe Gustave M. Gilbert in einer Zelle des Nürnberger Kriegsverbrechergefängnisses mit Rudolf Höß, dem Kommandanten des Vernichtungslagers Auschwitz. Gilbert befragte ihn nach der sexuellen Beziehung zu seiner Frau. Höss antwortete: »Nun, das war normal – aber nachdem meine Frau herausfand, was ich tat, hatten wir selten Verlangen nach Geschlechtsverkehr. Nach außen sah alles normal aus, aber ich glaube, es war eine Entfremdung da, wenn ich es jetzt rückblickend betrachte.«[82]

Vor den Fachleuten des Todes aber mussten sie sich für ihre Mordtaten nicht rechtfertigen. Man konnte ein liebevoller Familienvater und ein gewissenloser Mörder sein. Kein SS-Mann hätte darin einen tragischen Widerspruch gesehen. Keine Beschämung, nirgendwo! Erst im Frühjahr 1945, als die Öffentlichkeit mit den Verbrechen konfrontiert wurde, die sich in den Lagern zugetragen hatten, mussten sich die Täter in der zivilen Öffentlichkeit und vor den Gerichten der Alliierten für ihre Taten verantworten.[83]

Das Vernichtungslager war ein Ort der totalen Willkür. Sein einziger Zweck war die Tötung von Menschen. Niemand sollte das Lager lebend wieder verlassen, niemand erfahren, was dort geschah. Die Gedanken von Tätern und Opfern waren auf nichts anderes als den Tod gerichtet. Die einen töteten, die anderen suchten nach Auswegen, dem Tod zu entgehen oder ihn wenigstens für eine Weile hinauszuschieben. Und so konnten die Täter die Angst der Opfer zu ihrer Waffe machen. Die Ankunft an der Rampe in Auschwitz oder Treblinka war das Ende aller Gewissheit. Kein Überlebender konnte den Moment vergessen, als die Waggontüren geöffnet wurden. Ohrenbetäubendes Gebrüll, Hundegebell, Häftlinge, die mit Schlagstöcken auf die Angekommenen einschlugen, SS-Männer, die mit Peitschen in der Hand das Geschehen aus der Ferne beobachteten. Jenseits der Rampe wartete auf die Häftlinge nichts als die Hölle, sie betraten eine Welt, in der sie ihren Peinigern hilflos ausgeliefert waren. »Man kann keine Gedanken mehr fassen; es ist, als seien wir bereits gestorben«, erinnerte sich Primo Levi an seine Ankunft in Auschwitz.[84] Alle Regeln, die das Leben in einer zivilisierten Umgebung strukturieren, waren aufgehoben, jeder konnte jederzeit verletzt, erniedrigt und getötet werden, nichts und niemand hätte die Täter zurückhalten können. Unaufhörlich schlugen die Kapos und Lagerältesten auf ihre Opfer ein und töteten, wer sich ihnen nicht fügte. »Aber weshalb prügelt er ihn?«, fragte der Häftling Tadeusz Sobolewicz, der gerade in Auschwitz angekommen war, einen Leidensgenossen, nachdem er Zeuge geworden war, wie der Stubenälteste, selbst ein Häftling, einen Mann zu Tode prügelte, der sich in die Hosen gemacht hatte. »Ja, aber prügeln sie denn hier, weil es einen Grund gibt?«, bekam er zur Antwort. »Tadek, hast Du denn keine Augen im Kopf? Hier prügeln sie grundlos, gleichgültig, ob du krank oder gesund bist. Völlig grundlos.«[85]

Häftlinge, die zur Arbeit geschickt wurden, bevor auch sie sterben sollten, konnten nur überleben, wenn sie sich nützlich machten. »Am besten hatten es diejenigen«, schrieb der Auschwitz-Überlebende Wieslaw Kielar, »die überhaupt keine Skrupel besaßen. Sie machten schnell Karriere. Sie gelangten zur Macht, nicht zimperlich bei der Wahl der Mittel, auf Kosten menschlichen Leids und sogar des menschlichen Lebens. Hauptsache, man gefiel der Behörde, Hauptsache, man sicherte sich auf diese Weise die Position und konnte die Bäuche mit gestohlenen Portionen hungriger Mithelfer füllen. Vollkommen demoralisiert durch das Beispiel der deutschen Kriminellen und der rücksichtlosen SS-Männer wurden sie durch blutrünstige Instinkte selbst zu Verbrechern.«[86]

Die SS-Leute konnten sich auf die Aufsicht des Lagers beschränken, Mordbefehle erteilen und zusehen, wie die Häftlinge sich selbst in Schach hielten: Kapos und Barackenälteste, die Häftlinge totschlugen, Gesunde, die den Kranken das letzte Stück Brot raubten oder Leichen aus den Gaskammern tragen und ihnen die Goldzähne herausbrechen mussten. Wer sich mit Blut befleckt und die Seinen verraten hatte, konnte nicht mehr zurück. Jeder Kapo, jeder Barackenälteste war ein Komplize der SS und ein Kollaborateur der Macht.[87] Jede Funktion im Dienst des Todes war für den Häftling eine Verlängerung des eigenen Lebens. Deshalb verwandelte sich der Mensch im Lager in wenigen Tagen in eine Bestie, die Mitleid nicht mehr empfinden konnte. »Man lebte im Lager von Tag zu Tag«, schrieb Kielar, »nur um noch bis morgen zu leben. Um aber diesen Tag durchzustehen, brauchte man sehr viel Härte, Mut und Glück. Wer physisch zusammenbrach, der beendete dieses elende Leben schnell oder wurde innerhalb weniger Tage von den Kapos, Blockältesten und SS-Männern, die in ihrem Handwerk geübt waren, fertiggemacht.«[88]

Und dennoch war die systematische Tötung von Menschen für die SS-Männer keine leichte Aufgabe. In Treblinka ließ der Kommandant, Franz Stangl, potemkinsche Fassaden errichten, um die Opfer über den Charakter des Lagers zu täuschen und den Tätern das Handwerk des Tötens zu erleichtern. An der Rampe waren Fahrpläne, Fahrkartenschalter und Hinweisschilder zu sehen, die den Eindruck erwecken sollten, Treblinka sei ein Durchgangslager und kein Ort der Vernichtung im Niemandsland. Die SS-Männer beruhigten die verängstigten und verschreckten Opfer, die Gepäck und Kleidung abgeben mussten, und versicherten ihnen, man werde ihnen nichts zuleide tun. Man fragte sie nach ihren Berufen und ihren Kenntnissen, um sie zu täuschen. Die SS-Männer, schrieb Wassili Grossman, »kannten jene einfachen Regeln, die auf allen Vieh- und Schlachthöfen der Welt galten.«[89] Gewöhnlich fielen Juden, die aus Westeuropa kamen, auf die Täuschung herein, weil sie sich nicht vorstellen konnten, welchem Zweck ihre Deportation nach Treblinka diente. Wer das Warschauer Ghetto oder andere Vororte der Hölle erlebt hatte, machte sich keine Illusionen. An manchen Orten kam es zu entsetzlichen Massakern, weil sich die Opfer weigerten, die Züge zu besteigen. Betrunkene SS-Männer erschossen alle Juden, die sich ihrer Deportation widersetzten, und ließen die Leichen an den Bahngleisen liegen. Bisweilen kam es vor, dass Juden, die mit einem Transport aus Warschau in Treblinka ankamen, schon an der Rampe mit bloßen Fäusten über die SS-Männer herfielen. Schüsse fielen, und alle Juden, die aus den Waggons stiegen, wurden auf dem Bahnsteig mit Maschinenpistolen erschossen.[90]

Solche Exzesse aber wollten die Täter um jeden Preis vermeiden. Nach Wochen des Tötens beherrschten sie ihr Handwerk, und sie taten, was zu tun war, damit die Opfer freiwillig ins Gas gingen. Die meisten Menschen wurden schon am Tag ihrer Ankunft ermordet, weil Tag für Tag neue Transporte mit Juden aus allen Ländern Europas in Treblinka eintrafen und weil die Täter vermeiden wollten, dass Menschen vor Angst in Panik gerieten. Schon an der Rampe wurden Alte und Kranke von den übrigen Häftlingen getrennt, in das Lazarett geführt und von SS-Männern erschossen. Manche durften noch für einige Zeit weiterleben, um die Toten zu verbrennen, Kleider zu sortieren und Goldzähne aus den Kiefern der Leichen herauszubrechen. Alle anderen, vor allem Frauen und Kinder, wurden kahl geschoren und in einen Gang getrieben, der von Stacheldraht umzäunt war. Er führte in die Gaskammer. Sobald die Opfer begriffen, was mit ihnen geschah, war es zu spät. Sie konnten nicht mehr umkehren, denn im »Schlauch« standen ukrainische Trawniki und SS-Männer, die mit Peitschen und Karabinern auf sie einschlugen und Hunde auf sie hetzten. Jetzt gab es kein Zurück mehr, die Kommandos mussten die Nackten, die in ihren Augen alle menschlichen Züge verloren hatten, mit aller Macht in die Gaskammer treiben. Nackte, kahlgeschorene Menschen, die sich wie Tiere im Schlachthof durch einen Schlauch zwängten – so müssen es die Täter wahrgenommen haben. Und wahrscheinlich half ihnen diese Vorstellung, ihr blutiges Tagwerk zu vollenden.[91] Als der Lagerkommandant Franz Stangl Jahrzehnte später in Brasilien einen Schlachthof sah, erinnerte er sich an Treblinka, und er konnte für Monate kein Fleisch mehr essen. Menschen, die wie Vieh in die Gaskammern getrieben wurden! Diese Bilder gingen auch ihm nicht mehr aus dem Kopf. »Sie waren immer eine riesige Masse«, erinnerte sich Stangl später, als er schon im Gefängnis saß, im Gespräch mit Gitta Sereny, »Manchmal stand ich auf dem Erdwall und beobachtete sie auf dem Weg durch den ›Schlauch‹. Aber – wie soll ich es Ihnen erklären – sie waren nackt, zusammengepfercht, sie rannten, von Peitschen angetrieben, wie …«[92]

Nun war die Gewalt der SS-Männer zwar maßlos, aber sie war weder zwecklos noch sinnlos. Reemtsma spricht von »lozierender« Gewalt, die auf die Beseitigung des Körpers zielt.[93] In Treblinka diente sie nur dem einen Zweck, Menschen ins Gas zu schicken. Deshalb setzten die Trawniki und SS-Männer ihre Peitschen nur ein, um Menschen lebend durch den »Schlauch« zu den Gaskammern zu treiben. Der Kommandant Stangl selbst hatte das Peitschensystem eingeführt, weil er sich von ihm eine Steigerung der Effizienz versprach. Denn der Einsatz von Peitschen erhöhte die Schlagkraft der Täter, ohne dass sie sich selbst in Gefahr begeben mussten. Die Peitschen waren Symbole der Dehumanisierung, wer gepeitscht wurde, konnte kein Mensch sein. In der Menge wird der Mensch seiner Individualität beraubt, als nackte, geschorene Kreatur nicht mehr als Person wahrgenommen. Darauf kam es den Tätern an: ihren Opfern die Individualität zu nehmen, um sie aus menschlicher Distanz töten zu können.[94] Nicht in die Augen von Kindern wollten sie sehen, sondern auf die Menge nackter Leiber. Es ist paradox, aber die Entwürdigung der Opfer war eine Voraussetzung für die Entlastung der Täter. Man habe die Täter »konditionieren« müssen, sagte Stangl zu Sereny. »Um es ihnen zu ermöglichen, das zu tun, was sie dann taten.« Die Entwürdigung der Opfer sei dafür das beste Mittel gewesen.[95] Irgendwann stumpften die Trawniki und SS-Männer ab, weil sie tagein, tagaus Menschen in den »Schlauch« trieben. Für die Opfer war es das Ende von allem, für die Täter ein Einerlei, nichts Besonderes, ein eingeübtes Tötungsverfahren, das alle Hemmungen auslöschte. Wie im Akkord töteten sie, mechanisch, und ohne menschliche Regung. Niemand empfand noch Schuld oder hatte ein schlechtes Gewissen, weil doch jeder nur verrichtete, was von ihm verlangt wurde, und es niemanden gab, der daran Anstoß nahm.

Wer aus Hass oder der Lust an der Qual foltert oder tötet, verliert die Kontrolle über die Situation und sich selbst. Und dennoch konnte sich die zweckgerichtete Gewalt in einen Exzess verwandeln. Wo die Macht keine Grenzen kennt, ist die Gefahr groß, dass Täter ihren Opfern Schmerzen zufügen und sie erniedrigen, bevor sie sie töten. Denn die moralischen Maßstäbe der zivilen Gesellschaft hatten im Lager keine Bedeutung. Warum, so mögen manche Täter gedacht haben, sollte verboten sein, Menschen zu quälen, die ohnehin getötet werden würden? Die Wurzel des Exzesses liegt in der Situation des asymmetrischen Machtverhältnisses. Der Täter kann alles, das Opfer nichts. Die absolute Wehrlosigkeit des Opfers steigert die Machtfülle des Täters. Nun kann er sich an den Wehrlosen vergehen, die ohnehin sterben müssen. Der Exzess hat kein Ziel und keinen Zweck. Er will nur zerstören und vernichten. Denn Grausamkeit ist dort, wo alle sterben müssen und niemand überlebt, keine Mitteilung mehr, sondern nur Gewalt um ihrer selbst willen.[96]

In Treblinka waren den Gewaltexzessen keine Grenzen gesetzt. Der SS-Scharführer Josef Hirtreiter spaltete Kleinkindern mit einem Spaten den Schädel, er tötete Säuglinge, die er den Müttern entrissen hatte, indem er sie an den Beinen fasste und ihre Köpfe an Wände oder Pfosten schleuderte.[97] Schwangere Frauen wurden so lange in den Bauch getreten, bis sie eine Fehlgeburt erlitten. Manche SS-Männer suchten sich schöne Frauen aus, die sie mit Genickschüssen einzeln töteten oder auspeitschten, nachdem sie sich entkleidet hatten. Es kam auch vor, dass sie ihre Opfer in klirrender Kälte vor der Gaskammer warten ließen und sich am Anblick der verschreckten, nackten Frauen ergötzten. Manchmal zwangen sie »Arbeitsjuden«, die die Leichen fortschaffen mussten, Frauen zu vergewaltigen. Danach wurden sie selbst getötet. Für die ukrainischen Trawniki wurden Gruppenvergewaltigungen organisiert. Sie durften sich die hübschesten Frauen aussuchen und vergewaltigen, bevor man diese in die Gaskammer schickte. Nichts schien in diesem Universum der Grausamkeit unmöglich zu sein. Die Ukrainer schlitzten Frauen auf dem Weg ins Gas mit Säbeln die Bäuche auf, traktierten sie mit Bajonetten und Peitschen und zwangen männliche Juden, Mädchen zu vergewaltigen, bevor sie in den Tod gingen.[98]

Das alles geschah unter Aufsicht des stellvertretenden Lagerkommandanten Kurt Franz, an dessen Grausamkeit sich die Aufseher ein Beispiel nahmen. Franz stand selbst an der Rampe, wenn ein Zug eintraf, und wählte Juden aus, die noch arbeiten sollten. Er schlug grundlos auf Häftlinge ein, erschoss sie mit seinem Revolver oder ließ sie in die Lazarettbaracke schaffen, wo sie von Ukrainern getötet wurden. Franz genoss es, Herr über Leben und Tod zu sein, und wenn es ihm gefiel, hetzte er seinen Hund »Barry« auf einen Juden, der zufällig im Wege stand, und ließ ihn zerfleischen.[99]

Wer denkt sich solche Exzesse aus? Warum sind Menschen grausam? Und warum zerbrechen sie nicht unter der Last ihrer Taten? Auf diese Fragen wird man keine Antwort bekommen, wenn man sich nur mit gesellschaftlichen Ursachen oder den ideologischen Motiven der Täter befasst. Es ist unerheblich, welche Überzeugungen einer hat, der Frauen den Bauch aufschlitzt oder sie vergewaltigt und tötet. Ideen töten nicht, und sie erklären nichts, sie sind nichts weiter als eine Legitimation der Gewalt.[100] Manche werden zu Gewalttätern, wenn erlaubt ist, was sonst unter Strafe steht. Es ist die Situation, die uns erklärt, was mit Tätern und Opfern geschieht. Der Exzess ist nur möglich, wenn die Grenzen aufgehoben und die Tore zur Grausamkeit aufgestoßen worden sind. Alle Täter, die in Treblinka, Sobibor oder Auschwitz eingesetzt waren, töteten unter Ausschluss der Öffentlichkeit. Niemand machte ihnen Vorhaltungen, ihre Ehefrauen und Kinder erfuhren nicht, wozu sie fähig waren. Es gab keine Gegenwehr, und kein SS-Mann musste mit Strafe oder Vergeltung rechnen, denn die Täter nahmen an, dass kein Zeuge lebend davonkommen würde. Im Vernichtungslager trafen sie nur ihresgleichen, die nicht weniger Schuld auf sich geladen hatten als sie selbst. Jeder tötete, warum sollte man es nicht auch tun, wenn es die anderen taten? Die SS-Männer kamen im Alltag mit den Wertmaßstäben der bürgerlichen Welt überhaupt nicht mehr in Berührung. Ihre Welt war von Vorschriften strukturiert, die das Mordhandwerk erleichtern sollten. In der Isolation des Gewaltraumes gedieh eine Kultur der Konformität und Anpassung, die es den SS-Männern erlaubte, es auch ohne schlechtes Gewissen zu tun. Je isolierter eine Gruppe ist, desto größer ist das Bedürfnis ihrer Mitglieder, sich den Normen und Idealen ihrer Organisation zu unterwerfen. Man braucht die Zustimmung der anderen, man will dazu gehören, und deshalb sind alle Teilhaber der Gruppenautorität. Alle stehen im Bann der Autorität, die sie selbst erzeugen.[101] Alle töteten, niemand leistete Widerstand, und weil in einer Situation totaler Macht und Unterwerfung alles Denkbare auch machbar war, gerieten Menschen aus der Fassung und vollbrachten Taten sinnloser Grausamkeit.

Niemand weiß besser als die Opfer, warum die Täter töten und foltern. Sie wissen, dass sie nicht entkommen können, dass ihr Tod nur aufgeschoben ist. Und dennoch klammern sie sich an die Hoffnung, doch noch mit dem Leben davonzukommen. Einmal beobachtete Primo Levi in Auschwitz einen Juden, der die Selektion überstanden hatte und der Gott dafür dankte, dass nicht er, sondern ein anderer ins Gas geschickt worden sei. »Wäre ich Gott«, schrieb Levi, »ich spuckte Kuhns Gebet zu Boden.«[102]

Ist die Gewalt erst einmal institutionalisiert, wird aus Gewohnheit Normalität. Sobald Gewalt zur Routine wird und sich in typischen Situationen wie von selbst einstellt, empfinden die Täter sie nicht mehr als außergewöhnlich. Sie wird zu einem Teil des Habitus und verändert den Täter, der nun ausführt, was die Institution von ihm verlangt. Irgendwann hält er das Foltern und Töten für eine Selbstverständlichkeit, und so setzt er die Gewohnheit fort, ohne nach ihrem Sinn und ihrer Rechtfertigung zu fragen. Der Täter müsse nur noch ein »allgemeines Verhaltensschema« exekutieren, so Sofsky. Er braucht kein Motiv. Läuft ihm ein Häftling über den Weg, dessen Gesichtsausdruck ihm nicht gefällt, schlägt er auf ihn ein, widersetzt sich ihm jemand, tötet er ihn. Er denkt nicht mehr nach, sucht nicht nach der richtigen Entscheidung oder nach Motiven, er vollstreckt nur noch, was ihm Situation und Gewohnheit vorschreiben. Der Holocaust sei nur möglich gewesen, schreibt der Soziologe Stefan Kühl, weil er sich in Organisationen vollzogen habe. Organisationen wiesen ihren Mitgliedern Rollen zu und brächten sie dazu, »Dinge zu tun, die sie außerhalb der Organisation nicht tun würden«.[103] Die Institutionalisierung und die Routine der Gewalt entlasteten die Täter, nahmen ihnen das schlechte Gewissen und die Schuld, die sie am Anfang noch empfunden haben mochten. Sie konnten sich als Personen mit Verantwortung auslöschen und mechanisch vollziehen, was ohnehin unvermeidlich zu sein schien.[104]

Freiheit und Gewalt

Keine Hoffnung, nirgendwo ein Ende der Gewalt? Nicht einmal das Gewaltmonopol des Staates soll eine Garantie für den Frieden sein? In den Händen von Gewalttätern, sagen Sofsky und seine Anhänger, verwandelten sich die Gelüste der Menschen in tödliche Waffen und das Gewaltmonopol in eine Quelle grenzenlosen Terrors. Wer alle technischen Möglichkeiten des Zwangsapparates zu seiner Verfügung hat, könne jederzeit den Vertrag aufkündigen, der den einen

Macht und den anderen Ordnungssicherheit verschafft. Aggressionen lassen sich durch Strafen und innere Repression unterdrücken, aber die Machthaber können sich der Gier nach Blut und Gewalt auch nach Belieben bedienen und sie auf Zwecke richten. Nicht einmal die verstaatlichten Gesellschaften der Moderne seien davor geschützt. Die Schutzhülle der Zivilisation ist brüchig, der kleinste Funken kann sie in Brand setzen und der Gewalt freien Lauf lassen. Deshalb sei der Massenmord kein Vorrecht der Barbarei und kein Relikt aus finsterer Vergangenheit. Er ist auch in unserer Gegenwart allgegenwärtig, selbst dort, wo die Zivilisation glaubt, ihr letztes Wort gesprochen zu haben.

Herrschaft und Kultur zähmen den Menschen und seine Leidenschaften, sagt Sofsky. Der Mensch wird von der Ordnung und ihrer Ideologie so lange verbogen, bis er widerspruchslos befolgt, was die Macht ihm aufträgt. Am Ende steht eine homogene Vorstellungswelt, »in der die vorherrschenden Gedanken die Gedanken der Herrschaft sind«.[105] Vor hundert Jahren schon hatte Friedrich Nietzsche von der Tyrannei des »schlechten Gewissens« gesprochen. »Jene furchtbaren Bollwerke, mit denen sich die staatliche Organisation gegen die alten Instinkte der Freiheit schützte – die Strafen gehören vor allem zu diesen Bollwerken –, brachten zuwege, daß all jene Instinkte des wilden freien schweifenden Menschen sich rückwärts, sich gegen den Menschen selbst wandten. Die Feindschaft, die Grausamkeit, die Lust an der Verfolgung, am Überfall, am Wechsel, an der Zerstörung – alles das gegen die Inhaber solcher Instinkte sich wendend: das ist der Ursprung des ›schlechten Gewissens‹.« Gefangen im Gehäuse von Sitten und Gebräuchen, eingezwängt in drückender Enge und verzehrt nach dem Abenteuer und der Wildnis, sei der Mensch zum Erfinder des Gewissens geworden. Das schlechte Gewissen aber sei zur »unheimlichsten Erkrankung« des Menschen überhaupt geworden: »das Leiden des Menschen am Menschen«.[106] Auf Dauer aber könne der Mensch sich nicht gegen seine Natur verhalten. Deshalb sehne er sich nach dem Aufruhr, der die innere Abrichtung überwindet. Sobald erlaubt ist, was einst verboten war, gewinnt also die Gier nach Blut die Oberhand über das Bedürfnis nach Sicherheit. Der Zivilisationsprozess sei nichts als ein Mythos, mit dessen Beschwörung sich die Menschen über ihre wahre Natur hinwegtäuschten.

Daher kommt es also, dass uns die Freiheit lieber als die Knechtung durch die Dressur ist. Die Kultur, glaubt Sofsky, sei nichts weiter als die vergebliche Anstrengung, den Tod zu überdauern, das menschliche Leben ein »aussichtsloser Kampf wider das natürliche Geschick«.[107] In Wahrheit wolle der Mensch die Grenzen überschreiten und tun, was er sich vorstellen kann. Schon immer habe er sich nach Ordnung gesehnt und nach der Freiheit verlangt, sich ihr zu widersetzen, heute ebenso wie vor tausend Jahren. Sobald die Verhältnisse es erlauben, werde Denkbares auch zu Machbarem. Denn was einmal gedacht worden ist, ist ewig wiederholbar. Erst wenn die Menschen genug haben, wenn einer über den anderen triumphiert oder wenn die Krieger müde sind, suchen sie nach Wegen, den Frieden wieder herzustellen. Sie haben genug – bis der Hunger wiederkehrt. »Die Zwischenzeiten der Friedfertigkeit sind nur Episoden, die goldenen Zeitalter währen nur ein paar Jahre, ein paar Jahrzehnte bestenfalls. In den Annalen der Kultur und Gesellschaft sind sie nichts als leere Blätter.«[108] Wollte man die Gewalt aus der Welt schaffen, müsste der Mensch von der Erde verschwinden.

Sofskys Bild vom Menschen ist dunkel, sein Pessimismus grenzenlos. Es gibt keinen Fortschritt und keine Hoffnung auf ein Ende der Gewalt. Wer der Versuchung widerstehen will, braucht Kraft und innere Disziplin. Sofsky zitiert den römischen Philosophen Seneca, der sich über die Grausamkeit antiker Gladiatorenkämpfe und die Freude empörte, die Zuschauer in der Arena empfunden hätten. War Seneca angewidert, weil er Gewalt verabscheute oder weil der Pöbel seine Triebe nicht unter Kontrolle hatte? Sofskys Antwort lautet: »Der Weise ist bedachtsam und vorsichtig. Er weiß sich zu hüten, weiß dem Laster zu widerstehen und die Begierden im Zaum zu halten. Niemals gerät er in Wut, der äußere Stoß schürft nur seine oberste Hautschicht ab. Die Überraschungen der Sinne sind ihm keine Leidenschaft. Sie unterstehen ganz der Souveränität seiner Urteilskraft. Die Menge aber erkennt nur rohe Affekte. Ihre Blutlust ist unstillbar. Was der Beobachter durch die Disziplin der Vernunft einhegt, will sie im Rausch immer vergessen. Die Begeisterung trägt sie über die aufkeimende Angst hinweg. Sie klärt die Affekte und befreit die Menschen vom Widerstreit der Gefühle.«[109]

Wer also der Versuchung widerstehe, habe seine Emotionen unter Kontrolle. Nicht Abscheu vor der Gewalt, sondern kühle Vernunft beherrsche den Weisen. Der Pöbel aber weide sich an den Qualen der anderen, er wolle sehen, wie Menschen einander Gewalt antun. Schon immer seien öffentliche Hinrichtungen Spektakel gewesen, die Menschen magisch angezogen hätten. Wie in einem Sog strömten sie zur Richtstätte, um sich an den Qualen des Delinquenten zu laben. In ihrer Erregung stritten sie sich um die besten Plätze und könnten den Beginn der grausamen Vorführung kaum erwarten. Alle wollten sehen, wie der Delinquent gemartert und getötet wird, wollten sich an der Gewalt berauschen. Aus einzelnen Menschen wird eine Masse, eine Gesellschaft auf Zeit. »Die Zuschauer rücken zusammen. Schulter an Schulter stehen sie da und schauen nach vorn. Sie suchen die leibhaftige Nähe, die Dichte der Masse. Obwohl einander fremd, will jeder die Gegenwart des anderen spüren. Jeder will eins sein mit den anderen, mit allen anderen. Die Berührungsfurcht, die Menschen sonst auf Abstand hält, ist plötzlich verflogen. Einer presst sich an den anderen: eine Intimität der Namenlosen. (...) Die Menge nivelliert die Unterschiede und entlastet von Schuld oder Scham. Jeder ist wie der andere, alle sind einander gleich; einer ist dem anderen so nah wie sich selbst.«[110] In der Masse werde das Gewissen entlastet, und die Leidenschaften brechen sich ihre Bahn.

Aber stimmt eigentlich, was Sofsky über den Zusammenhang von Kultur und Gewalt sagt? Ist Gewalt wirklich eine Leidenschaft, von der die Menschen nicht lassen können, ein Trieb, gegen den die Zivilisation versagt? Und ist der Gegensatz von Freiheit und Kultur, von Lust und Vernunft auch ein Wettstreit zwischen Krieg und Frieden? Will jeder, der gegen die innere Repression rebelliert, auch ein Gewalttäter sein oder sich wenigstens am Leiden anderer erfreuen? Sofskys Mensch ist abstrakt, er ist ein Sklave seiner Neigungen, die er nur von Zeit zu Zeit unter Kontrolle zu bringen vermag. Sobald die Ordnung zerrüttet und das Tor zur Freiheit geöffnet wird, ist der Frieden zu Ende, und der Krieg beginnt. Nun besteht kein Zweifel, dass die Öffnung von Gewalträumen Menschen ermächtigt, Taten beispielloser Grausamkeit zu begehen. Für Sadisten, Psychopathen, die sich über moralische Verbote bedenkenlos hinwegsetzen, wenn erlaubt ist, was einmal verboten war, ist die Zeit der Gewalt eine Zeit des Glücks. Aber nicht jeder macht auch von den Möglichkeiten Gebrauch, die sich ihm bieten. Nicht jeder findet Gefallen an öffentlichen Hinrichtungen oder leistet bereitwillig Dienst in einem Vernichtungslager, wenn sich ihm andere Möglichkeiten bieten. In den Wachmannschaften der SS in Treblinka dienten keine Triebtäter, sondern Männer, die nicht als Soldaten an die Front geschickt werden wollten.

Sollen wir wirklich glauben, dass alle Menschen, die einer Hinrichtung beiwohnen oder Zeuge eines Massakers werden, Erregung empfinden? Wir wissen, dass Menschen der Gewalt auch dann aus dem Weg gehen, wenn sie töten oder zuschauen dürfen, wie jemand getötet wird. Zwar wissen wir nicht, was Seneca empfand, als er Zeuge des grausamen Spektakels in der Arena wurde. Aber warum sollen wir ihm nicht glauben, wenn er seinen Lesern mitteilt, das blutige Schauspiel habe ihn verstört und angewidert? Strömen Menschen zu einer Hinrichtung, weil sie sich an der Gewalt berauschen, und sind Zuschauer im Theater des Schreckens wirklich eine »Gesellschaft auf Zeit«? Das Gegenteil ist wahr. Denn in der Anonymität der Menge ist der Voyeur unsichtbar, er muss den Blicken von Bekannten und Freunden nicht ausweichen, er kann sich dem Geschehen zuwenden, ohne als jemand erkannt zu werden, der einer Hinrichtung zusieht. Aber empfindet er auch Lust? Könnte es nicht sein, dass ihn schockiert, was er sieht, dass die Bilder in seinem Kopf Albträume und Depressionen auslösen? Es gibt keinen zwingenden Zusammenhang von Freiheit und Gewalt, so wenig, wie es einen zwingenden Zusammenhang von Ordnung und Gewalt gibt.

Gewöhnlich stehen Gewalttaten im Dienst von Zwecken, deren Erfüllung nicht einmal jenen Freude macht, die töten. Die meisten SS-Männer in den Einsatzkommandos mordeten nicht, weil sie sich

Träume erfüllen wollten, sondern weil sie eine Aufgabe zu erledigen hatten. Mörder handeln in Situationen, die ihnen zwar nicht vorschreiben, was sie tun müssen, die ihrem Handeln aber Grenzen setzen. Es war nicht freigesetzte Aggression, sondern Erwartung und Pflichterfüllung im Dienst des Todes, die den SS-Männern und NKWD-Schergen die Hand führten. Ein Sadist wäre zu kühler Pflichterfüllung wahrscheinlich gar nicht imstande, er wäre nicht einmal ein brauchbarer Folterknecht. Wenn die Gewalt nur um ihrer selbst willen verübt worden wäre, hätten sich die SS-Männer nicht voreinander rechtfertigen und moralisch entlasten müssen. Gewalt, die der Lust am Töten verpflichtet ist, kann sich nur leisten, wer über absolute Macht verfügt. Aber sie bringt den Täter selbst in Gefahr. Stalin, Pol Pot, Idi Amin und Saddam Hussein, Warlords und Partisanen, die Kommandeure der Einsatzgruppen und Aufseher in den Lagern der Nationalsozialisten – sie alle wussten um die symbolische Bedeutung der Grausamkeit für die Sicherung der Macht. Niemals hätten sie ihrer Lust am Töten nachgegeben, wenn ihnen daraus Nachteile entstanden wären. Denn wer aus Lust, nicht aus rationalem Kalkül handelt, macht Fehler und verliert aus dem Auge, dass Gewalt Pausen braucht, damit sie erfolgreich sein kann. Wer sich nur den Leidenschaften hingäbe, befände sich bald selbst unter den Toten.[111]

Und auch Soldaten töten nicht allein aus Freude, sondern weil sie Angst haben. Der Ausgang des Kampfes ist ungewiss, und dennoch haben sie keine Wahl. Wenn sie nicht töten, werden sie getötet, von den eigenen Offizieren oder vom Gegner. Der Gedanke an den eigenen Tod ist in dieser Situation erträglicher als das Warten auf das Ende.[112] »In den Schützengräben – dort ist die wirkliche Furcht«, erinnerte sich ein russischer Soldat, der im Ersten Weltkrieg an der Front eingesetzt war. »Sie kriecht unter die Haut. Ich kroch einmal aus dem Schützengraben heraus. Bums. Granaten explodierten mit schrecklichem Lärm. Um mich herum Stöhnen. Ich will weglaufen, aber ich kann mein Bein nicht bewegen. Es ist, als ob mich jemand an den Knöcheln gepackt hat. Ich kann nicht nach links, nicht nach rechts sehen – ich habe Angst. Todesangst hat mich erfasst, hat mein

Herz überwältigt, und keine Angst ist brutaler als diese Art von Angst. Es ist, als ob jemand kalten Schnee unter deine Haut gestreut hat; dein Kiefer beginnt zu zittern, und dein Blut hört auf, in deinen Adern zu fließen: Es ist gefroren. Ich wollte nach meinem Gewehr greifen, aber es war so verdammt schwer wie ein *Pud* (40 russische Pfund, J. B.); ich wollte schreien, aber ich konnte nur rasseln wie ein Tier, ich wollte am Abzug drücken, aber ich konnte es nicht.«[113]

Hass und Wut kommen allenfalls in der Hitze des Gefechts auf, in das man die Soldaten gegen ihren Willen geschickt hat: wenn sie die Leichen ihrer Kameraden sehen, die von den Gegnern getötet worden sind. Nach dem Gemetzel zittern sie am ganzen Körper, sind erschöpft, überwältigt von der Gewalterfahrung, die sich in ihren Körpern festgesetzt hat. Der Krieg ist organisierte und institutionalisierte Gewalt, der die meisten Soldaten hilflos ausgeliefert sind. In ihm werden Menschen auf eine Weise zugerichtet, dass ihnen das Töten zum Handwerk wird, über das sie kein Wort mehr verlieren müssen. Das Militär stellt nicht nur die Werkzeuge bereit, mit denen andere Menschen umgebracht werden. Es ist auch eine Abrichtungsinstanz, in der Männer gegen ihren Willen systematisch in Krieger verwandelt werden.[114]

Allein von der Situation und von den Möglichkeiten des Raumes hängt es ab, wie es mit der Gewalt weitergeht und wie man sie beenden kann. Manche Situationen begünstigen Gewalt, manche verhindern, dass sie ausbricht. Manche Menschen töten aus Lust, manche aus Langeweile oder weil sie dem Druck der Gruppe nicht widerstehen können, weil sie ihre Ehre nicht verlieren wollen, aus Habgier und Eigennutz, aus Rache oder Angst, oder weil sie einfach keine andere Wahl haben, wenn sie überleben wollen.[115] Nomaden, die miteinander im Streit sind, können auseinandergehen, ohne die Gewalt sprechen zu lassen, weil sie keinen Vermittler brauchen, der ihre Konflikte regelt. In manchen Gesellschaften regelt das Gesetz der Blutrache, was in modernen Staaten das Strafrecht entscheidet.

Nicht nur das Gewaltmonopol des Staates, sondern auch die Furcht voreinander verhindert, dass Menschen andere Menschen töten. Die »Freiheit« ist eine Quelle der Gewalt. Aber sie ist auch eine Quelle der

Vorsicht, weil Menschen, die einander nicht trauen können, wissen, was sie verlieren, wenn sie den Frieden aufs Spiel setzen. Wer nicht weiß, was die anderen tun werden, und fürchtet, dass der brüchige Frieden auf dem Spiel steht, ist gut beraten, sich auf ein System gegenseitiger Abhängigkeit einzulassen, das den Krieg verhindert. Nomaden stehlen das Vieh ihrer Gegner, um in den Besitz eines Faustpfandes zu gelangen, das sie in Verhandlungen einsetzen können. Sie wären dumm, wenn sie es auf einen Krieg ankommen ließen, den niemand gewinnen könnte. In allen vormodernen Gesellschaften ohne staatliches Gewaltmonopol haben sich Menschen auf Verfahren geeinigt, um Streit und Krieg an Regeln zu binden. Blutrache, der Austausch von Geiseln, der Bau von Festungen und Burgen waren eine Garantie des Friedens. Und auch in der modernen Massengesellschaft war das Bedürfnis nach Sicherheit größer als der Drang zur Freiheit. »Nicht das Freiheitsbedürfnis, sondern der Diensteifer herrscht stets in der Massenseele«, beobachtete der Psychologe Gustave Le Bon im Jahr 1895. »Ihr Drang zu gehorchen ist so groß, daß sie sich jedem, der sich zu ihrem Herrn erklärt, instinktiv unterordnet.«[116]

Über diese Vielfalt der Möglichkeiten aber hat Sofsky nichts mitzuteilen. Und auch über das Ende der Gewalt sagt er nichts. Für ihn gibt es nur die Alternative zwischen Steigerung und Erschöpfung. Gewalt, die keine Zwecke mehr erfülle und nur Zerstörung wolle, »wird grundlos, absolut. Sie ist nichts als sie selbst. Absolute Gewalt bedarf keiner Legitimation. Sie wäre nicht absolut, wenn sie an Gründe gebunden wäre. Sie zielt nur auf die Fortsetzung und Steigerung ihrer selbst.«[117] Wer andere Menschen scheinbar grundlos quält, brauche kein Motiv außer der Lust an der Gewalt. Aber braucht er denn nicht wenigstens Gründe, die er anderen als Rechtfertigung vortragen kann, weil das grundlose Töten auch unter Mordbrennern nicht selbstverständlich ist? Warum sprach Himmler im August 1941, nachdem er Zeuge einer Massenerschießung geworden war, im Kreis der Vollstrecker davon, dass die Weltanschauungskrieger keine Mörder seien, sondern die Menschheit vom »Ungeziefer« befreiten? Himmler hätte sich seine Ansprache sparen können, wenn die Täter nicht von Gewissensbissen und Albträumen heimgesucht worden wären.[118] Selbst wenn wahr wäre, was Sofsky über das Verhältnis von Lust und Gewalt sagt, bliebe doch die Frage offen, ob sich Aggressionen, die entladen worden sind, auch wieder aufstauen, ob die Gewalt ein triebhaftes Geschehen ist, das nach periodischer Entladung und Aufladung verlangt. Gegen eine solche Interpretation spricht allein schon der gesunde Menschenverstand, denn wäre es so, dürfte die Gewalt niemals aufhören.[119]

Warum aber lieben die Wolfsmenschen auch den Frieden? Warum kehren sie immer wieder freiwillig in die Zivilisation zurück, warum wollen die Bestien in den Augen anderer Menschen zivilisierte Bürger sein und warum berufen sich die Kriegsherren auf das Recht, wenn ihre Heere Städte und Landschaften verwüsten? Weil die meisten Menschen nicht nach grenzenloser Freiheit suchen, sondern nach Sicherheit, vor allem dann, wenn sie im Ausnahmezustand leben müssen. »Ordnungssicher sind die Beteiligten«, schreibt Popitz, »wenn sie ein sicheres Wissen haben, was sie und was andere tun dürfen und tun müssen; wenn sie eine Gewissheit entwickeln können, dass sich alle Beteiligten mit einiger Verlässlichkeit auch wirklich so verhalten, wie es von ihnen erwartet wird.« Man müsse wissen, woran man ist, ganz gleich, ob man nun in einem demokratischen Rechtsstaat oder in einer Despotie zurechtkommen muss. Sicherheit und Unterdrückung schließen einander nicht aus, und so kommt es, dass sich Menschen selbst despotischen Systemen freiwillig unterwerfen, wenn das Leben in Freiheit ihnen nicht geben kann, wonach sie sich sehnen. Sie opfern ihre Freiheit, damit sie überleben können, und der Krieg wird ihnen zum Anlass, über die Möglichkeiten nachzudenken, Gewalt zu verregeln oder zu ächten.[120] Aber nicht immer gelingt, was man sich wünscht. Bürgerkriege finden kein Ende, wenn man nicht sicher sein kann, ob der Gegner Frieden hält. Solange niemand weiß, was geschehen wird, bietet die Fortsetzung des Krieges für die meisten Menschen größere Sicherheit als ein brüchiger Frieden, vor allem für jene, die Waffen tragen und sich schützen können. Selbst in einer Despotie und im Krieg kann es eine Ordnung geben, die sich mit dem Alltag des Tötens verträgt.[121] Nicht

Leidenschaft und Ekstase, sondern Misstrauen und Furcht verstellen den Weg zum Frieden. Es geht um Macht und Ordnungssicherheit, nicht um Lust an der Gewalt.

Kultur und Gewalt

Gibt es eine Kultur der Gewalt? Verhalten sich Täter und Opfer überall und zu allen Zeiten auf gleiche Weise? Kultur und Gewalt sind keine Gegensätze, denn niemand tritt der Welt, die ihn umgibt, unvermittelt gegenüber. »Der Mensch könnte seine Gedanken und Empfindungen nicht mitteilen und könnte demzufolge nicht in sozialen Beziehungen leben«, schrieb der Philosoph Ernst Cassirer, »wenn er nicht die eigentümliche Gabe besäße, seine Gedanken zu vergegenständlichen, ihnen eine feste, dauerhafte Gestalt zu verleihen.«[122] Die Kultur bringt die Gedanken in eine Form, und sie gibt dem Menschen die Werkzeuge in die Hand, mit der er die Welt erschließt. In der Kultur gewinnt das Leben Stabilität, die den Tag überdauert, und der Mensch kann sich durch sie überhaupt erst erzeugen, darstellen und erweitern.

Nur in der Kultur können wir Menschen sein. Durch sie geben wir uns einander zu verstehen und erschaffen uns eine Welt, in der wir zu Hause sind. Aber wir sind nicht in der Kultur schlechthin zu Hause, sondern in einer historisch gewordenen, die sich von anderen Kulturen unterscheidet. »Die Menschenwelt ist keine von allem losgelöste Entität, keine Wirklichkeit für sich«, sagt Cassirer. »Der Mensch lebt in einer materiellen Umgebung, die ihn ständig beeinflusst und seinen Lebensformen ihren Stempel aufdrückt.«[123] Sofskys Kultur aber hat keine Zeit und keinen Raum, sie ist nichts weiter als ein Instrument der inneren Repression, das die Gelüste im Zaum hält. Solch eine Interpretation aber widerspricht allen Erfahrungen, die Menschen mit der Gewalt gemacht haben.

Natürlich gibt es keine Kultur, die gegen Gewalt immun wäre, so wenig wie es eine Kultur der Gewalt an sich gibt. Aber Menschen, die über Jahre mit der Gewalt leben, verändern ihre sozialen Beziehungen, sie werden misstrauisch, sie planen nur noch für den

Tag, nicht mehr für Jahre, sie sind bereit, zu töten, wenn es sein muss, und sie werden autoritären Konzepten der Macht den Vorzug gegenüber offenen, liberalen Modellen der Herrschaft geben, weil alles, was sie brauchen, Sicherheit ist. Denn offene Möglichkeiten und Risiken kann man sich erst leisten, wenn Leib und Leben nicht mehr täglich in Gefahr sind. Man kann sich auch in der Gewalt einrichten, sich mit ihr arrangieren und ihre Techniken erlernen.[124]

Menschen, die schon lange Zeit mit der Gewalt leben müssen, gewöhnen sich an den Anblick von Leichen, Verwundeten und Gezeichneten. In manchen Gesellschaften wird Gewalt nicht als Unordnung und Chaos, sondern als Normalität wahrgenommen, als Mittel der Lebenssicherung und Einnahmequelle. Wenn die Waffe das einzige Instrument ist, mit dem Einkommen und Fortkommen gesichert werden können, wird jeder, der Kraft hat, danach streben, Krieger und nicht Opfer zu werden, nicht, weil er töten will, sondern weil er es muss. Unter solchen Umständen träumen nicht einmal die Schwächsten vom ewigen Frieden, sondern vom Schutz der Waffen. Mit ihrer Umwelt verändert sich auch ihr Blick auf die Wirklichkeit, die ihnen zur Verfügung steht. Sie werden vorsichtig sein, fremden Menschen mit Misstrauen begegnen, sie werden sich bewaffnen oder Schutz bei jenen suchen, die Macht haben und mit Waffen umzugehen verstehen. In allem, was sie tun, wird die Gewalt als schon Erlebtes präsent sein und ihre Vorstellungswelt beherrschen. Ihr Verhalten wird auf eine Weise kulturell standardisiert, dass es auf die Herausforderung der Gewalt richtige Antworten findet. Die Kultur kann also Anlass und Grund für die Bereitschaft sein, Gewalt jederzeit sprechen zu lassen.[125]

Wer mit Gewalt aufwächst, stumpft ab und wundert sich nicht mehr über die Leichtigkeit, mit der getötet wird. Die Hemmschwelle sinkt, der Tod wird fatalistisch als Schicksal empfunden, das man nicht abwenden kann. Als die Wehrmacht im Juni 1941 die Grenzen zur Sowjetunion überschritt, wunderten sich ihre Soldaten über die Leidensfähigkeit und Unempfindlichkeit des Gegners, über die stoische Gelassenheit, mit der sie das Grauen ertrugen. Jean Améry erinnerte sich, dass die russischen Häftlinge im Lager Buchenwald

Schmerz und Folter mit Gleichgültigkeit hingenommen hätten und auf die alltägliche Gewalt besser vorbereitet gewesen seien als Häftlinge aus Westeuropa oder Skandinavien. »Wir sind in der Tat als Körper nicht gleich vor dem Schmerz und der Tortur.«[126] Seit Jahrzehnten waren die Bauern des sowjetischen Vielvölkerreiches Opfer staatlicher Gewalt gewesen, hatten Bürgerkrieg, Kollektivierung, Terrorkampagnen und Hungerkatastrophen erlebt. Das Terrorregime hatte die sowjetische Gesellschaft brutalisiert und enthemmt, und am Ende gab es nichts mehr, womit man ihre Menschen noch hätte erschüttern können. Für den Vernichtungskrieg, den die Nationalsozialisten in die Sowjetunion getragen hatten, waren die sowjetischen Bauernsoldaten zweifellos besser gerüstet als ihre Gegner; ihren Offizieren machte es nichts aus, sie mit gezogener Pistole auf die gegnerischen Stellungen und ins Verderben zu treiben, und die Soldaten erduldeten, was man ihnen antat, weil Widerstand und Renitenz zwecklos gewesen wären.[127]

Aber auch deutsche Soldaten verrohten im Angesicht entgrenzter Gewalt. Der Vernichtungskrieg an der Ostfront war eine Schule der Gewalt, ein Raum, in dem nur überleben konnte, wer sich auf die Konsequenzen der Entgrenzung einzustellen verstand.[128] Soldaten, die von der Ost- an die Westfront transportiert wurden, waren für den zivilisierten Staatenkrieg bald nicht mehr zu gebrauchen. Auch in Frankreich und Italien verübten sie Taten beispielloser Grausamkeit, weil sie sich einen anderen Krieg als den Vernichtungskrieg nicht mehr vorstellen konnten und weil sie gelernt hatten, dass in ihrem Krieg Zivilisten keine Schonung verdienten. Jede Gewalttat beruht auf Voraussetzungen, sie ergibt sich aus Situationen und ihrer kulturellen Bewältigung.[129]

Menschen, die mit Gewalt umzugehen verstehen oder sich an das Töten gewöhnt haben, überschreiten die Hemmschwellen im Nu, und irgendwann wird Gewalt zu einem Begleiter, den sie nicht wieder loswerden. Gewohnheit und Sozialisation machen Menschen zu Mördern. So geschieht es auch in den gegenwärtigen Bürgerkriegen in Kolumbien, im Kongo, im Irak, in Afghanistan oder in Liberia, die nicht aufhören wollen und eine Kultur des Misstrauens und der Vorsicht begründet haben, die nichts anderes als eine Bewältigung von Gewaltverhältnissen ist. Kultur integriert Gewalt. Sie gibt ihr einen Sinn, der von allen Menschen verstanden wird, die im Gewaltraum konditioniert worden sind. Man betritt einen Gewaltraum nicht voraussetzungslos und man verlässt ihn nicht folgenlos. Kultur formt Gewalt, Gewalt formt Kultur.

Alle Kulturen unterscheiden zwischen verbotener, gebotener und erlaubter Gewalt. Was in manchen Kulturen als Gewalt gilt, ist anderswo nur eine Körperberührung. In Gesellschaften, die ihre Konflikte durch das Gesetz der Blutrache regeln, kann das Töten zu einem Gebot werden, dem sich kein Mann entziehen darf. Auch im Krieg ist Gewalt geboten, und wer nicht tötet, wird disziplinarisch zur Verantwortung gezogen. Und dennoch ist im Krieg der Nationen nicht jede Gewalt erlaubt. Das Töten von Sanitätern, Parlamentären, Kriegsgefangenen und Zivilisten ist verboten, in Bürgerkriegen gehört es zur Strategie. Solche Reglements variieren von Kultur zu Kultur, und innerhalb einer Kultur von Zeit zu Zeit. Früher war physische Gewalt gegen Frauen und Kinder in der Familie erlaubt, dann nur noch gegen Kinder, und heute gar nicht mehr. Erst wenn Menschen glauben, sich in einer Zone gebotener oder wenigstens erlaubter Gewalt aufzuhalten, kann ihre Gewaltbereitschaft stimuliert werden. Menschen haben nicht Tötungshemmungen an sich, sondern haben Hemmungen, »an nicht dafür vorgesehenem Ort gewalttätig zu sein«.[130]

Sofskys Anthropologie der Gewalt kennt keinen Kontext, sie ist sich selbst genug. Sie erhebt zwar den Anspruch, Wissenschaft zu sein, ihr Auftritt aber ist literarisch. Keine Fußnote, kein Hinweis auf Debatten und Kontroversen stören die Erzählung von der Gewalt. Sofskys Sätze sind kurz, erbarmungslos, seine Bilder düster und ohne Hoffnung. Der Leser wird in eine Welt der Dunkelheit und Hoffnungslosigkeit entführt, in der Menschen einander verletzen, verstümmeln, foltern und töten. Wer schön schreibt, kann kein Wissenschaftler sein, sagen jene, denen nicht gefällt, was Sofsky mitteilt. »Der dichte, parataktische Stil, in den der Autor seine düstere Prosa kleidet«, beklagt der Soziologe Markus Schroer, »vermittelt den Eindruck von Protokollen der Grausamkeit, die auf den Leser einen ungemein starken Sog ausüben; einen Sog, den man sonst nur von fiktionalen Texten kennt, die ebenso detailreich körperliche Gewalt schildern.«[131] Sofsky sei es einerlei, was in den Quellen stehe. Ein Bild des Schreckens reihe sich an das andere, nirgendwo werde eine Erklärung angeboten, und »man fühlt sich nicht selten an die Surrealisten erinnert, an Buñuels ›Andalusischen Hund‹ und das Artaudsche Theater der Grausamkeit, die der trägen Erkenntnis mit immer neuen Schocks auf die Sprünge helfen wollen.« Sofskys dichte Beschreibung, so Schroer, sei kein Verfahren des Verstehens aus Distanz, sondern des Nacherlebens und des Einfühlens. Sofsky wolle in das Geschehen hineinspringen und dem Leser einen unmittelbaren Eindruck von den Schrecken vermitteln.[132] Manche Kritiker sprachen von »erdichteter Beschreibung« und hielten Sofsky vor, er habe nur seine eigenen Gewaltphantasien beschrieben und die Bedürfnisse der Voyeure bedient.[133] Die Erzählung eines fiktiven Gewaltgeschehens sei überhaupt keine Erklärung, behauptet Harald Welzer. Sie reproduziere vielmehr »auf widerwärtige Weise« die Perspektive des Täters.[134]

Jeder weiß, dass Beschreibungen keine authentischen Abbildungen des Geschehens sind, sondern gut begründete Fälschungen der Wirklichkeit. In einer Erzählung oder Analyse kann jede einzelne Aussage wahr sein, und »dennoch die falsche Geschichte erzählt werden«, schreibt der englische Philosoph Bernard Williams. Denn es geht nicht um Wahrheiten, sondern darum, wie weit uns diese Wahrheiten führen.[135] Auch soziologische Analysen sind nichts anderes als Erzählungen, die dem Leser eine mögliche Sicht auf die Welt vermitteln. Warum soll ein blutleerer Text über die Phänomene der Gewalt einem literarischen Versuch überlegen sein? »Ein Mensch ist verliebt.« Dieser Satz beschreibt einen Sachverhalt, aber kein Gefühl. »Ich sah in seinen Augen das Glück leuchten.« In diesem Satz wird ein Bild erzeugt und die Vorstellungskraft des Lesers angeregt.[136] Warum soll die Wirklichkeit der Gewalt ohne Bilder auskommen? Wir können nachempfinden, was Schmerz, Hass, Wut und Verletzung sind. Nichts Menschliches ist uns fremd, und deshalb können wir es auch verstehen. Wenn der Autor seinem Leser vermitteln kann, wie es sich anfühlt, wenn die Gewalt das letzte Wort behält, und wenn der Leser sich schlecht fühlt, hat die dichte Beschreibung ihren Zweck erfüllt. Denn es geht um nichts anderes als um die genaue Beschreibung der Situation, ganz gleich, ob die Geschichte, die erzählt wird, sich so zugetragen hat oder ob sie erfunden worden ist. Sofskys Text erhebt überhaupt nicht den Anspruch, eine wahre Geschichte vom Leben der Menschen zu erzählen. Seine Erzählung reiht idealtypische Situationen aneinander, durch die idealtypische Menschen geschickt werden.

Die Anthropologie der Gewalt erledigt sich nicht, indem man ihr nachweist, sie gebe die Quellen ihrer Erzählung nicht an. Der Dichter ist im Vorteil, weil er tun kann, was dem Historiker oder Soziologen verwehrt ist. Nur der literarischen Erzählung gelingt es, die Dunkelzonen der Realität durch Phantasie auszuleuchten.[137] Der Schriftsteller kann Menschen in Situationen versetzen und genau erzählen, was mit ihnen geschieht. Er kann die Voraussetzungen beschreiben, mit denen sie in eine Situation geraten, und schildern, in welcher Verfassung sie diese wieder verlassen, so wie es dem amerikanischen Schriftsteller Adam Johnson in seiner beklemmenden Beschreibung der Gewaltexzesse in Nordkorea gelungen ist.[138] Denn von der Zurichtung des Menschen und der Beschaffenheit der Situation hängt es ab, wie es mit der Gewalt weitergeht. Nur durch eine dichte Beschreibung von Ereignissen in überschaubaren Räumen lassen sich Voraussetzungen, Situationen und Handlungen in ihrem Zusammenhang begreifen.[139] Die Anthropologie der Gewalt ist Ursachenforschung, die sich nicht nur mit den Voraussetzungen, sondern mit der Gewalt selbst befasst. Sie sieht genau hin und erklärt, indem sie beschreibt, was geschieht und wie Gewalt die Situation verändert.

Auch in Zukunft wird die Gewalt ein Teil unseres Lebens sein. Davon wissen Menschen, die mit der Gewalt leben müssen, mehr als Menschen, die nur den Frieden kennen. Der Glaube an die heilenden Kräfte der Zivilisation ist eine Illusion. Nicht aus Friedfertigkeit, sondern aus Furcht sehnen sich die Menschen nach Sicherheit und Ordnung. Denn der Tod ist das Ende von allem. Der Mensch aber will überleben, und deshalb ist die Gewalt eine Erfahrung, die Ordnung stiftet. Jeder weiß um die Präsenz der Gewalt und die Verletzungsoffenheit des Menschen. Deshalb kommt die Ordnung aus der Einsicht, dass die Gewalt niemals verschwinden wird und dennoch gebannt werden muss. Eine deprimierende Einsicht, zweifellos, aber wenn man begriffen hat, dass Gewalt nicht aus der Welt zu schaffen ist, wird man auch Vorkehrungen treffen können, sie einzuhegen.[140] Für den Träumer, der den ewigen Frieden herbeisehnt, ist diese Erkenntnis enttäuschend, für den Realisten ist sie ein Trost.

6

Gewalt und das Rätsel der Macht

»Denn worauf gründet Autorität, wenn nicht auf dem Gehorsam der wie hypnotisierten Massen?«, lässt der Schriftsteller Richard Lourie seinen Stalin sagen. »Körperkraft jedenfalls hat mit Macht bestimmt nichts zu tun. Ich bin ebenso einfach umzubringen wie jeder andere. Mit meiner Länge von einsdreiundsechzig bin ich womöglich sogar noch einfacher zu beseitigen als viele andere. Ein kräftiger Mann könnte mich erwürgen, wenn ich schlafe. Ein Koch könnte mir so viel Gift ins Essen mischen, dass mir das Herz stehenbleibt. Warum es bisher noch nicht dazu gekommen ist? Weil noch niemand das Wort ausgesprochen hat, das den Bann bricht.«[1]

Stalin konnte seiner Macht nicht sicher sein, weil er Grund hatte, nicht nur die Untertanen, sondern auch die Gefolgsleute zu fürchten. Aber selbst die Gefährten hatten Angst, weil sie nicht wussten, welche Vorkehrungen der Diktator getroffen hatte, um eine Verschwörung abzuwenden. Solange die Furcht größer ist als das Verlangen nach Freiheit, ist die Macht nicht in Gefahr. Es ist offenbar kein Machtverhältnis vorstellbar, das nicht auf Gewalt gegründet ist, selbst dann, wenn die Unterworfenen die Macht freiwillig anerkennen. Denn sobald die Anerkennung der Macht widerrufen wird, kommt es zur Kraftprobe zwischen jenen, die die Macht behalten und jenen, die sie brechen wollen. Auf Verabredungen kann sich niemand verlassen, wenn ihre Einhaltung nicht auch jederzeit erzwungen werden kann. Deshalb sind Macht und Gewalt zwei Seiten eines symbiotischen Verhältnisses. »Und Verträge ohne das Schwert«, erinnert uns Hobbes, »sind bloße Worte und besitzen nicht die Kraft, einem Menschen auch nur die geringste Sicherheit zu bieten.«[2] Wäre es anders, bräuchten wir keinen staatlichen Zwangsapparat, der uns voreinander schützt. Wir haben nur vergessen, dass es so ist, weil die Todesdrohung in der befriedeten Gesellschaft nicht mehr ausgesprochen wird und weil wir auch ohne Androhung von Gewalt wissen, was zu tun ist.

Macht und Herrschaft

Nichts ist geheimnisvoller als die Wirkung der Macht. »Nichts erscheint erstaunlicher bei der philosophischen Betrachtung menschlicher Angelegenheiten«, wunderte sich David Hume, »als die Leichtigkeit, mit der die Vielen von Wenigen regiert werden und die stillschweigende Unterwerfung, mit der Menschen ihre eigenen Gesinnungen und Leidenschaften denen ihrer Herrscher unterordnen.«[3] Wie kommt es, dass viele Menschen wenigen gehorchen, obwohl niemand Gewalt ausübt? Warum haben nicht einmal die Gefolgsleute es gewagt, sich Stalin zu widersetzen? Warum musste erst ein Krieg geführt werden, um einen Despoten wie Saddam Hussein zu stürzen, der zwei Jahrzehnte an der Macht blieb, obwohl er auch unter Freunden und Verwandten Furcht und Schrecken verbreitete? Warum zahlen wir Steuern, befolgen die Anweisungen der Polizei und beachten Verkehrsregeln? Wie kommt es, dass von selbst geschieht, was die Wenigen den Vielen abverlangen? Warum gelingt es manchen Menschen scheinbar mühelos, Gehorsam zu erzeugen, anderen aber nicht? Warum spricht niemand das Wort aus, das den Bann bricht? Wer wissen will, was Macht ist, muss Antworten auf diese Fragen geben.

Menschen sind verletzlich. »Der Leib des Menschen ist nackt und anfällig«, sagt Canetti. »Er hat Schild und Rüstung erfunden, Mauern und ganze Festungen um sich gebaut. Aber was er sich von allen Sicherungen am meisten wünscht, ist ein Gefühl der Unverletzlichkeit.«[4] Der Mensch will überleben. Aber er kann niemals sicher sein, dass gelingt, wonach er sich sehnt, weil sein Leben in jedem Augenblick zu Ende sein könnte. Die Verletzungsoffenheit ist das Tor, durch das sich die Gewalt Einlass in das Leben verschafft. Denn allem, was lebt, kann das Leben genommen werden.[5] Wäre die Welt ein Ort des ewigen Friedens, man bräuchte keine Sicherheitsvorkehrungen. Aber so ist es nicht, und deshalb ist die Dialektik von Gewalt und Ordnung eine Quelle der Macht. Die einen befehlen und die anderen gehorchen, weil sich beide davon einen Gewinn versprechen.

»Macht bedeutet jede Chance«, sagt Max Weber, »innerhalb einer sozialen Beziehung den eigenen Willen auch gegen Widerstreben durchzusetzen, gleichviel worauf diese Chance beruht.«[6] Alle sozialen Beziehungen sind Machtbeziehungen, weil die einen stark, die anderen schwach, die einen bewaffnet, die anderen unbewaffnet sind, weil die einen befehlen, die anderen Sicherheit haben wollen. Macht steuert das Verhalten, verändert Einstellungen und Perspektiven. Sie ist ein Modus der menschlichen Existenz und durchströmt alle sozialen Beziehungen.[7] »Die Macht ist an sich weder gut noch böse«, schreibt Carl Schmitt, »sie ist an sich neutral; sie ist das, was der Mensch aus ihr macht.«[8]

Macht kann man nicht besitzen, sie geschieht, sobald Menschen Konflikte austragen, Entscheidungen treffen, Aufgaben delegieren und Hierarchien festlegen. Sie fließt, kommt und geht. Beide Seiten könnten anders handeln als sie es tun, und deshalb beruht Macht auf einem System der Unsicherheit.[9] In allem, was Menschen tun, ist Macht. Die Macht ist wie ein schwerer Körper, der schneller wird, je mehr er sich bewegt.[10] Macht verlangt nach mehr Macht, weil der Machttrieb mit den Aufgaben wächst, die ihm zuwachsen, und weil er sich durchsetzen muss. Macht braucht Widerstand. Nur wenn sie Widerstand überwindet, kann sie Macht sein. Wären alle tot, wäre es um sie geschehen, weil sie die Toten nicht wieder ins Leben zurückholen kann.[11] Andererseits könnte sich Macht ohne das Bedürfnis nach Sicherheit und Ordnung nicht behaupten. Was wäre der Machttrieb ohne das Bedürfnis nach Sicherheit? Denn wer gehorcht, erhält Erwartungssicherheit und weiß, woran er ist, und wer Gehorsam erzwingen kann, ist sicher vor der Rebellion der Unterworfenen. Gehorsam und Opposition sind zwei Seiten eines »in sich ganz einheitlichen Verhaltens des Menschen«, sagt der Soziologe Georg Simmel.[12] Menschen ordnen sich anderen Menschen unter, weil sie ein Interesse daran haben, zu gehorchen. Selbst der Mächtige will mehr Macht nur, um auch für sich Sicherheit zu haben.

Die Ursache der Macht, glaubt Luhmann, liegt in der begrenzten Fähigkeit von Menschen, Informationen zu verarbeiten. In komplexen sozialen Systemen müssten sich Menschen auf »Selektionsleistungen« anderer verlassen. Ohne die Übertragung von Macht wären sie überfordert. Macht wolle nicht auf die Brechung, sondern auf die Neutralisierung des Willens hinaus. Die Kosten für solche Selektionsleistungen müssten von den Unterworfenen getragen werden.[13] Ein geregeltes Machtverhältnis vereinfacht die sozialen Beziehungen, weil es von Entscheidungszwängen und Konflikten entlastet. Es steuert menschliches Verhalten und gibt Mächtigen und Gehorchenden, was sie brauchen: Lustgewinn und Ordnungssicherheit. Simmel schreibt: »Der Mensch hat ein inneres Doppelverhältnis zum Prinzip der Unterordnung. Er will zwar einerseits beherrscht sein, die Mehrzahl der Menschen *kann* nicht nur ohne Führung nicht existieren, sondern sie fühlen das auch, sie suchen die höhere Gewalt, die ihnen die Selbstverantwortlichkeit abnimmt, und eine einschränkende, regulierende Strenge, die sie nicht nur gegen außen, sondern auch gegen sich selbst schützt.«[14]

Machtverhältnisse verändern Menschen. Macht korrumpiert. Der Mächtige wird zum Sklaven der Unterworfenen, weil er an nichts anderes als an den Machterhalt denken kann, und die Unterworfenen tun, was sie unterlassen hätten, wenn sie frei gewesen wären. Jeder will überleben und ist nur auf seinen Vorteil bedacht. Interessen und Bedürfnisse machen gehorsam, wenn alle wissen, was sie und was andere tun können und tun dürfen, um Erwartungen zu erfüllen. Man muss Gewissheit haben, dass die anderen sich so verhalten, wie man es von ihnen erwartet, und dass die Übertretung von Regeln bestraft wird. Sicherheit hat nur, wer schon voraussieht, mit welchem Verhalten er sich Vorteile oder Anerkennung verschaffen kann. Man muss also wissen, woran man ist. Deshalb beugen sich Menschen auch unter prekären Verhältnissen der Macht.[15] Denn die Freiheit wiegt weniger als die Ordnungssicherheit und das eigene Leben, das jeder Kritiker zur Disposition stellen würde, wenn er rebellierte.

Macht ist, was der Mensch aus ihr macht. Niemand beugt sich freiwillig dem Willen anderer, wenn von ihm verlangt wird, was er nicht will, und deshalb muss Macht gegen Widerstreben durchgesetzt werden. Jeder kann drohen, schreien, die Fäuste sprechen lassen oder Waffen einsetzen, um anderen Angst zu machen und sie zur Unterwerfung zu zwingen. Menschen können über andere Macht ausüben, weil sie andere verletzen oder töten, weil sie geben und nehmen können. Macht ist Gratifikations- und Sanktionsmacht, sie gibt und sie nimmt.[16] Wer verletzen will, braucht keine dauerhafte Kontrolle, sondern nur die Fähigkeit, zu tun, was er will. Er schlägt, und wenn der andere fällt, hat er dessen Willen für einen Augenblick gebrochen. Aber auch der Unterlegene kann drohen oder gewalttätig werden. Selbst der Schwächste ist stark genug, um den Stärksten zu töten: durch Hinterlist, Tücke, im Bündnis mit anderen. Sowohl die Starken als auch die Schwachen wissen, dass es so ist. Miteinander leben heißt auch, sich voreinander zu fürchten und zu schützen.[17]

Gewalt aber ist auf Wiederholung angewiesen, wenn sie sich in dauerhafte Macht verwandeln will. Solange sie auf Einzelfälle beschränkt ist, wirkt sie nur sporadisch, bleibt »Aktionsmacht«. Der Drohende muss anwesend sein, um sich durchzusetzen. Sobald der Gewaltakt vorüber ist, ist es um die Macht geschehen, weil der Gewalttäter das Verhalten der Unterlegenen nicht auf Dauer steuern kann. Deshalb ist Aktionsmacht an die Fähigkeit und Bereitschaft gebunden, Gewalt auszuüben. Alle Macht aber strebt nach Normierung, sie will den Tag überdauern. Solange sie sich auf Gewalt und nicht auf Zustimmung gründet, bleibt sie brüchig. Denn der Gewalttäter, der schläft, kann am nächsten Morgen seine Macht schon wieder verloren haben. Erst wenn es gelingt, das Verhalten von Menschen zu normieren, können Machtverhältnisse Raum und Zeit überschreiten. »Instrumentelle Macht« beruht auf anspruchsvolleren Voraussetzungen als Aktionsmacht, weil sie das Vermögen erfordert, Drohungen und Versprechungen Taten folgen zu lassen. Das wissen auch jene, die gehorchen sollen. Wer immer wieder die Erfahrung macht, dass Ungehorsam bestraft, Gehorsam aber belohnt wird, stellt sich auf Wiederholungen ein und antwortet, wie es die Situation erfordert. Drohungen erzeugen Angst, Versprechungen Hoffnung, beider Mittel kann sich der Mächtige bedienen, um das Verhalten anderer zu steuern. Die Machtwirkungen von Drohungen und Versprechungen überschreiten den Augenblick.[18] Der Gehorsam verfestigt sich normativ, und die Macht zeigt Wirkungen auch dann, wenn niemand da ist, um sie zu erzwingen. Der Machthaber kann auf Gewalt und Kontrolle verzichten, er spart Zeit, weil die Unterworfenen gehorchen, und die Unterworfenen tauschen ihre Freiheit gegen Ordnungs- und Erwartungssicherheit ein. »Aus einer Hier-und-Jetzt-Fügsamkeit ist eine Immer-wenn-dann-Fügsamkeit geworden«, sagt Popitz über die Organisation dauerhafter Macht. Aus einer Konformität von Fall zu Fall wird normierendes Verhalten, das den Aufwand verringert, um Herrschaft auszuüben. Denn das richtige Verhalten ist aus der Situation bekannt.[19]

Auf Dauer gesichert ist Macht aber erst, wenn sie sich auf das Einverständnis der Unterworfenen gründet. Der amerikanische Soziologe Talcott Parsons beschrieb Macht als ein Beziehungsmuster, aus dem nicht nur die Starken, sondern auch die Schwachen einen Gewinn ziehen können, weil Macht ein Verteilungssystem von Rechten und Pflichten sei, das sich nur im Interesse aller durchsetzen könne.[20] Popitz hingegen spricht von »autoritativer Macht«. Ihre Wirksamkeit besteht darin, dass sie auch dort Konformität erzeugt, wo Handlungen überhaupt nicht kontrolliert werden. Man trägt die Macht als verinnerlichte Kontrolle mit sich herum. Diese innere Macht steuert nicht nur äußeres Verhalten, sondern auch innere Einstellungen. »Innere Macht wirkt auch im Dunkeln.«[21] Es ist die »Orientierungsbedürftigkeit« des Menschen, auf der die Wirksamkeit dieser Macht beruht. Der Autoritätsabhängige übernimmt Urteile, Meinungen und Wertmaßstäbe der Autoritätsperson und damit deren Perspektiven, um Anerkennung zu finden. Autorität beruht auf der Anerkennung von Überlegenheit und dem Wunsch, von den Überlegenen selbst anerkannt zu werden. Sie ist ein Versuch, Machtverhältnisse zu interpretieren und ihnen eine dauerhafte Gestalt zu geben.[22] In solchen Verhältnissen gewinnen Menschen ihr Selbstwertgefühl. Erst die Verinnerlichung der Macht verwandelt Menschen in Subjekte, wie Foucault sagt. »In Wirklichkeit ist die Macht produktiv; und sie produziert Wirkliches. Sie produziert Gegenstandsbereiche und Wahrheitsrituale: das Individuum und seine Erkenntnis sind Ergebnisse dieser Produktion.«[23]

Macht, die sich durch die Anerkennung von Autorität legitimiert, wird zur Herrschaft. Normierende Macht verwandelt sich in überpersonale Macht, und deshalb können Machtpositionen beliebig übertragen werden. Macht beruht darauf, dass es eine Chance zur Durchsetzung des eigenen Willens gibt, ganz gleich ob die Gehorchenden sich freiwillig unterwerfen oder nicht. Herrschaft, schreibt Weber, ist die »Chance, für einen Befehl bestimmten Inhalts bei angebbaren Personen Gehorsam zu finden«.[24] Herrschaft ist institutionalisierte und verfestigte Macht. Sie ist nicht mehr an die Personen gebunden, die Macht ausüben, sondern beruht auf einem überindividuellen Verhältnis. Wenn sie von Dauer sein will, braucht sie die Zustimmung der Beherrschten, mag sie freiwillig oder erzwungen gegeben worden sein. Deshalb beruht Herrschaft scheinbar auf dem Glauben an ihre »Legitimität«.[25]

Je größer das technische Potential möglicher Machtausübung ist, desto umfassender und dauerhafter ist die Kontrolle, die Herrschaft ausüben kann. Die eigentliche Kontrollgewalt im modernen Staat gehört der Bürokratie, weil sie »Herrschaft kraft Wissen« ist.[26] Ihre Wirksamkeit beruht auf Informationen, Wissen, Effizienz, Berechenbarkeit, Arbeitsteilung und hierarchischen Strukturen. Es ist die Regelmäßigkeit und Berechenbarkeit ihrer Verfahren, die Menschen dazu veranlasst, sich freiwillig zu fügen. Durch Wiederholung und Routine schleichen sich Verhaltensweisen unbemerkt in den Alltag ein. Sie vereinfachen Komplexität und ersparen Zeit, weil alle Beteiligten ihr Verhalten durch anerkannte Verfahren aufeinander abstimmen.[27] Man verrichtet von selbst, wozu man schon nicht mehr aufgefordert werden muss. Die Macht wird verinnerlicht, nicht als Zwang, sondern als Weg zum Selbst. Wir fahren pünktlich zur Arbeit, halten uns an Gesetze und Verordnungen, trennen unseren Hausmüll und greifen nicht einmal zur Selbsthilfe, wenn wir Opfer eines

Verbrechens werden.[28] Obwohl niemand sieht, was wir tun, widerstehen wir der Versuchung, Verbote zu übertreten, ohne dass uns jemand dazu zwingt. Der Kontrollaufwand, den die Herrschaft betreiben muss, ist gering, die Macht auf Dauer gesichert. Je wirkungsvoller die Macht ist, desto weniger wird sie bemerkt. Sie wirkt im Stillen, und wo sie auf sich hinweisen muss, ist sie schon in Gefahr.[29]

Machtdurchsetzung

Nicht alle Versuche der Machtbildung sind erfolgreich, aber wenn sie erfolgreich sind, vollziehen sie sich mit einer Selbstverständlichkeit, als könne es gar nicht anders sein.[30] Wie gelingt es, dass wenige Menschen vielen ihren Willen aufzwingen können? Und wie kommt es, dass Macht dauerhaft wird und sich in Herrschaft verwandelt und verfestigt? Weil wenige Menschen, die entschlossen sind, einen Vorteil gegenüber den Vielen haben, die nicht organisiert sind, und weil die einen ihren Machtanspruch durchzusetzen und zu erhalten verstehen. Machtverhältnisse entstehen dort, wo Menschen einander ausgeliefert und aufeinander angewiesen sind. Denn Menschen, die nicht weglaufen können, haben keine andere Wahl als auf den Machtanspruch zu antworten, mit dem andere Menschen sie konfrontieren. Sie können sich ihm widersetzen oder sich ihm fügen. Aber sie können ihn nicht ignorieren.[31]

Man stelle sich ein Kreuzfahrtschiff vor, schlägt Popitz vor, auf dem Menschen für eine begrenzte Zeit miteinander auskommen müssen. Auf dem Sonnendeck des Schiffes stehen Liegestühle, auf die jeder Passagier einen Nutzungsanspruch erheben kann. Solange es mehr Liegestühle als Passagiere gibt, wird dieser Anspruch von niemandem in Frage gestellt. Es herrscht eine Atmosphäre höflicher Nichtbeachtung, in der Machtfragen überhaupt nicht aufkommen. Eines Tages wird alles anders. Das Schiff läuft einen Hafen an und nimmt weitere Passagiere an Bord. Nun tritt eine Gruppe auf, die einen dauerhaften Anspruch auf die Liegestühle erhebt. Sie unterstreicht ihren Anspruch durch weiße Handtücher, die auf Liegestühle gelegt werden. Aber das Belegungssymbol allein bewirkt wenig, wenn es nicht auch ein Symbol für die Entschlossenheit der Usurpatoren wäre. Ihr Besitzanspruch wird erst durch den »gemeinsamen Kraftaufwand aller Auch-Besitzer« durchgesetzt.[32] Nähert sich jemand einem Liegestuhl, auf dem ein weißes Handtuch liegt, wird er durch lautes Geschrei der Auch-Besitzer zurückgewiesen. Danach werden die Stühle zusammengestellt, so dass sie Wagenburgen gleichen. Jetzt erst, nach der Durchsetzung exklusiver Verfügungsgewalt, verwandelt sich die amorphe Gruppe der Passagiere in eine Klassengesellschaft. Die einen sind Besitzer, die anderen nicht, weil ihnen der Zugang zu den Liegestühlen verwehrt wird. Wer Besitzansprüche auf Güter erhebt, die niemandem gehören, muss diesen Anspruch gegen den Willen anderer durchsetzen und ihn in Erinnerung halten.

Jetzt könnten die Besitzer Liegestühle, die sie nicht selbst nutzen, vermieten, und sie könnten die Aufsicht über die Liegestühle an Nicht-Besitzende delegieren. Daraus ergeben sich für die Besitzenden mehrere Vorteile. Sie müssen Kontrollfunktionen nicht selbst übernehmen und können auch im Schlaf sicher sein, dass ihnen bleibt, worauf sie einen dauerhaften Anspruch erheben. Und sie können die Nicht-Besitzenden voneinander trennen, indem sie Wächter aus ihren Reihen rekrutieren und sie auf ihre Seite ziehen. Aus sporadischer Macht wird instrumentelle Macht. Man kann drohen, ohne anwesend zu sein, und solange es für die Wächter keine Alternativen gibt, werden sie tun, was man ihnen aufträgt.

Warum aber unterwirft sich die Mehrheit der Minderheit, obwohl sie keinen Gewinn davon hat? Weil es gefährlich ist, sich einer entschlossenen Gruppe zu widersetzen, wenn man nicht weiß, ob auch andere zur Rebellion bereit sind. Würden die Entschlossenen Gewalt anwenden? Und wer würde dem Widersacher zur Hilfe kommen? Die Lage ist unübersichtlich, es gibt keine Erwartungssicherheit. Die Gemeinschaft der Nicht-Besitzenden ist amorph. Sie ist gegenüber den Usurpatoren im Nachteil, die genau wissen, was sie wollen, und sich auf eine Strategie zur Durchsetzung ihrer Ziele verabredet haben. Gegen den Einsatz von Gewalt kann sich die Mehrheit nicht behaupten. Sobald Wächter auftreten, die im Auftrag der Besitzenden drohen, können sich die Nicht-Besitzenden gegen den Machtanspruch kaum noch wehren. Die Mehrheitsverhältnisse sind unklar, niemand weiß genau, was die Besitzenden tun werden, wenn man sich ihnen widersetzt. Das Risiko, Opfer von Gewalt zu werden, wächst.

Die Besitzenden haben eine größere Chance, sich wirkungsvoll zu organisieren, weil jeder ein Interesse daran hat, das Privileg aller anderen Besitzer zu verteidigen. Denn wenn der eine es tut, tut es auch der andere. Deshalb kooperieren die Besitzenden miteinander, und sie verwandeln sich in eine Gruppe. Wer kooperiert, kann Ressourcen akkumulieren, sich auf Strategien verständigen und Machtfunktionen delegieren. Man spart Zeit und Geld und kann die Besitzlosen gegeneinander ausspielen, ohne selbst anwesend zu sein. Die Besitzlosen sind im Nachteil, weil ihre Mehrheit sie lähmt und sie keine Gruppe bilden können. Wer will schon einen Aufstand organisieren, wenn er damit die eigene Ordnungssicherheit zur Disposition stellte?[33]

Zwar wollen die Besitzlosen, dass die Besitzenden ihren Anspruch wieder aufgeben, aber was geschähe, wenn ihre Rebellion Erfolg hätte? Die Einigkeit darüber, dass eine Ordnung ungerecht ist, schafft noch keine Verständigung darüber, welche Ordnung ihr vorzuziehen sei, und sie gibt dem Einzelnen nicht die Gewissheit, dass er erreichen könne, wonach er sich sehnt. Die alte Ordnung könnte nicht wieder hergestellt werden, weil sich das freie Verfügungsrecht immer wieder gegen neue Besitzansprüche behaupten müsste. Ist der Anspruch erst einmal in der Welt, lässt er sich auch nicht wieder aus ihr vertreiben.

Nunmehr ist es ausgeschlossen, dass der Besitz wieder freigegeben und jedermann zur Nutzung überlassen wird. Die Besitzlosen müssten, wenn sie das Recht der Mehrheit durchsetzen wollten, entweder das Verlangen nach Besitz durch Umerziehung aus den Köpfen der Menschen vertreiben oder aber die Gruppe der Besitzenden um ihren Besitz bringen. Selbst wenn die Rebellion Erfolg hätte, müssten die Besitzlosen eine Antwort auf die Frage geben, wie der Besitz in der Zukunft verteilt werden soll. Was den Besitzenden weggenommen wurde, soll nun den Rebellen gehören. Aber jeder von ihnen will ein Teil vom Ganzen. Das Risiko, das die Rebellen eingehen, ist groß, weil niemand im Voraus weiß, ob der Besitz tatsächlich unter den Angreifern aufgeteilt werden würde, wenn sie Erfolg hätten. Deshalb werden sie, bevor sie sich mit anderen Besitzlosen verbinden, fragen, welchen Gewinn sie und die anderen davon haben, wenn sie sich erheben. Was immer die Angreifer untereinander auch verabreden mögen: Sie haben keine Gewissheit, zu bekommen, was sie wollen. Sie sind misstrauisch, weil sie nicht wissen können, ob sie siegen und ob sie der Verabredung trauen dürfen, die sie getroffen haben.

Dieses Misstrauen können die Besitzenden für ihre eigenen Machtinteressen instrumentalisieren, indem sie die Besitzlosen manipulieren. Sie machen ihnen Hoffnungen, versprechen ihnen Vorteile, Privilegien, Prämien und Posten. Solange die Besitzlosen sich mit der Organisation und Kommunikation der Besitzenden nicht messen können, werden sie auf das Wagnis einer Rebellion verzichten. Denn die Privilegierten sind im Vorteil, weil sie organisiert und entschlossen sind, und deshalb können sie ihrer Macht gewiss sein, ohne auch nur eine Gewalttat begehen zu müssen. Und so bringen die Wenigen die Vielen in ihre Abhängigkeit. Erst bieten sie ihnen Belohnungen an, dann Schutz und Fürsorge. Man erhält Ordnungssicherheit, wenn von jedermann anerkannt wird, dass die einen über Besitz verfügen dürfen und die anderen nicht, und wenn unter allen Umständen vorauszusehen ist, was geschieht, wenn die Regeln gebrochen werden, die sich aus dieser Verabredung ergeben.

Damit aus Macht Herrschaft werden kann, müssen die Machtverhältnisse legitimiert werden. Am Anfang wird das Machtgefüge nur von den Besitzenden für legitim gehalten, weil sie ein Interesse daran haben, ihre Usurpation als natürliches Vorrecht auszugeben. Sie verständigen sich untereinander darauf, dass ihr Besitzanspruch rechtmäßig ist, indem sie ihn mit Tradition, Herkommen oder Können begründen. »Die Gruppe verfolgt ihre Zwecke mit größter egoistischer Rücksichtslosigkeit gegen alle Zwecke, die von Außengruppen vertreten werden«, beschreibt Simmel die Durchsetzung von Machtansprüchen. »Sie legt sich dabei moralische Rechtfertigungen zurecht, die die Gruppenzwecke als überindividuelle Interessen ausgeben.«[34] Legitimität entsteht durch das Einverständnis Gleicher, aber dieses Einverständnis bleibt nicht ohne Folgen für die Besitzlosen. Die Besitzenden führen ihre Ansprüche öffentlich auf, kleiden sie in Zeremonien, Rituale und Symbole, in Grußformen und Anerkennungsgesten, die den Unterworfenen zeigen sollen, dass die Vorrechte der Privilegierten durch Traditionen oder heilige Texte legitimiert sind. Die Symbole der Macht sollen eine Legitimationsquelle für die Begründung von Herrschaft sein.

Menschen ordnen sich anderen Menschen aber nicht nur deshalb unter, weil sie sich vor ihnen fürchten oder weil sie nicht wissen, was geschieht, wenn sie sich ihnen widersetzen. Autorität beruht auch auf freiwilliger Anerkennung. Hitler und Stalin erwarben ihre Autorität nicht, weil sich ihre Gefolgschaft vor ihnen fürchtete, sondern weil sie ihre Anhänger manipulierten, verzauberten oder mit Privilegien ausstatteten. Immer wieder kommt es vor, dass Menschen Anhänger an sich binden, die überhaupt nicht gehorchen müssten, es aber trotzdem tun, weil die Führungsfigur in ihren Augen über außergewöhnliche Eigenschaften verfügt, die sonst niemand hat.[35] Es gibt Prediger, Künstler, Politiker und Pädagogen, die nichts weiter tun müssen, als sie selbst zu sein, um Folgsamkeit zu erzeugen. »Eine Persönlichkeit, an Bedeutung und Kraft überlegen«, so Simmel, »erwirbt bei ihrer näheren oder auch entfernteren Umgebung einen Glauben und Vertrauen, ein maßgebendes Gewicht ihrer Meinungen, das den Charakter einer objektiven Instanz trägt.« Die Autoritätsperson gewinnt »axiomatische Zuverlässigkeit« für ihre Entscheidungen, die sie nicht einmal begründen muss.[36]

Nirgendwo Gewalt und Zwang, und dennoch Unterordnung und Gehorsam. Auf den ersten Blick scheint Macht, die sich durchsetzen will, auf Gewalt gar nicht angewiesen zu sein, denn es gibt Menschen, die Macht ausüben, nur weil andere ihren Anspruch freiwillig anerkennen. Aber solche Macht ist gefährdet, weil sie sich im

Ernstfall gegen Drohungen nicht behaupten könnte. Nur unter den Bedingungen verinnerlichter Machtverhältnisse ist eine Unterordnung denkbar, die ohne Drohung und Gewalt auskommt. Niemand würde sich im Krieg einer Autorität unterwerfen, die nicht mit den Insignien und Möglichkeiten bewaffneter Macht ausgestattet wäre. »Ein gelehrter und unbestechlicher Richter«, glaubt Hobbes, »ist in Friedenszeiten von hohem Wert, dagegen nicht im Krieg.«[37]

Macht ist an die Erwartung gebunden, dass der Mächtige seinen Willen jederzeit durchsetzen kann. »Gehorchen heißt ehren«, weiß Hobbes, »denn niemand gehorcht Leuten, von denen er annimmt, dass sie keine Macht haben, ihm zu helfen oder zu schaden.«[38] Macht hat nur, wer eigene Ansprüche erfüllen oder fremde bedrohen kann. Sobald die Waffen stumpf geworden sind, ist es mit der Macht vorbei. Deshalb kann Gehorsam nur verlangen, wer die Macht hat, die Gehorsamen zu beschützen, und seinen Worten Taten folgen zu lassen.[39] Was immer die Mächtigen auch tun: Sie können sich ihrer Macht nicht sicher sein, solange sie die Sicherheitserwartungen der Gehorsamen nicht erfüllen. Wer braucht schon einen Machthaber, der nimmt, aber nichts zu geben hat?

Macht und Gewalt

Und dennoch beruhen die Wirkungen der Macht nicht allein auf dem Glauben an die Fähigkeit der Mächtigen, Schutz zu gewähren. Sie kommen auch aus der Angst der Untertanen vor der Gewalt.[40] Selbst der schwächste aller Machthaber, der Schutz nicht zu geben vermag, kann immer noch Furcht und Schrecken verbreiten. Seine Macht beruht auf dem Wissen der Untertanen, dass Ungehorsam bestraft wird und Illoyalität Gewalt erzeugt. Dieses Wissen hindert sie daran, zu rebellieren. »Autorität beruht zum Teil auf der Angst vor einer Person, die mächtiger ist«, sagt Sennett über das Rätsel der Autoritätsbindung, »und das Zufügen von Schmerz ist eine konkrete Grundlage für diese Macht.«[41] Aber die Macht rechnet mit Ungehorsam und weiß, dass sie bedroht ist. Von Zeit zu Zeit fordert sie die Kritiker heraus, damit sie demonstrieren kann, wozu sie noch imstande ist. Popitz spricht von »bindender Aktionsmacht«. Sie unterscheidet sich von »bloßer Aktionsmacht« darin, dass sie sich mehr Zeit lässt. Sie droht nur mit Verletzung und Tod, tötet aber nicht, wie eine Katze, die mit der Maus nur spielt, sie aber am Leben lässt. »Der Raum, den die Katze überschattet«, sagt Canetti, »die Augenblicke der Hoffnung, die sie der Maus lässt, aber unter genauester Bewachung, ohne dass sie ihr Interesse an ihr und ihrer Zerstörung verliert, das alles zusammen, Raum, Hoffnung, Bewachung und Zerstörungs-Interesse, könnte man als den eigentlichen Leib der Macht oder einfach als die Macht selbst bezeichnen.«[42]

Die Macht schützt uns nicht nur voreinander, sie kann auch selbst zur Quelle der Gewalt werden. Warum sollen jene, die Macht haben, von ihr stets nur einen Gebrauch machen, der zum Frieden führt? Überall dort, wo die Macht sich ihrer selbst nicht gewiss ist, greift sie wieder auf Gewalt zurück: Wenn vorgeführt wird, was geschieht, wenn man nicht gehorcht, wenn Wohlverhalten belohnt und Widerspruch bestraft wird.[43] Gewalt ist als Drohung auch in Bildern, Beschreibungen, im öffentlichen Zurschaustellen des Verletzens und Tötens wirksam, weil sie zu Bewusstsein bringt, was geschieht, wenn man nicht gehorcht. Gewalt, die Macht sein will, braucht Öffentlichkeit. Wenn niemand zusieht und niemand von den Möglichkeiten der Gewalt weiß, verliert sie ihre Wirkungen.

Jeder weiß, dass Ordnungen fragil sind und die Wiederkehr der Gewalt alles in Frage stellen würde, was man für gewiss gehalten hatte. Macht kann niemals vollständig sein. Nur unvollkommen kann sie bleiben, was sie ist. »Macht ist unvollkommen, weil sich die Entscheidung zum Äußersten nicht monopolisieren lässt«, schreibt Popitz.[44] Es liegt in der Natur aller sozialen Beziehungen, dass jene, die Macht haben, sich gegen jene, die sie nicht haben, Tag für Tag durchsetzen müssen. Macht, die total wäre, müsste sich selbst abschaffen. Denn die Entscheidung über Leben und Tod liegt nicht nur beim Machthaber. Sie rechnet immer mit den möglichen Entscheidungen der anderen. Die Machthaber sind nicht immer da. Sie werden sterben. Und die Untertanen wissen es. Denn das Ende des Machthabers lässt sich beschleunigen. »Wie das jedes anderen führt

Gewalt es herbei.«[45] Es ist die Fähigkeit der Menschen, einander zu töten, die der Macht von Menschen über Menschen Grenzen setzt. Solange sie töten können, ist Macht unvollkommen. Selbst dann, wenn scheinbar nichts geschieht, bleibt Gewalt im Spiel, weil die Macht jederzeit herausgefordert werden kann.

»Nackte Gewalt tritt auf, wo Macht verloren ist«, sagt hingegen Hannah Arendt. »Macht und Gewalt sind Gegensätze. Wo die eine absolut herrscht, ist die andere nicht vorhanden. Gewalt tritt auf den Plan, wo Macht in Gefahr ist; überlässt man sie den ihr innewohnenden Gesetzen, so ist das Endziel, ihr Ziel und Ende, das Verschwinden von Macht. (…) Gewalt kann Macht vernichten; sie ist gänzlich außerstande, Macht zu erzeugen.«[46] Wer gewalttätig ist, handelt aus Schwäche, glaubt Arendt, denn warum müsste er sonst Gewalt anwenden, um seinen Willen gegen Widerstreben durchzusetzen? Je mehr Gewalt aufgewandt werden müsse, desto weniger Macht habe der Gewalttäter. Auch in Luhmanns Systemtheorie ist Macht nur als nicht vollzogene Androhung von Gewalt wirksam. Sobald Gewalt angewendet werde, sei die Macht gescheitert.[47]

Arendts Machtbegriff kam aus der Vorstellung, Macht sei im Gegensatz zur Gewalt eine produktive soziale Kraft. Die Grenze der Macht liegt also nicht in ihr selbst, sondern in der »gleichzeitigen Existenz anderer Machtgruppen«. Macht werde durch Pluralität begrenzt. Deshalb sei die Teilung der Gewalten ein Verhältnis sich gegenseitig kontrollierender und einander ausgleichender Mächte. Die Tyrannei aber sei ein »Aufgebot ohnmächtiger Gewalt«, das Feuer und Verderben, aber nichts hinterlasse, was erinnert zu werden verdiene. Sie erzeuge Gewalt und Ohnmacht, zu der sie die Herrschenden und die Beherrschten verurteile, sie sei der Versuch, Macht durch Gewalt zu ersetzen. »Die Tyrannis verhindert aktiv die Entstehung von Macht, und zwar innerhalb des gesamten politischen Bereichs; durch die ihr eigene Kraft der Isolierung erzeugt sie Ohnmacht mit der gleichen Selbstverständlichkeit, mit der andere Staatsformen auf verschiedene Weise Macht erzeugen.« Gegen die Gewalt könne sich der Einzelne passiv oder heroisch verhalten, er könne untergehen oder Widerstand leisten. Gegen die Macht der Vielen aber richte die Stärke des Einzelnen nichts aus.[48] Arendt definiert Macht als soziale Beziehung, die auf Stärke gar nicht angewiesen ist. Für sie sind Tyrannei und Gewalt das Gegenteil von Macht, weil sie zerstören, was Arendt für Machtbeziehungen hält. Aber lassen sich die despotischen Regime des 20. Jahrhunderts wirklich als Systeme der Ohnmacht beschreiben? Muss der Unterworfene nicht auch eine Wirkung empfinden, damit von Macht die Rede sein kann? Und ist die Erfahrung der Gewalt nicht die stärkste aller Wirkungen, die uns die Macht anderer Menschen spüren lässt?

Gewiss: Machthaber, die ihre Untertanen von Zeit zu Zeit daran erinnern müssen, dass sie mitleidlos zu strafen verstehen, sind zweifellos schwächer als Machthaber, die gar nicht mehr erzwingen müssen, was sie von allen verlangen. Aber die einen wie die anderen üben Macht aus. Ohne die Fähigkeit, sich gegen den Willen anderer auch tatsächlich durchzusetzen, könnte von Macht überhaupt nicht die Rede sein. Was aber ist die Anwendung von Gewalt anderes als die Durchsetzung des eigenen Willens?

Ordnungen sind fragil, der Frieden ist brüchig. Alle Menschen wissen um die Verletzlichkeit ihrer Existenz. Jederzeit kann die Gewalt wiederkehren, und dann wird die Machtfrage neu gestellt. Erst wenn die Furcht vor der Wiederkehr der Gewalt das Bewusstsein beherrscht, hat die Macht sich durchgesetzt. Menschen, die Gewalt ertragen müssen, spüren die Macht im Schmerz. Es kommt also gar nicht darauf an, ob der Machthaber schwach oder stark ist, sondern ob er jederzeit und überall mit Gewalt seinen Willen durchsetzen kann.

Macht und Furcht

Sobald sich die Gewalt mehr Zeit lassen kann, wird sie zur Macht.[49] Ihre Wirkungen zeigen sich in der Zeit vor und nach der Gewalt. Es sind die Zeugen der Gewalt, die in ihrer Furcht zu Objekten der Macht werden, weil sie nicht wollen, dass ihnen Gleiches widerfährt. Gewalt, die Macht begründen will, benötigt Pausen. Denn wenn die Todgeweihten außer ihrem Leben nichts mehr zu verlieren haben, werden Drohungen leer. Gewalt, die nichts als Zufall und Schicksal ist, stiftet keine dauerhafte Macht. Erst wenn die Gewalt aufhört, kann der Mächtige erfahren, ob er sich seiner Macht gewiss sein kann, ob die Unterdrückten auch dann gehorchen, wenn niemand Gewalt ausübt. Ist die Furcht vor der Wiederkehr der Gewalt groß genug, um die Unterworfenen daran zu hindern, Widerstand zu leisten? Auf diese Frage werden die Mächtigen nur eine Antwort bekommen, wenn sie beobachten, was nach der Gewalt geschieht, die sie anderen angetan haben. Menschen, die Zeugen des Schreckens geworden sind, werden nichts anderes tun können, als an die erlittene Gewalt zu denken und sich auf ihre Wiederkehr einzustellen. Schon immer haben Tyrannen gewusst, dass Gewaltdrohungen über den Tag hinaus Bestand haben müssen, wenn sie Macht begründen sollen. Ihre Macht beruht auf der erwiesenen Fähigkeit, zu verletzen und zu töten, und auf ihrem Willen, ihrer Bereitschaft und ihrer Fähigkeit, es immer wieder zu tun. Sobald sie Schwäche zeigen, ist es um ihre Macht geschehen.

Aber woher weiß der Mächtige, ob Untertanen und Gefolgsleute gehorchen oder Gehorsam nur simulieren? Der Despot gerät in ein Dilemma, weil er nur noch erfährt, was er hören will, aber nicht mehr, was ihm von Nutzen wäre. Jeder spricht so, wie der Machthaber es erwartet. Nur weiß er nicht, was die Gehorsamen wirklich im Schilde führen. Er wird zum Gefangenen der Macht, die Paranoia ergreift Besitz von ihm. Mauern umgeben seinen Palast, Geheimpolizisten bewachen ihn. Aber nicht einmal vor ihnen kann er sicher sein, und deshalb tauscht er sie von Zeit zu Zeit unter fadenscheinigen Vorwänden aus. Er muss einen Raum schaffen, den er übersehen kann und in dem nichts unbemerkt bleibt, was hinter seinem Rücken geschieht. Er hat Angst vor den Gefährten, Gefolgsleuten und Bittstellern, die ihm schmeicheln, die ihn aber auch töten könnten. Die Gefahr ist überall, und deshalb wird er vom Verfolgungswahn erfasst. Er infiziert seine Umgebung mit der Paranoia, die jeden in ihren Bann zieht.[50] Denn der Machthaber sieht überall Feinde, fürchtet sich selbst vor Freunden und Verwandten. Deshalb spielt er sie gegeneinander aus, vertraut dem einen ein Geheimnis an und lässt den anderen im Unklaren, beobachtet, ob der eine dem anderen erzählt, was er erfahren hat, und er lässt Gewalt an jedem Ort sprechen, damit nicht geschieht, wovor er Angst hat.[51] »So ist der Machthaber über die Verlässlichkeit der Gefäße, denen er seine Geheimnisse anvertraut, über ihre Sicherheit immer auf dem Laufenden«, so Canetti, »und vermag abzuschätzen, welches dieser Gefäße so voll geworden ist, dass es überlaufen könnte. Zum kompletten Schachtelsystem der Geheimnisse hat er allein den Schlüssel. Er fühlt sich gefährdet, wenn er ihn einem anderen ganz anvertraut.«[52]

Schon immer haben sich despotische Herrscher darauf konzentriert, ihre Gefolgsleute zu Komplizen tödlicher Gewalttaten zu machen, und schon immer haben sie gewusst, welche Wirkungen Botschaften haben, die in menschliches Fleisch geschnitten werden. Selten haben sie sich Illusionen über die Loyalität ihrer Untertanen hingegeben. Darum müssen sie nichts anderes tun, als öffentlich vorführen, wohin der Ungehorsam führt. Die Vollstrecker bedienen sich des Körpers und des Schmerzes als Waffen, sie wissen, dass ihre Macht wächst, wenn die Verschreckten an nichts anderes mehr denken können als an die Gewalt. Ihre Macht beruht auf der dauerhaften psychischen Konditionierung der vielen, die keine Kraft mehr haben, sich gegen ihre Peiniger zur Wehr zu setzen. Täter wie Opfer sehen die verstümmelten Körper, hören die Schreie, werden die Bilder in ihren Köpfen nicht mehr los. Deshalb ist der Tod für die Mächtigen nur dann von einem Nutzen, wenn er Überlebende und Gezeichnete hinterlässt. Die Leichen der Getöteten werden öffentlich ausgestellt, die Illoyalen in Schauprozessen erniedrigt, Menschen vor aller Augen auf der Straße verhaftet, damit jedermann sehen kann, wohin Auflehnung führt. Solange durch Erzeugung von Furcht erreicht werden kann, wozu man sonst Tod und Verletzung bräuchte, kann die Macht auch auf unblutige Weise zu ihrem Recht kommen.

Manche glauben, dass Machtverhältnisse nur stabil sind, wenn die Unterworfenen dauerhafte Sicherheitsversprechen erhalten und die Herrschenden auch ihre eigene Sicherheit erhöhen. Nur übersieht eine solche Deutung der Macht, dass auch Willkür und Terror

Machtverhältnisse dauerhaft werden lassen können. Zwar kann der Ohnmächtige sein eigenes Schicksal nicht beeinflussen, aber er kann das Leben anderer Menschen zerstören, indem er sie denunziert, er kann sich an der Tötung und Verletzung von Opfern beteiligen und darüber vergessen, dass er selbst ein Nichts im großen Strom des Terrors ist. Es ist ihm eine Befriedigung, sich im Elend wenigstens noch über den Niedrigsten zu erheben. Davon lebt die Herrschaft des Terrors, die weder Erwartungssicherheit noch Frieden versprechen kann.[53]

Jahrhundertelang haben Menschen einander verletzt und getötet, und nichts wird sie davon abhalten, es auch in Zukunft zu tun. Wir sind verletzungsmächtig und verletzungsoffen, und weil es so ist, müssen wir uns voreinander schützen: durch Konventionen und Regeln und durch Waffen, mit denen ihre Anerkennung jederzeit erzwungen werden kann. Ohne klare Machtverhältnisse gibt es keinen Frieden. Ist das Gleichgewicht von Gehorsam und Sicherheit erst einmal erschüttert, ist es mit dem Frieden schnell vorbei. Nur wer imstande ist, auf Drohungen Taten folgen zu lassen, hält andere davon ab, gewalttätig zu werden. Ordnung ist eine Voraussetzung, um Gewalt einzudämmen, die Gewalt ein Mittel, Ordnung aufrechtzuerhalten.[54] Macht und Gewalt sind keine Gegensätze. Sie sind vielmehr zwei Seiten ein und desselben. Die Ordnung schützt uns vor der Gewalt, aber nur deshalb, weil sie jederzeit durch Gewalt erzwungen werden kann. »Soziale Ordnungen, die sich nicht von vornherein aufgeben«, schreibt Popitz, »müssen sich, wenn Gewalt droht, mit Gewalt schützen können.«[55] In allen Machtbeziehungen ist der Gedanke an die Wiederkehr der Gewalt enthalten. Frieden und Sicherheit gibt es nur, weil Menschen töten *können*. Ein Leben ohne Macht ist nicht vorstellbar, weil es ein Leben ohne Gewalt nicht gibt.

Anhang

Anmerkungen

Vorwort

1 Uwe Timm, Am Beispiel meines Bruders, Köln 2003, S. 131.
2 Jacques Sémelin, Elemente einer Grammatik des Massakers, in: *Mittelweg 36* 15 (2006), Nr. 6, S. 18–40.

Was ist Gewalt, und wie kann man sie verstehen?

1 Denis Johnson, In der Hölle. Blicke in den Abgrund der Welt, Hamburg 2008, S. 29–32.
2 Willy Peter Reese, »Mir selber seltsam fremd«. Die Unmenschlichkeit des Krieges. Russland 1941–1944, München 2003, 2. Aufl., S. 129–130.
3 John Cramer, Belsen Trial 1945. Der Lüneburger Prozess gegen Wachpersonal der Konzentrationslager Auschwitz und Bergen-Belsen, Göttingen 2011, S. 39–47; Ben Shephard, After Daybreak. The Liberation of Belsen, 1945, London 2005, S. 36–39; Eberhard Kolb, Bergen Belsen, Hannover 1962, S. 164–171; Derrick Sington, Die Tore öffnen sich. Authentischer Bericht über das englische Hilfswerk für Belsen mit amtlichen Photos und einem Rückblick von Rudolf Küstermeier, Hamburg 1948, S. 11–30.
4 Reese, »Mir selber seltsam fremd«, S. 144.
5 Jan-Philipp Reemtsma, Vertrauen und Gewalt. Versuch über eine besondere Konstellation der Moderne, Hamburg 2008, S. 13–23; Niklas Luhmann, Vertrauen. Ein Mechanismus der Reduktion sozialer Komplexität, Stuttgart 1968, S. 1.
6 Jürgen Habermas, Theorie des kommunikativen Handelns, 2 Bde., Frankfurt am Main 1981.
7 Peter Sloterdijk, Zorn und Zeit. Politisch-Psychologischer Versuch, Frankfurt am Main 2006, S. 32.
8 Reemtsma, Vertrauen und Gewalt, S. 22.
9 Zitiert in: Gustave M. Gilbert, Nürnberger Tagebuch. Gespräche der Angeklagten mit dem Gerichtspsychologen, Frankfurt am Main 2004, 12. Aufl., S. 32 (erstmals im Jahr 1947 erschienen).
10 Hannah Arendt, Eichmann in Jerusalem. Ein Bericht von der Banalität des

Bösen, München 1963 (Neuausgabe 2004), S. 194–195; Michel Wieviorka, Die Gewalt, Hamburg 2006, S. 153–147.

11 Feliks Chuev, Sto sorok besed s Molotovym, Moskau 1991, S. 390.

12 Sönke Neitzel/Harald Welzer, Soldaten. Protokolle vom Kämpfen, Töten und Sterben, Frankfurt am Main 2011, S. 9–46.

13 Siegrid Lamnek, Individuelle Rechtfertigungsstrategien von Gewalt, in: Wilhelm Heitmeyer/John Hagan (Hrsg.), Internationales Handbuch der Gewaltforschung, Wiesbaden 2002, S. 1379–1396.

14 »Diese Inquisition!« Tagebuch von Ljubow Wassiljewna Schaporina, in: Véronique Garros/Natalja Korenewskaja/Thomas Lahusen (Hrsg.), Das wahre Leben. Tagebücher aus der Stalin-Zeit, Berlin 1998, S. 346–347.

15 Zitiert in: Swetlana Alexijewitsch, Secondhand-Zeit. Leben auf den Trümmern des Sozialismus, München 2013, S. 227.

16 Cramer, Belsen Trial, S. 233–234. Von solchen Szenen vor alliierten Kriegsverbrechertribunalen erzählt auch Harald Welzer, Täter. Wie aus ganz normalen Menschen Massenmörder werden, Frankfurt am Main 2005, S. 66–67.

17 Vgl. Jörg Baberowski, Gewalt verstehen, in: *Zeithistorische Forschungen* 5 (2008), S. 5–17.

18 Ruth Klüger, Weiter leben. Eine Jugend, München 1994, S. 148–149.

19 Ebd., S. 149.

20 José Ortega y Gasset, Der Aufstand der Massen, Stuttgart 2002 (erstmals 1930), S. 79.

21 Marcel Reich-Ranicki, Mein Leben, Stuttgart 1999, S. 186–187.

22 Saul Bellow, Herzog, Köln 2009, S. 344.

23 Heinrich Popitz, Phänomene der Macht, Tübingen 1992, 2. Aufl., S. 48.

24 Trutz von Trotha, Koloniale Herrschaft. Zur soziologischen Theorie der Staatsentstehung am Beispiel des »Schutzgebietes Togo«, Tübingen 1994, S. 39.

25 Dirk Baecker, Form und Formen der Kommunikation, Frankfurt am Main 2005, S. 172.

26 Popitz, Phänomene der Macht, S. 51; Peter Imbusch, »Mainstreamer« versus »Innovateure« der Gewaltforschung, in: Wilhelm Heitmeyer/Hans-Georg Soeffner (Hrsg.), Gewalt. Entwicklungen, Strukturen, Analyseprobleme, Frankfurt am Main 2004, S. 125–150, hier S. 139.

27 Randall Collins, Dynamik der Gewalt. Eine mikrosoziologische Theorie, Hamburg 2011, S. 22.

28 Ryszard Kapuscinski, Wieder ein Tag Leben. Innenansichten eines Bürgerkriegs, Frankfurt am Main 2007, S. 155. Vgl. auch die detaillierte Schilderung der Schrecken des Krieges in: Adam Zamoyski, 1812. Napoleons Feldzug in Russland, München 2012, S. 537.

29 Michaela Christ, Die Dynamik des Tötens. Die Ermordung der Juden in Berditschew, Frankfurt am Main 2011, S. 115.

30 Traudl Junge, Bis zur letzten Stunde. Hitlers Sekretärin erzählt ihr Leben, München 2002, S. 78.

31 Popitz, Phänomene der Macht, S. 50.

32 Wolfgang Sofsky, Zeiten des Schreckens. Amok, Terror, Krieg, Frankfurt am Main 2002, S. 25–26.

33 Collins, Dynamik der Gewalt, S. 36.

34 Ebd., S. 507.

35 Gertrud Nunner-Winkler, Überlegungen zum Gewaltbegriff, in: Heitmeyer/Soeffner, Gewalt, S. 21–61, hier S. 49–55.

36 Elias Canetti, Masse und Macht, München 1994 (erstmals 1960 erschienen), S. 54; Wolfgang Sofsky, Traktat über die Gewalt, Frankfurt am Main 1996, 2. Aufl., S. 188–189; Winfried Speitkamp, Gewaltgemeinschaften, in: Christian Gudehus/Michaela Christ (Hrsg.), Gewalt. Ein interdisziplinäres Handbuch, Stuttgart 2013, S. 184–190.

37 Neitzel/Welzer, Soldaten, S. 44.

38 Erving Goffman, Interaktionsrituale. Über Verhalten in direkter Kommunikation, Frankfurt am Main 1986, S. 9; Trutz von Trotha, Zur Soziologie der Gewalt, in: ders. (Hrsg.), Soziologie der Gewalt, *Kölner Zeitschrift für Soziologie und Sozialpsychologie*, Sonderheft 37, (1997), S. 12–56.

39 Reemtsma, Vertrauen und Gewalt, S. 34–35.

40 Dave Grossmann, Eine Anatomie des Tötens, in: Peter Gleichmann/Thomas Kühne (Hrsg.), Massenhaftes Töten. Kriege und Genozide im 20. Jahrhundert, Essen 2004, S. 55–104, hier S. 90–91.

41 Popitz, Phänomene der Macht, S. 223.

42 Barbara Ehrenreich, Blutrituale. Ursprung und Geschichte der Lust am Krieg, München 1997, S. 162–163.

43 Warlam Schalamow, Was ich im Lager gesehen und erkannt habe, in: ders., Durch den Schnee. Erzählungen aus Kolyma, Bd. 1, Berlin 2007, S. 293.

44 Steven Pinker, Gewalt. Eine neue Geschichte der Menschheit, Frankfurt am Main 2011, S. 18, 41, 269–273.

45 Reese, »Mir selber seltsam fremd«, S. 99.

46 Julius Margolin, Reise in das Land der Lager, Berlin 2013, S. 120.

47 Nunner-Winkler, Überlegungen zum Gewaltbegriff, S. 48; Wieviorka, Die Gewalt, S. 166–167.

48 Klüger, Weiter leben, S. 192–193.

49 Julie Cassiday, The Enemy on Trial. Early Soviet Courts on Stage and Screen, DeKalb/Ill. 2000, S. 110–133.

50 Popitz, Phänomene der Macht, S. 44–46; Katharina Inhetveen, Körper, in: Gudehus/Christ, Gewalt. Ein interdisziplinäres Handbuch, S. 203–208.

51 Vgl. exemplarisch Svenja Goltermann, Die Gesellschaft der Überlebenden. Deutsche Kriegsheimkehrer und ihre Gewalterfahrungen im Zweiten Weltkrieg, München 2009.

52 Aleksej Tepljakov, Procedura. Ispolnenie smertnych prigovorov v 1920–1930-ch godach, Moskau 2007, S. 25, 66.

53 Zitiert in: Wieviorka, Die Gewalt, S. 163.

54 Herfried Münkler, Die neuen Kriege, Reinbek 2002, 6. Aufl.; Wolfgang Sofsky, Die Ordnung des Terrors. Das Konzentrationslager, Frankfurt am Main 1993; Canetti, Masse und Macht, S. 333–354, 503–517.

55 Vgl. dazu exemplarisch Felix Schnell, Räume des Schreckens. Gewalt und Gruppenmilitanz in der Ukraine 1905–1933, Hamburg 2012. Zur Bedeutung der Situation vgl. auch Wieviorka, Die Gewalt, S. 165–177.

56 Collins, Dynamik der Gewalt, S. 20; Dave Grossmann, Eine Anatomie des Tötens.

57 Welzer, Täter, S. 30; Christopher Browning, Ganz normale Männer. Das Reserve-Polizeibataillon 101 und die »Endlösung« in Polen, Reinbek 1996; Thomas Sandkühler/Hans-Walter Schmuhl, Milgram für Historiker. Reichweite und Grenzen einer Übertragung des Milgram-Experiments auf den Nationalsozialismus, in: *Analyse und Kritik* 20 (1998), S. 3–26, hier S. 14.

58 Zitiert in: Gilbert, Nürnberger Tagebuch, S. 252.

59 Welzer, Täter, S. 67; Felix Römer, Kameraden. Die Wehrmacht von innen, München 2012, S. 410–411; Wieviorka, Die Gewalt, S. 172.

60 Primo Levi, Die Untergegangenen und die Geretteten, München 1990, 5. Aufl., S. 123.

61 Amir Weiner, Something to Die for, a Lot to Kill for. The Soviet System and the Barbarization of Warfare 1939–1945, in: George Kassimeris (Hrsg.), The Barbarization of Warfare, New York 2006, S. 101–125.

62 Reemtsma, Vertrauen und Gewalt, S. 66–67.

63 Sofsky, Traktat über die Gewalt, S. 10–11.

64 Sigmund Freud, Zeitgemäßes über Krieg und Tod, in: ders., Gesammelte Werke, Bd. 10, Frankfurt am Main 1987, S. 324–355.

65 Popitz, Phänomene der Macht, S. 63; Wolfgang Reinhard, Lebensformen Europas. Eine historische Kulturanthropologie, München 2004, S. 374.

Zivilisierung: Die Gewalt verschwindet

1 Heinrich-August Winkler, Geschichte des Westens. Die Zeit der Weltkriege 1914–1945, München 2011, S. 1198–1214.

2 Pinker, Gewalt, S. 1033.

3 Ebd., S. 41.

4 Gerd Althoff, »Besiegte finden selten oder nie Gnade«, und wie man aus dieser Not eine Tugend machte, in: Steffen Martus/Marina Münkler/Werner Röcke (Hrsg.), Schlachtfelder. Codierung von Gewalt im medialen Wandel, Berlin 2003, S. 131–145, hier S. 131–132.

5 Martin Zimmermann, Gewalt: Die dunkle Seite der Antike, München 2013; Richard Evans, Rituale der Vergeltung. Die Todesstrafe in der deutschen Geschichte 1532–1987, Berlin 2001, S. 98–146.

6 Hannoversche Rotröcke in Griechenland. Das Tagebuch des Fähnrichs Zehe in den Türkenkriegen 1685–1688, hrsg. von Herbert Röhrig, Hildesheim 1975, S. 125, zitiert in: Ralf Pröve, Gewalt und Herrschaft in der Frühen Neuzeit. Formen und Formenwandel von Gewalt, in: *Zeitschrift für Geschichtswissenschaft* 47 (1999), Nr. 9, S. 792–806, hier S. 795. Vgl. auch Horst Carl/Hans-Jürgen Bömelburg (Hrsg.), Lohn der Gewalt. Beutepraktiken von der Antike bis zur Neuzeit, Paderborn 2011.

7 Dorothea Weltecke, Gab es »Vertrauen« im Mittelalter? Methodische Überlegungen, in: Ute Frevert (Hrsg.), Vertrauen. Historische Annäherungen, Göttingen 2003, S. 67–89.

8 Reinhard Wittram, Peter I. Czar und Kaiser. Zur Geschichte Peters des Großen in seiner Zeit, Bd. 1, Göttingen 1964, S. 168–181, 235–361; Christoph Schmidt, Sozialkontrolle in Moskau. Justiz, Kriminalität und Leibeigenschaft 1649–1785, Stuttgart 1996, S. 62–99. Zur Bedeutung des Staates für die Ausweitung des Krieges vgl. Ekkehart Krippendorf, Staat und Krieg. Die historische Logik politischer Unvernunft, Frankfurt am Main 1985, und Herfried Münkler, Staat, Krieg und Frieden. Die verwechselte Wechselbeziehung. Eine Auseinandersetzung mit Ekkehart Krippendorff, in: Reiner Steinweg (Hrsg.), Kriegsursachen, Frankfurt am Main 1987, S. 135–144; Joachim Kunisch, La guerre – c'est moi! Zum Problem der Staatenkonflikte im Zeitalter des Absolutismus, in: *Zeitschrift für Historische Forschung* 14 (1987), S. 407–438.

9 Pröve, Gewalt und Herrschaft, S. 800–802; Richard van Dülmen, Kultur und Alltag in der Frühen Neuzeit, Bd. 2: Dorf und Stadt. 16.–18. Jahrhundert, München 1992, S. 246–274.

10 Michel Foucault, Überwachen und Strafen. Die Geburt des Gefängnisses, Frankfurt am Main 1992, 10. Aufl., S. 9–12. Vgl. auch Reinhard, Lebensformen Europas, S. 344–355.

11 Van Dülmen, Kultur und Alltag, Bd. 2, S. 45–59, 196–214.

12 Popitz, Phänomene der Macht, S. 238–239.

13 Norbert Elias, Über den Prozeß der Zivilisation. Soziogenetische und psychogenetische Untersuchungen, 2 Bde., Frankfurt am Main 1997, 20. Aufl.

14 Elias, Über den Prozeß der Zivilisation, Bd. 1, S. 75–77.

15 Ebd., Bd. 1, S. 358.

16 Ebd., Bd. 1, S. 359.

17 Ebd., Bd. 1, S. 360.

18 Ebd., Bd. 1, S. 361.

19 Michael Howard, Der Krieg in der europäischen Geschichte. Vom Mittelalter bis zu den neuen Kriegen der Gegenwart, München 2010, 2. Aufl.,

S. 11–58; Georges Duby, Der Sonntag von Bouvines. Der Tag, an dem Frankreich entstand, Berlin 2002, S. 82–133.

20 Elias, Über den Prozeß der Zivilisation, Bd. 1, S. 363–364; Sloterdijk, Zorn und Zeit, S. 12.

21 Elias, Über den Prozeß der Zivilisation, Bd. 1, S. 370.

22 Helmuth T. Bossert/Willy Storck (Hrsg.), Das Mittelalterliche Hausbuch, Leipzig 1912.

23 Elias, Über den Prozeß der Zivilisation, Bd. 1, S. 378–394. Zur Darstellung von Gewalt in der Bildpublizistik des 16. Jahrhunderts vgl. auch Ramon Voges, Macht, Massaker und Repräsentationen: Darstellungen asymmetrischer Gewalt in der Bildpublizistik Franz Hogenbergs, in: Jörg Baberowski/Gabriele Metzler (Hrsg.), Gewalträume. Soziale Ordnungen im Ausnahmezustand, Frankfurt am Main 2012, S. 29–70.

24 Elias, Über den Prozeß der Zivilisation, Bd. 1, S. 373; Eric Dunning, Gewalt und Sport, in: Heitmeyer/Hagan, Internationales Handbuch der Gewaltforschung, S. 1130–1152.

25 Elias, Über den Prozeß der Zivilisation, Bd. 1, S. 373.

26 Ebd., Bd. 1, S. 375.

27 Sloterdijk, Zorn und Zeit, S. 24–25.

28 Zur Kultur des Hofes vgl. Wolfgang Reinhard, Geschichte der Staatsgewalt. Eine vergleichende Verfassungsgeschichte Europas von den Anfängen bis zur Gegenwart, München 2003, 3. Aufl., S. 81–85; Franco Angiolini, Der Hof, in: Heinz-Gerhard Haupt (Hrsg.), Orte des Alltags. Miniaturen der europäischen Kulturgeschichte, München 1994, S. 89–95; Ronald G. Asch/Adolf M. Birke (Hrsg.), Princes, Patronage, and the Nobility. The Court at the Beginning of the Modern Age c. 1450–1650, Oxford 1991; Andreas Pečar, Die Ökonomie der Ehre. Der höfische Adel am Kaiserhof Karls VI. (1711–1740), Darmstadt 2003, S. 1–19.

29 Peter Imbusch, Machtfigurationen und Herrschaftsprozesse bei Norbert Elias, in: ders. (Hrsg.), Macht und Herrschaft. Sozialwissenschaftliche Theorien und Konzepte, Wiesbaden 2012, 2. Aufl., S. 169–193, hier S. 179–183.

30 Elias, Über den Prozeß der Zivilisation, Bd. 2, S. 378.

31 Ebd., Bd. 2, S. 381.

32 Ebd., Bd. 2, S. 383.

33 Henning Ritter, Die Schreie der Verwundeten. Versuch über die Grausamkeit, München 2013, S. 86.

34 Popitz, Phänomene der Macht, S. 239.

35 Pinker, Gewalt, S. 129.

36 Elias, Über den Prozeß der Zivilisation, Bd. 2, S. 324–325.

37 Pinker, Gewalt, S. 142. Kritik an diesem Konzept übt Michael Riekenberg, Staatsferne Gewalt. Eine Geschichte Lateinamerikas (1500–1930), Frankfurt am Main 2014, S. 13–14.

38 Norbert Elias, Studien über die Deutschen, Frankfurt am Main 1990, 3. Aufl., S. 391–516; Kenneth Anders, Fortgeschrittener Humanismus oder humanistischer Fortschritt? Norbert Elias und das Teleologieproblem, in: Annette Treibel/Helmut Kuzmics (Hrsg.), Zivilisationstheorie in der Bilanz. Beiträge zum 100. Geburtstag von Norbert Elias, Opladen 2000, S. 53–67.

39 Elias, Über den Prozeß der Zivilisation, Bd. 2, S. 325.

40 Foucault, Überwachen und Strafen, S. 21–22.

41 Ebd., S. 23.

42 Ebd., S. 393–394; Georg Kneer, Die Analytik der Macht bei Michel Foucault, in: Imbusch, Macht und Herrschaft, S. 265–283.

43 Martin Dinges, Formenwandel der Gewalt in der Neuzeit. Zur Kritik der Zivilisationstheorie von Norbert Elias, in: Rolf Peter Sieferle/Helga Breuninger (Hrsg.), Kulturen der Gewalt. Ritualisierung und Symbolisierung von Gewalt in der Geschichte, Frankfurt am Main 1998, S. 171–194.

44 Dinges, Formenwandel der Gewalt, S. 171–194; Richard van Dülmen, Norbert Elias und der Prozeß der Zivilisation. Die Zivilisationstheorie im Lichte der historischen Forschung, in: Karl-Siegbert Rehberg (Hrsg.), Norbert Elias und die Menschenwissenschaften, Frankfurt am Main 1996, S. 264–274; Helmut Thome, Theoretische Ansätze zur Erklärung langfristiger Gewaltkriminalität seit Beginn der Neuzeit, in: Heitmeyer/Soeffner, Gewalt, S. 315–345, hier S. 324. Aus der Sicht der Literaturwissenschaften: Rüdiger Schnell, Kritische Überlegungen zur Zivilisationstheorie von Norbert Elias, in: ders. (Hrsg.), Zivilisationsprozesse. Zu Erziehungsschriften in der Vormoderne, Köln 2004, S. 21–83.

45 Susan Neiman, Das Böse denken. Eine andere Geschichte der Philosophie, Frankfurt am Main 2004, S. 402.

46 Zitiert in: Peter Longerich, Heinrich Himmler. Biographie, München 2008, S. 709–710; Saul Friedländer, Die Jahre der Vernichtung. Das Dritte Reich und die Juden, Bd. 2: 1939–1945, München 2006, S. 571–572.

47 Neiman, Das Böse denken, S. 399.

48 Pinker, Gewalt, S. 132.

49 Hans-Peter Duerr, Obszönität und Gewalt. Der Mythos vom Zivilisationsprozeß, Bd. 3, Frankfurt am Main 1996, 2. Aufl., S. 26.

50 Jörg Baberowski, Verwüstetes Land: Macht und Gewalt in der frühen Sowjetunion, in: Baberowski/Metzler, Gewalträume, S. 169–188, hier S. 173–174.

51 Zitiert in: Pinker, Gewalt, S. 89.

52 Georges Duby, Der Sonntag von Bouvines, S. 118.

53 Gerd Althoff, Regeln der Gewaltanwendung im Mittelalter, in: Sieferle/Breuninger, Kulturen der Gewalt, S. 154–170, hier S. 158. Vgl. auch Christoph Mauntel, Gewalt in Wort und Tat. Praktiken und Narrative im spätmittelalterlichen Frankreich, Ostfildern 2014, S. 137–176.

54 Jürgen Elwert, Sozialanthropologisch erklärte Gewalt, in: Heitmeyer/Hagan, Internationales Handbuch der Gewaltforschung, S. 330–367, hier S. 339–342; Howard, Der Krieg in der europäischen Geschichte, S. 18–19.

55 Valentin Groebner, Ungestalten. Die visuelle Kultur der Gewalt im Mittelalter, München 2003, S. 35–38; Gerd Schwerhoff, Zivilisationsprozeß und Geschichtswissenschaft. Norbert Elias' Forschungsparadigma in historischer Sicht, in: *Historische Zeitschrift* 266 (1998), S. 561–605, hier S. 581–584.

56 Evans, Rituale der Vergeltung, S. 139–140.

57 Duerr, Obszönität und Gewalt, S. 27–28.

58 Ebd., S. 28; Mattias Schloßberger, Rezeptionsschwierigkeiten. Hans Peter Duerrs Kritik an Norbert Elias' historischer Anthropologie, in: *Leviathan* 28 (2000), Nr. 1, S. 109–121, hier S. 119; Helmut Kuzmics, Fragen an das Werk von Norbert Elias: Einige Kriterien zur kritischen Überprüfbarkeit der Zivilisationstheorie, in: Treibel/Kuzmics, Zivilisationstheorie in der Bilanz S. 261–284, hier S. 269.

59 Georg Simmel, Die Selbsterhaltung der sozialen Gruppe, in: ders., Gesamtausgabe, Bd. 5: Aufsätze und Abhandlungen 1894 bis 1920, Frankfurt am Main 1992, S. 336–338.

60 Vgl. exemplarisch Jörg Baberowski, Das Handwerk des Tötens. Boris Savinkov und der russische Terrorismus, in: *Comparativ* 23 (2013), Nr. 2, S. 75–90.

61 Groebner, Ungestalten, S. 33.

62 Zygmunt Bauman, Dialektik der Ordnung. Die Moderne und der Holocaust, Hamburg 2002, S. 112. Vgl. auch Reinhard, Geschichte der Staatsgewalt, S. 354; Ian Burkitt, Civilization and Ambivalence, in: *British Journal of Sociology* 47 (1996), S. 135–150; Nunner-Winkler, Überlegungen zum Gewaltbegriff, S. 33, und Peter Imbusch, Moderne und Gewalt. Zivilisationstheoretische Perspektiven auf das 20. Jahrhundert, Wiesbaden 2005, S. 287–306.

63 Pinker, Gewalt, S. 129.

64 Ritter, Die Schreie der Verwundeten, S. 67; Georg Elwert, Gewaltmärkte. Beobachtungen zur Zweckrationalität der Gewalt, in: von Trotha, Soziologie der Gewalt, S. 86–101. Zur Entstehung der Sklaverei aus dem Geist des Kapitalismus vgl. Sven Beckert, King Cotton. Eine Geschichte des globalen Kapitalismus, München 2014.

65 Althoff, »Besiegte finden selten oder nie Gnade«, S. 13.

66 Johannes Burkhardt, Der Dreißigjährige Krieg, Frankfurt am Main 1992, S. 12.

67 Dieter Langewiesche, Eskalierte die Kriegsgewalt im Laufe der Geschichte?, in: Jörg Baberowski (Hrsg.), Moderne Zeiten? Krieg, Revolution und Gewalt im 20. Jahrhundert, Göttingen 2006, S. 12–36.

68 Popitz, Phänomene der Macht, S. 72; Enzo Traverso, Im Bann der Gewalt. Der europäische Bürgerkrieg 1914–1945, München 2008, S. 44.

69 Bauman, Dialektik der Ordnung, S. 112.

70 Zitiert in: von Trotha, Koloniale Herrschaft, S. 37.

71 Mark Mazower, Die Welt regieren. Eine Idee und ihre Geschichte, München 2013, S. 89.

72 Andreas Stucki, Aufstand und Zwangsumsiedlung. Die kubanischen Unabhängigkeitskriege 1868–1898, Hamburg 2012, S. 45–46. Vgl. auch Thomas Morlang, »Die Wahehe haben ihre Vernichtung gewollt.« Der Krieg der »Kaiserlichen Schutztruppe« gegen die Hehe in Deutsch-Ostafrika (1890–1898), in: Thoralf Klein/Frank Schumacher (Hrsg.), Kolonialkriege. Militärische Gewalt im Zeichen des Imperialismus, Hamburg 2006, S. 80–108; Susanne Kuss, Kriegführung ohne hemmende Kulturschranke: Die deutschen Kolonialkriege in Südwestafrika (1904–1907) und Ostafrika (1905–1908), in: Klein/Schumacher, Kolonialkriege, S. 208–247.

73 Ben Kiernan, Erde und Blut. Völkermord und Vernichtung von der Antike bis heute, München 2009, S. 476–489; Zitat, S. 479.

74 Holger Afflerbach, Die Kunst der Niederlage, München 2013, S. 173–177. Vgl. auch die Ausführungen Michael Hochgeschwenders über die Indianerkriege des 19. Jahrhunderts in den USA: Michael Hochgeschwender, The Last Stand: Die Indianerkriege im Westen der USA (1840–1890), in: Klein/Schumacher, Kolonialkriege, S. 44–79.

75 David Hume, Eine Untersuchung über die Prinzipien der Moral, Stuttgart 1984, S. 106.

76 Frank Bösch, Präviktorianische Präfigurationen und die Gewalt im 20. Jahrhundert. Joseph Conrad: Heart of Darkness (1899), in: Uffa Jensen/Habbo Knoch (Hrsg.), Gewalt und Gesellschaft. Klassiker des modernen Denkens neu gelesen, Göttingen 2011, S. 91–100. Zur Geschichte der Kolonialkriege vgl. exemplarisch: Jürgen Zimmerer/Joachim Zeller (Hrsg.), Völkermord in Deutsch-Südwestafrika. Der Kolonialkrieg (1904–1908) in Namibia und seine Folgen, Berlin 2003, sowie Adam Hochschild, Schatten über dem Kongo. Die Geschichte eines fast vergessenen Menschheitsverbrechens, Reinbek 2002; David Van Reybrouck, Kongo. Eine Geschichte, Berlin 2013, 7. Aufl.

77 Johnson, In der Hölle, S. 89–90.

78 Reemtsma, Vertrauen und Gewalt, S. 136.

79 Markus Schroer, Gewalt ohne Gesicht. Zur Notwendigkeit einer umfassenden Gewaltanalyse, in: Heitmeyer/Soeffner, Gewalt, S. 151–173, hier S. 152.

Entgrenzung: Moderne und Gewalt

1 Nina Lugowskaja, Ich will leben. Ein russisches Tagebuch 1932–1937, München 2004, S. 250.
2 Klüger, Weiter leben, S. 149; Reemtsma, Vertrauen und Gewalt, S. 15.
3 Vgl. im Überblick Mark Mazower, Der dunkle Kontinent. Europa im 20. Jahrhundert, Berlin 2000.
4 Von Trotha, Koloniale Herrschaft, S. 38–39.
5 Longerich, Heinrich Himmler; Robert Gerwarth, Reinhard Heydrich. Biographie, Berlin 2011.
6 Helmuth Plessner, Die verspätete Nation. Über die politische Verführbarkeit bürgerlichen Geistes, Frankfurt am Main 1974, S. 14, 24 (erstmals erschienen 1935 und in überarbeiteter Version 1959).
7 Wolfgang Sofsky, Moderne und Barbarei, in: ders., Zeiten des Schreckens, S. 63–77, hier S. 65–66.
8 Ebd., S. 67.
9 Bauman, Dialektik der Ordnung, S. 27.
10 Ebd., S. 107–108, Zitat, S. 31.
11 Zygmunt Bauman, Moderne und Ambivalenz. Das Ende der Eindeutigkeit, Frankfurt am Main 1995, S. 17.
12 Ebd., S. 14.
13 Ebd., S. 16.
14 Ebd., S. 21.
15 Albert Camus, Der Mythos des Sysyphos, Reinbek 1999, S. 14.
16 Bauman, Moderne und Ambivalenz, S. 45–46.
17 Vgl. dazu auch James Scott, Seeing Like a State. How Certain Schemes to Improve the Human Condition have Failed, New Haven/Conn. 1999.
18 Vgl. exemplarisch Mazower, Der dunkle Kontinent, S. 85–116; Peter Holquist, Making War, Forging Revolution. Russia's Continuum of Crisis, 1914–1921, Cambridge 2002.
19 Bauman, Dialektik der Ordnung, S. 108.
20 Götz Aly, Die Belasteten. »Euthanasie« 1939–1945, Frankfurt am Main 2013, S. 22–23. Vgl. auch Eric Weitz, A Century of Genocide. Utopias of Race and Nation, Princeton/N. J. 2003.
21 Bauman, Moderne und Ambivalenz, S. 55.
22 Mazower, Der dunkle Kontinent, S. 152–156; ders., Hitlers Imperium. Europa unter der Herrschaft des Nationalsozialismus, München 2009, S. 171–174.
23 Henry Friedlander, Der Weg zum NS-Genozid. Von der Euthanasie zur Endlösung, Berlin 1997, S. 450.
24 Bauman, Moderne und Ambivalenz, S. 62.
25 Wladimir I. Lenin, Staat und Revolution. Die Lehre des Marxismus vom

Staat und die Aufgaben des Proletariats in der Revolution, in: ders., Ausgewählte Werke, Bd. 2, Berlin (Ost) 1976, S. 315–420, hier S. 359, 402.

26 Eric Lohr, Nationalizing the Russian Empire. The Campaign against Enemy Aliens during World War I, Cambridge/Mass. 2003; Weitz, A Century of Genocide; Julie Cassiday, The Enemy on Trial, S. 110–133.

27 Gerd Koenen, Utopie der Säuberung. Was war der Kommunismus?, Berlin 1998; Jörg Baberowski, Verbrannte Erde. Stalins Herrschaft der Gewalt, München 2012, 3. Aufl.

28 Lothar Fritze, Anatomie des totalitären Denkens: Kommunistische und nationalsozialistische Weltanschauung im Vergleich, München 2012; Michael Wildt, Generation des Unbedingten. Das Führungskorps des Reichssicherheitshauptamtes, Hamburg 2002.

29 Ernst Klee, Auschwitz, die NS-Medizin und ihre Opfer, Frankfurt am Main 1997, 4. Aufl., S. 406.

30 Levi, Die Untergegangenen und die Geretteten, S. 112–113; Stefan Kühl, Ganz normale Institutionen. Zur Soziologie des Holocaust, Frankfurt am Main, S. 211–214.

31 Wieviorka, Die Gewalt, S. 160; Bauman, Moderne und Ambivalenz, S. 69.

32 Bauman, Dialektik der Ordnung, S. 31–32. Vgl. auch Peter Beilharz, Baumans Moderne, in: Matthias Junge/Thomas Kron (Hrsg.), Zygmunt Bauman. Soziologie zwischen Postmoderne, Ethik und Gegenwartsdiagnose, Wiesbaden 2007, 2. Aufl., S. 231–245, hier S. 240.

33 Bauman, Moderne und Ambivalenz, S. 77. Vgl. auch Imbusch, Moderne und Gewalt, S. 459–460.

34 Michael Mann, Die dunkle Seite der Demokratie. Eine Theorie der ethnischen Säuberung, Hamburg 2007.

35 Hans-Ulrich Wehler, Nationalismus. Geschichte, Formen, Folgen, München 2001, S. 18; Dieter Langewiesche, Nation, Nationalismus, Nationalstaat in Deutschland und Europa, München 2000, S. 16–22.

36 Tony Judt, Nachdenken über das 20. Jahrhundert, München 2013, S. 36.

37 Mann, Die dunkle Seite der Demokratie, S. 22.

38 Ebd., S. 53.

39 Andreas Wimmer/Conrad Schetter, Ethnische Gewalt, in: Heitmeyer/Hagan, Internationales Handbuch der Gewaltforschung, S. 313–329. Zur Geschichte der ethnischen Säuberungen in Europa vgl. Norman Naimark, Flammender Hass. Ethnische Säuberungen im 20. Jahrhundert, München 2004.

40 Zur nationalsozialistischen Moral vgl. Welzer, Täter, S. 48–67.

41 Zitiert in: Martin Amis, Koba der Schreckliche. Die zwanzig Millionen und das Gelächter, München 2007, S. 63.

42 Lothar Fritze, Täter mit gutem Gewissen. Über menschliches Versagen im diktatorischen Sozialismus, Köln 1998.

43 Mann, Die dunkle Seite der Demokratie, S. 35.

44 Ebd., S. 19.
45 Hannah Arendt, Über das Böse. Eine Vorlesung über Fragen der Ethik, München 2009, 3. Aufl., S. 77.
46 Bauman, Dialektik der Ordnung, S. 112–113.
47 Sofsky, Moderne und Barbarei, S. 77.
48 Kühl, Ganz normale Organisationen, S. 17.
49 Max Weber, Wirtschaft und Gesellschaft. Grundriss der verstehenden Soziologie, Tübingen 1980, 5. Aufl., S. 554.
50 Bauman, Dialektik der Ordnung, S. 36.
51 Ebd., S. 112.
52 Joanna Bourke, The Killing Frenzy. Wartime Narratives of Enemy Action, in: Alf Lüdtke/Bernd Weisbrod (Hrsg.), No Man's Land of Violence. Extreme Wars in the 20th Century, Göttingen 2006, S. 101–126, hier S. 114–115; Richard Holmes, Acts of War. The Behavior of Men in Battle, New York 1985, S. 136–148; Neitzel/Welzer, Soldaten, S. 41.
53 Neitzel/Welzer, Soldaten, S. 84.
54 Grossman, Eine Anatomie des Tötens, S. 64–65.
55 Popitz, Phänomene der Macht, S. 74–75.
56 Über die Rationalität des Bösen: Interview mit Zygmunt Bauman, in: Peter Beilharz (Hrsg.), Zygmunt Bauman, Bd. 2, London 2002, S. 253, 255.
57 Alois Hahn, Dialektik der Aufklärung Revisited, in: Max Miller/Hans-Georg Soeffner (Hrsg.), Modernität und Barbarei. Soziologische Zeitdiagnose am Ende des 20. Jahrhunderts, 2. Aufl., Frankfurt am Main 1996, S. 156–174, hier S. 157. Vgl. auch Peter Imbusch, Schattenseiten der Moderne: Zygmunt Baumans Perspektive auf den Stalinismus, in: Junge/Kron, Zygmunt Bauman, S. 130–163, hier S. 131.
58 Bauman, Moderne und Ambivalenz, S. 127–128. Vgl. auch Beilharz, Baumans Moderne, S. 236.
59 Gertrud Nunner-Winkler, Gewalt – ein Spezifikum der Moderne?, in: Miller/Soeffner, Modernität und Barbarei, S. 81–95, hier S. 84–85.
60 Jörg Baberowski, Erwartungssicherheit und Vertrauen. Warum manche Ordnungen stabil sind, und andere nicht, in: ders. (Hrsg.), Was ist Vertrauen? Ein interdisziplinäres Gespräch, Frankfurt am Main 2014, S. 7–29.
61 Bogdan Kistjakovskij, Zur Verteidigung des Rechts. Die Intelligencija und das Rechtsbewußtsein, in: Vechi. Wegmarken. Zur Krise der russischen Intelligenz, Frankfurt am Main 1990, S. 212–250, hier S. 213.
62 Aly, Die Belasteten, S. 22–23, 174–183, Zitat S. 174–175.
63 Henry Friedlander, Der Weg zum NS-Genozid, S. 203–205.
64 Mazower, Der dunkle Kontinent, S. 66–67.
65 Sofsky, Moderne und Barbarei, S. 67.
66 Mazower, Der dunkle Kontinent, S. 66–67.
67 Sofsky, Moderne und Barbarei, S. 70–71. Vgl. die Erinnerungen des Ausch-

witz-Überlebenden Tadeusz Sobolewicz, Aus der Hölle zurück. Von der Willkür des Überlebens im Konzentrationslager, Frankfurt am Main 2005, 5. Aufl.; Wieslaw Kielar, Anus Mundi. Fünf Jahre Auschwitz, Frankfurt am Main 2004, 10. Aufl.

68 Levi, Die Untergegangenen und die Geretteten, S. 34–35.

69 Sofsky, Moderne und Barbarei, S. 69. Vgl. die Schlachtenbeschreibungen von Zamoyski, 1812.

70 Vgl. die Kritik von Arne Johan Vetlesen, Evil and Human Agency. Understanding Collective Evildoing, Cambridge 2005, S. 50–51.

71 Zimmermann, Gewalt; ders., Antike Kriege zwischen privaten Kriegsherren und staatlichem Monopol auf Kriegführung, in: Dietrich Beyrau/Michael Hochgeschwender/Dieter Langewiesche (Hrsg.), Formen des Krieges. Von der Antike bis zur Gegenwart, Paderborn 2007, S. 51–70; Hans-Henning Kortüm, Über Möglichkeiten und Grenzen einer Typusbildung von »Krieg« im Allgemeinen und von »mittelalterlichem Krieg« im Besonderen, in: Beyrau/Hochgeschwender/Langewiesche, Formen des Krieges, S. 71–98.

72 Michael Freeman, Genocide, Civilization and Modernity, in: Beilharz, Zygmunt Bauman, Bd. 2, S. 51–66, hier S. 64. Vgl. auch die Ausführungen von Michael Riekenberg über Gewalt in staatsfernen Räumen: Riekenberg, Staatsferne Gewalt, S. 10–23, 149–166.

73 Von Trotha, Koloniale Herrschaft, S. 40–41; Peter Waldmann, Zur Asymmetrie von Gewaltdynamik und Friedensdynamik am Beispiel von Bürgerkriegen und bürgerkriegsähnlichen Konflikten, in: Heitmeyer/Soeffner, Gewalt, S. 246–265.

74 Von Trotha, Koloniale Herrschaft, S. 42; Gerd Spittler, Volkszählung und bürokratische Herrschaft in Bauernstaaten, in: Christian Giordano/Robert Hettlage (Hrsg.), Bauerngesellschaften im Industriezeitalter. Zur Rekonstruktion ländlicher Lebensformen, Berlin 1989, S. 97–108.

75 Popitz, Phänomene der Macht, S. 238–239.

76 Jung Chang/John Halliday, Mao. Das Leben eines Mannes. Das Schicksal eines Volkes, München 2005, 4. Aufl.; Baberowski, Verbrannte Erde, S. 339, 376–377; Paul Gregory, Terror by Quota. State Security from Lenin to Stalin, New Haven/Conn. 2009, S. 220.

77 Alexander Laban Hinton, Why Did You Kill? The Cambodian Genocide and the Dark Side of Face and Honor, in: *The Journal of Asian Studies* 57 (1998), Nr. 1, S. 93–122.

78 Heiner Müller, Shakespeare, eine Differenz, in: ders., Material, Leipzig 1989, S. 105–106; Klaus Theweleit, Artisten im Fernsehstudio, unbekümmert, in: *Die Zeit,* 18. August 1995. Ich verdanke diesen Hinweis Christian Teichmann.

79 Vgl. Raul Hilberg, Die Vernichtung der europäischen Juden, Bd. 2, Frankfurt am Main 1990, 347–348.

80 Joseph Goebbels, Tagebücher 1924–1945, Bd. 4: 1940–1942, hrsg. von Ralf G. Reuth, München 1992, S. 1645.

81 Yitzhak Arad, Belzec, Sobibor, Treblinka: The Operation Reinhard Deathcamps, Bloomington/Ind. 1987, S. 198; Mann, Die dunkle Seite der Demokratie, S. 386.

82 Levi, Die Untergegangenen, S. 45.

83 Jonathan Littell, Die Wohlgesinnten, Berlin 2008, S. 187.

84 Vgl. exemplarisch Browning, Ganz normale Männer.

85 Baberowski, Verbrannte Erde, S. 310–317; Gregory, Terror by Quota, S. 220; Valerio Pellizzari, »They all had to be eliminated«, in: *The Independent*, 11. Februar 2008.

86 Christ, Die Dynamik des Tötens, S. 159–200.

87 Karen Krüger, Worte der Gewalt. Das Radio und der kollektive Blutrausch in Rwanda, in: *Zeitschrift für Geschichtswissenschaft* 51 (2003), Nr. 10, S. 923–939.

88 Ishmael Beah, A Long Way Gone. The True Story of a Child Soldier, London 2008, S. 126.

89 Reese, »Mir selber seltsam fremd«, S. 136–137; Maren Lorenz, Tiefe Wunden. Gewalterfahrung in den Kriegen der Frühen Neuzeit, in: Ulrich Bielefeld/Heinz Bude/Bernd Greiner (Hrsg.), Gesellschaft – Gewalt – Vertrauen. Jan Philipp Reemtsma zum 60. Geburtstag, Hamburg 2012, S. 332–354, hier S. 342–343; Nunner-Winkler, Gewalt – Ein Spezifikum der Moderne?, S. 86–87; Sophia Marshman, Bauman on Genocide – Modernity and Mass Murder: From Classification to Annihilation?, in: Michael H. Jacobsen/Poul Poder (Hrsg.), The Sociology of Zygmunt Bauman. Challenges and Critique, Aldershot 2008, S. 75–94, hier S. 90–91.

90 Barrington Moore, Zur Geschichte der politischen Gewalt, Frankfurt am Main 1969, 3. Aufl., S. 68.

91 Zitiert in: Saul Friedländer, Die Jahre der Vernichtung, S. 409.

92 Sofsky, Moderne und Barbarei, S. 67.

93 Jan-Philipp Reemtsma, Die Natur der Gewalt als Problem der Soziologie, in: *Mittelweg* 36 (2006), Nr. 5, S. 2–25, hier S. 18–19.

94 Sigmund Freud, Zeitgemäßes über Krieg und Tod, in: ders., Werke, hrsg. von Alexander Mitscherlich, Bd. 9: Fragen der Gesellschaft. Ursprünge der Religion, Frankfurt am Main 1980, S. 40.

Unsichtbarkeit: Strukturelle Gewalt

1 Johan Galtung, Strukturelle Gewalt. Beiträge zur Friedens- und Konfliktforschung, Reinbek 1975, S. 9. Überblick bei: Benjamin Ziemann, Perspektiven der historischen Friedensforschung, in: ders. (Hrsg.), Perspektiven der historischen Friedensforschung, Essen 2002, S. 13–39.

2 Galtung, Strukturelle Gewalt, S. 9, 13.

3 Ebd., S. 12.
4 Ebd., S. 13.
5 Ebd., S. 15.
6 Ebd., S. 16.
7 Ebd., S. 30.
8 Jean-Jacques Rousseau, Vom Gesellschaftsvertrag oder Grundsätze des Staatsrechts, Stuttgart 1979, S. 5.
9 Karl Marx, Der 18. Brumaire des Louis Napoleon, in: Karl Marx/Friedrich Engels, Werke, Bd. 8, Berlin (Ost) 1978, S. 115.
10 Karl Marx, Zur Kritik der Hegelschen Rechtsphilosophie. Einleitung, in: Karl Marx/Friedrich Engels, Werke, Bd. 1, Berlin (Ost) 1981, S. 378–379.
11 Karl Marx/Friedrich Engels, Die Deutsche Ideologie, in: Karl Marx/Friedrich Engels, Werke, Bd. 3, Berlin (Ost) 1978, S. 74.
12 Johan Galtung, Cultural Violence, in: *Journal of Peace Research* 27 (1990), S. 291–305; ders., Kulturelle Gewalt. Zur direkten und strukturellen Gewalt tritt die kulturelle Gewalt, in: *Der Bürger im Staat* 43 (1993), S. 106–112.
13 Gayatri C. Spivak, Can the Subaltern Speak? Postkolonialität und subalterne Artikulation, Wien 2008, S. 42; Kenneth Iain MacDonald, Epistemic Violence: The Body, Globalization and the Dilemma of Rights, in: *Transnational Law and Contemporary Problems* 12 (2002), Nr. 1, S. 65–87.
14 Michel Foucault, Der Wille zum Wissen. Sexualität und Wahrheit, Bd. 1, Frankfurt am Main 1977, S. 161–190; ders., Geschichte der Gouvernementalität, Bd. 1: Sicherheit, Territorium, Bevölkerung. Vorlesung am Collège de France 1977–1978, Frankfurt am Main 2004, S. 13–15; Judith Butler, Noch einmal: Körper und Macht, in: Axel Honneth/Martin Saar (Hrsg.), Michel Foucault. Zwischenbilanz einer Rezeption, Frankfurt am Main 2003, S. 52–67.
15 Schroer, Gewalt ohne Gesicht, S. 156–158.
16 Niklas Luhmann, Inklusion und Exklusion, in: Helmut Berding (Hrsg.), Nationales Bewußtsein und kollektive Identität. Studien zur Entwicklung des kollektiven Bewußtseins der Neuzeit, Bd. 2, Frankfurt am Main 1994, S. 15–45, hier S. 41; Schroer, Gewalt ohne Gesicht, S. 165–166.
17 Schroer, Gewalt ohne Gesicht, S. 168–170; Claus Offe, Moderne »Barbarei«. Der Naturzustand im Kleinformat?, in: Miller/Soeffner, Modernität und Barbarei, S. 258–289, hier S. 275; Luhmann, Inklusion und Exklusion, S. 255.
18 Zitiert in: Schroer, Gewalt ohne Gesicht, S. 152–153.
19 Vgl. exemplarisch Katharina Inhetveen, Gesellige Gewalt. Ritual, Spiel und Vergemeinschaftung bei Hardcorekonzerten, in: von Trotha, Soziologie der Gewalt, S. 235–261.
20 Simmel, Die Selbsterhaltung der sozialen Gruppe, S. 336–338.
21 Vgl. dazu auch Dirk Schumann, »Gewalt« als Leitbegriff der historischen Friedensforschung, in: Ziemann, Perspektiven, S. 86–100, hier S. 89–90.

22 Zur körperlichen Gewalt als Distinktion vgl. Albert Scheer, Körperlichkeit, Gewalt und soziale Ausgrenzung in der »postindustriellen Wissensgesellschaft«, in: Heitmeyer/Soeffner, Gewalt, S. 202–223, hier S. 202–203, 208, 213.

23 Ebd., S. 213.

24 Iwan Bunin, Verfluchte Tage. Ein Revolutions-Tagebuch, Frankfurt am Main 2008, S. 63.

25 Niklas Luhmann, Macht im System, Berlin 2012, S. 51; Popitz, Phänomene der Macht, S. 20; Michael Riekenberg, Auf dem Holzweg? Über Johan Galtungs Begriff der »strukturellen Gewalt«, in: *Zeithistorische Forschungen* 5 (2008), Nr. 1, S. 171–177; Peter Meyer, Grundlagen menschlicher Gewaltbereitschaft. Beiträge evolutionärer Forschung, in: Heitmeyer/Soeffner, Gewalt, S. 383–410, hier S. 396.

26 Nunner-Winkler, Überlegungen zum Gewaltbegriff, S. 41.

27 Vgl. dazu die Überlegungen von Canetti, Masse und Macht, S. 333–354. Vgl. auch Susanne Krasmann, Mafiose Gewalt. Mafioses Verhalten, unternehmerische Mafia und organisierte Kriminalität, in: von Trotha, Soziologie der Gewalt, S. 200–219.

28 Herta Müller, Mein Vaterland war ein Apfelkern. Ein Gespräch, München 2014, S. 37.

29 Kim DePaul (Hrsg.), Children of Cambodia's Killing Fields. Memoirs by Survivors, New Haven/Conn. 1997, S. 156.

30 *Pravda*, 22. November 1935. Vgl. dazu auch Jeffrey Brooks, Thank you, Comrade Stalin. Soviet Public Culture from Revolution to Cold War, Princeton/N. J. 2000, S. 83–105.

31 Dmitri Lichatschow, Hunger und Terror. Mein Leben zwischen Oktoberrevolution und Perestroika, Stuttgart 1997, S. 237.

32 Vgl. Veljko Micunovic, Moskauer Tagebücher 1956–1958, hrsg. v. Wolfgang Höpken, Stuttgart 1982, S. 38, 43–45; Chruschtschow erinnert sich, hrsg. von Strobe Talbott, Reinbek 1971, S. 348–359; William Taubman, Khrushchev, The Man and his Era, New York 2003, S. 288–289; Baberowski, Verbrannte Erde.

33 Jochen Hellbeck (Hrsg.), Tagebuch aus Moskau 1931–1939, München 1996, S. 94.

34 DePaul, Children of Cambodia's Killing Fields, S. 157–158.

35 Van Reybrouck, Kongo. Eine Geschichte, S. 398–403, Zitat S. 403.

36 Müller, Mein Vaterland war ein Apfelkern, S. 62.

37 Linda Green, Fear as a Way of Life, in: Alexander Laban Hinton (Hrsg.), Genocide: An Anthropological Reader, Oxford 2002, S. 307–333, hier S. 307.

38 Vgl. Orlando Figes, Die Flüsterer. Leben in Stalins Russland, Berlin 2008.

39 Alexijewitsch, Secondhand-Zeit, S. 297.

40 Elias Canetti, Masse und Macht, Hamburg 1960, S. 333.

Schicksal: Anthropologie der Gewalt

1 Kielar, Anus Mundi, S. 83–85.

2 Jörg Baberowski, Was sind Repräsentationen sozialer Ordnungen im Wandel? Anmerkungen zu einer Geschichte interkultureller Begegnungen, in: Jörg Baberowski (Hrsg.), Arbeit an der Geschichte. Wie viel Theorie braucht die Geschichtswissenschaft?, Frankfurt am Main 2009, S. 7–18, hier S. 12.

3 Von Trotha, Zur Soziologie der Gewalt, S. 18.

4 Ebd., S. 19.

5 Kühl, Ganz normale Organisationen, S. 75–80.

6 Sofsky, Zeiten des Schreckens, S. 25–26.

7 Popitz, Phänomene der Macht, S. 49–50.

8 Sofsky, Zeiten des Schreckens, S. 26.

9 Von Trotha, Zur Soziologie der Gewalt, S. 21. Vgl. auch Herbert Jäger, Verbrechen unter totalitärer Herrschaft. Studien zur nationalsozialistischen Gewaltkriminalität, Frankfurt am Main 1982, S. 33.

10 Vgl. Bourke, The Killing Frenzy, S. 101–126.

11 Baecker, Form und Formen der Kommunikation, S. 172.

12 Von Trotha, Zur Soziologie der Gewalt, S. 26–27.

13 Canetti, Masse und Macht, S. 267; Daniel Morat, Zur Tiernatur des Menschen. Elias Canetti: Masse und Macht, in: Jensen/Knoch, Gewalt und Gesellschaft, S. 257–265.

14 Von Trotha, Zur Soziologie der Gewalt, S. 28–29; Jan-Philipp Reemtsma, »Wir sind alles für Dich!«, in: ders. (Hrsg.), Folter. Zur Analyse eines Herrschaftsmittels, Hamburg 1991, S. 7–23, hier S. 12–17.

15 Jean Améry, Die Tortur, in: ders., Jenseits von Schuld und Sühne. Bewältigungsversuche eines Überwältigten, Stuttgart 1980, 2. Aufl., S. 63–66.

16 Améry, Die Tortur, S. 55–56; Reemtsma, Vertrauen und Gewalt, S. 104–105.

17 Littell, Die Wohlgesinnten, S. 119–120.

18 Von Trotha, Zur Soziologie der Gewalt, S. 30–31.

19 Elaine Scarry, Der Körper im Schmerz. Die Chiffren der Verletzlichkeit und die Erfindung der Kultur, Frankfurt am Main 1992, S. 57.

20 Thomas Hobbes, Leviathan oder Stoff, Form und Gewalt eines bürgerlichen und kirchlichen Staates, hrsg. von Iring Fetscher, Frankfurt am Main 1976, S. 131.

21 Sofsky, Traktat, S. 7.

22 Popitz, Phänomene der Macht, S. 223.

23 Sofsky, Traktat, S. 12. Vgl. auch Helmut König, Zivilisation und Leidenschaften. Die Masse im bürgerlichen Zeitalter, Reinbek 1992, S. 26–32.

24 Sofsky, Traktat, S. 10–11.

25 Carl Schmitt, Politische Theologie. Vier Kapitel zur Lehre von der Souveränität, Berlin 1979, 3. Aufl. (erstmals 1922), S. 54.

26 Sofsky, Traktat, S. 11.

27 Reich-Ranicki, Mein Leben, S. 186.

28 Sigmund Freud, Das Unbehagen in der Kultur, in: ders., Gesammelte Werke, hrsg. von Anna Freud, Bd. 14, London 1948, S. 419–506, hier S. 471.

29 Sofsky, Traktat, S. 14.

30 Popitz, Phänomene der Macht, S. 239.

31 Sofsky, Traktat, S. 210; Sigmund Freud, Das Ich und das Es, in: ders., Gesammelte Werke, Bd. 13, London 1940, S. 235–289; ders., Das Unbehagen in der Kultur, S. 482–483; Christoph Schulte, Böses und Psyche. Immoralität in psychologischen Diskursen, in: Carsten Colpe/Wilhelm Schmidt-Biggemann (Hrsg.), Das Böse. Eine historische Phänomenologie des Unerklärlichen, Frankfurt am Main 1993, 2. Aufl., S. 300–322, hier S. 313–315.

32 Sofsky, Traktat, S. 211.

33 Ebd., S. 211.

34 Sofsky, Zeiten des Schreckens, S. 27; Imbusch, »Mainstreamer« versus »Innovateure«, S. 139.

35 Sofsky, Traktat, S. 16.

36 Gert Ledig, Die Stalinorgel, Frankfurt am Main 2000 (erstmals 1955 erschienen), S. 21–22.

37 Vgl. Bourke, The Killing Frenzy, S. 101–126; dies., The Emotions in War: Fear and the British and American Military, 1914–45, in: *Historical Research* 74 (2001), S. 314–330. Vgl. auch die Untersuchung von Christoph Nübel über den Soldatenkörper auf den Schlachtfeldern des Ersten Weltkrieges: Christoph Nübel, Durchhalten und Überleben. Raum und Körper im Ersten Weltkrieg, Paderborn 2014, S. 166–177.

38 Canetti, Masse und Macht, S. 267.

39 Ebd., S. 82; Afflerbach, Die Kunst der Niederlage, S. 34–35.

40 Zamoyski, 1812, S. 508–509.

41 Dieter Wellershoff, Der Ernstfall. Innenansichten des Krieges, Köln 1995, S. 273.

42 Thomas Kühne, Kameradschaft. Die Soldaten des nationalsozialistischen Krieges und das 20. Jahrhundert, Göttingen 2006, S. 148.

43 Bourke, The Killing Frenzy, S. 114–120.

44 Während der Schlacht in den Ardennen im Dezember 1944 töteten alliierte deutsche Soldaten, die sich während eines Gefechts ergeben hatten. Vgl. Peter Schrijvers, The Unknown Dead. Civilians in the Battle of the Bulge, Lexington 2005. Vgl. auch Alan Kramer, The War of Atrocities. Murderous Scares and Extreme Combat, in: Lüdtke/Weisbrod, No Man's Land, S. 13–33, hier S. 32; Niall Ferguson, Prisoner Taking and Prisoner Killing: the Dynamics of Defeat, Surrender and Barbarity in the Age of Total War, in: Kassimeris, The Barbarization of Warfare, S. 126–158.

45 Neitzel/Welzer, Soldaten, S. 118.

46 Ebd., S. 106.
47 Ebd., S. 133; Joanna Bourke, An Intimate History of Killing, London 1999.
48 Mazower, Die Welt regieren, S. 78–105.
49 Zitiert in: Sven Oliver Müller, Deutsche Soldaten und ihre Feinde. Nationalismus an Front und Heimatfront, Frankfurt am Main 2007, S. 221.
50 Weiner, Something to Die for, a Lot to Kill for, S. 115.
51 Leonid Rabičev, Vojna vse spišet, in: *Znamja* (2005), S. 29. Vgl. auch Keith Lowe, Der wilde Kontinent. Europa in den Jahren der Anarchie 1943–1950, Stuttgart 2014, S. 76–83.
52 Reemtsma, Vertrauen und Gewalt, S. 115.
53 Sofsky, Traktat, S. 62.
54 Vgl. dazu die Ausführungen von Trutz von Trotha, Grausamkeit, in: Gudehus/Christ, Gewalt, S. 221–226; ders., On Cruelty. Conceptual Considerations and a Summary of an Interdisciplinary Debate, in: Trutz von Trotha/Jakob Rösel (Hrsg.), On Cruelty. Sur la Cruauté. Über Grausamkeit, Köln 2011, S. 1–67; Michel de Montaigne, Über die Grausamkeit, in: ders., Essais, Zürich 2000, S. 404–421.
55 Vladimir Buldakov, Krasnaja smuta. Priroda i posledstvija revoljuionnogo nasilija, Moskau 2010, S. 495; Sergej Mel'gunov, Krasnyj terror v Rossii, Moskau 1991; Traverso, Im Bann der Gewalt, S. 75–87, 99–108; Schnell, Räume des Schreckens; Erik C. Landis, Bandits and Partisans. The Antonov Movement in the Russian Civil War, Pittsburgh 2008, S. 122–150, 193–226.
56 Beatrice Heuser, Rebellen, Partisanen, Guerilleros. Asymmetrische Kriege von der Antike bis heute, Paderborn 2013, S. 166; Bogdan Musial, Sowjetische Partisanen. Mythos und Wirklichkeit 1941–1944, Paderborn 2009. Jörg Baberowski, Kriege in staatsfernen Räumen: Rußland und die Sowjetunion 1905–1950, in: Beyrau/Hochgeschwender/Langewiesche, Formen des Krieges, S. 291–310.
57 Elwert, Gewaltmärkte, S. 97.
58 Rolf Pohl, Normalität und Pathologie. Sozialpsychologische Anmerkungen zur Psychogenese von Massenmördern, in: Peter Gleichmann/Thomas Kühne (Hrsg.), Massenhaftes Töten. Krieg und Genozide im 20. Jahrhundert, Essen 2004, S. 158–179.
59 Kühne, Kameradschaft, S. 152.
60 Das Tagebuch des Kriegsverbrechers Felix Landau über seine Tätigkeit während des Krieges in Polen, Bundesarchiv. Außenstelle Ludwigsburg B 182/21808, S. 514–515. Vgl. dazu auch: Kühne, Kameradschaft, S. 184–185.
61 Harvey Asher, Ganz normale Täter. Variablen sozialpsychologischer Analysen, in: *Jahrbuch für Genozidforschung* (2001), Nr. 1–2, S. 81–105, hier S. 104–105.
62 Landau, Tagebuch, S. 532.
63 Zum Konzept des Tötens als »Arbeit« vgl. Alf Lüdtke, War as Work. Aspects

of Soldiering in Twentieth Century Wars, in: Lüdtke/Weisbrod, No Man's Land of Violence, S. 127–151.

64 Landau, Tagebuch, S. 540.

65 Ebd., S. 521–522.

66 Elliot Aronson/Judson Mills, The Effect of Severity of Initiation on Liking for a Group, in: *Journal of Abnormal and Social Psychology* 59 (1959), Nr. 1–3, S. 177–181; Kühl, Ganz normale Organisationen, S. 87, 147–165.

67 John Dickie, Cosa Nostra. Die Geschichte der Mafia, Frankfurt am Main 2006, 7. Aufl., S. 37.

68 Omer Bartov behauptet, die Brutalisierung des Krieges habe sich aus der ideologischen Fanatisierung der Soldaten ergeben. Vgl. Omer Bartov, Hitlers Wehrmacht: Soldaten, Fanatismus und die Brutalisierung des Krieges, Reinbek 1995, und Traverso, Im Bann der Gewalt, S. 124–126. Vgl. dagegen Kühl, Ganz normale Organisationen, S. 57–60.

69 Asher, Ganz normale Täter, S. 100.

70 Christopher Browning, Judenmord. NS-Politik, Zwangsarbeit und das Verhalten der Täter, Frankfurt am Main 2001, S. 219–257, Zitat S. 229.

71 Vgl. exemplarisch Vladimir Solonari, Patterns of Violence. The Local Population and the Mass Murder of Jews in Bessarabia and Northern Bukowina, July-August 1941, in: *Kritika* 8 (2007), S. 749–788.

72 Christ, Die Dynamik des Tötens, S. 90–195.

73 Niels-Peter Birbaumer, Furcht und Furchtlosigkeit: Zur Neurobiologie des Bösen, Stuttgart 2002 (Akademie der Wissenschaften und der Literatur. Abhandlungen der Mathematisch-naturwissenschaftlichen Klasse, 2002, Nr. 1), S. 5–27, hier S. 8.

74 Donald L. Horowitz, The Deadly Ethnic Riot, Berkeley 2001; Jörg Baberowski, Die Diktatur der Gerüchte, in: *Journal of Modern European History* 10 (2013), S. 315–319; Stefan Wiese, Lalaevs Haus brennt. Das Februarpogrom von 1905 in Baku – Paralysierter Staat und Massengewalt im Russischen Reich, in: *Journal of Modern European History* 10 (2012), S. 117–138.

75 Zitiert in: Alison des Forges, Kein Zeuge darf überleben. Der Genozid in Ruanda, Hamburg 2002, S. 402. Vgl. auch Karen Krüger, Worte der Gewalt.

76 Canetti, Masse und Macht, S. 121; Wolfgang Sofsky, Gewaltzeit, in: von Trotha, Soziologie der Gewalt, S. 102–121.

77 Carlo Gentile, Sant'Anna di Stazzema, in: Gerd R. Ueberschär (Hrsg.), Orte des Grauens. Verbrechen im Zweiten Weltkrieg, Darmstadt 2003, S. 231–236.

78 Gustaw Herling, Welt ohne Erbarmen, München 2000 (erstmals 1953 erschienen), S. 249–250, 282–283.

79 Primo Levi, Ist das ein Mensch?, München 1992 (erstmals 1958 erschienen), S. 105–106; ders., Die Untergegangenen, S. 34–39. Vgl. auch Schalamov, Was ich in den Lagern gesehen habe, S. 289.

80 Wibke Becker, Von der Kunst zu überleben, in: *Frankfurter Allgemeine Zeitung*, 20. März 2015, S. 8.
81 Warlam Schalamov, Durch den Schnee. Erzählungen aus Kolyma, Berlin 2007, S. 289–293.
82 Gilbert, Nürnberger Tagebuch, S. 252.
83 Ulrike Weckel, Beschämende Bilder. Deutsche Reaktionen auf alliierte Dokumentarfilme über befreite Konzentrationslager, Stuttgart 2012.
84 Levi, Ist das ein Mensch?, S. 22.
85 Sobolewicz, Aus der Hölle zurück, S. 46. Ähnliches erlebte auch Primo Levi, Ist das ein Mensch?, S. 15.
86 Kielar, Anus Mundi, S. 99.
87 Levi, Die Untergegangenen, S. 40.
88 Kielar, Anus Mundi, S. 99.
89 Wassili Grossman, Treblinka, in: Wassili Grossman/Ilja Ehrenburg (Hrsg.), Das Schwarzbuch. Der Genozid an den sowjetischen Juden, Reinbek 1995, 2. Aufl., S. 829–834. Für Auschwitz vgl. die Erinnerungen von Rudolf Höss, Kommandant in Auschwitz. Autobiographische Aufzeichnungen des Rudolf Höss, hrsg. von Martin Broszat, München 1992, 13. Aufl., S. 127–128.
90 Grossman, Treblinka, S. 839; Hilberg, Die Vernichtung der europäischen Juden, S. 520–525; Friedländer, Die Jahre der Vernichtung, S. 466–470.
91 Grossman, Treblinka, S. 836–838. Vgl. die Erzählung Marco D'eramos über das Grauen in den modernen Schlachthöfen von Chicago: Marco D'eramo, Das Schwein und der Wolkenkratzer. Chicago: Eine Geschichte unserer Zukunft, München 1996, S. 36–42; Kühl, Ganz normale Institutionen, S. 215–216.
92 Gitta Sereny, Am Abgrund. Gespräche mit dem Henker. Franz Stangl und die Morde von Treblinka, München 1995, S. 237.
93 Reemtsma, Vertrauen und Gewalt, S. 108–112.
94 Welzer, Täter, S. 262; Jacques Sémelin, Säubern und Vernichten. Die Rolle der Massaker und Völkermorde, Hamburg 2007, S. 295.
95 Dieser Gedanke wird von Katharina Schmitten betont: Katharina Schmitten, »Eine Hölle voller Teufel«. Täuschung und Gewalt im Vernichtungslager Treblinka, in: *Zeitschrift für Geschichtswissenschaft* 62 (2014), S. 726–748, hier S. 745. Sie beruft sich dabei auf Sereny, Am Abgrund, S. 104–105. Vgl. auch: Levi, Die Untergegangenen, S. 112–128.
96 Sofsky, Die Ordnung des Terrors, S. 257.
97 Hershl Sperling, Treblinka, in: Mark S. Smith, Treblinka Survivor. The Life and Death of Hershl Sperling, The Mill 2010, S. 249; Grossman, Treblinka, S. 837; Welzer, Täter, S. 185.
98 Schmitten, »Eine Hölle voller Teufel«, S. 740; Chil Rajchman, Ich bin der letzte Jude. Treblinka 1942/43. Aufzeichnungen für die Nachwelt, München 2009, S. 99.

99 Richard Glazar, Die Falle mit dem grünen Zaun, Frankfurt am Main 1992, S. 45; Grossman, Treblinka, S. 838; Schmitten, »Eine Hölle voller Teufel«, S. 745.

100 Sofsky, Ordnung des Terrors, S. 32.

101 Heinrich Popitz, Realitätsverlust in Gruppen, in: ders., Soziale Normen, Frankfurt am Main 2006, S. 175–186, hier S. 183; Sofsky, Ordnung des Terrors, S. 262.

102 Levi, ist das ein Mensch?, S. 156.

103 Kühl, Ganz normale Organisationen, S. 299.

104 Sofsky, Ordnung des Terrors, S. 258.

105 Sofsky, Traktat, S. 18.

106 Friedrich Nietzsche, Zur Genealogie der Moral. Eine Streitschrift, in: ders., Werke in sechs Bänden, Bd. 4, München 1980, S. 761–900, hier S. 825–826.

107 Sofsky, Traktat, S. 214.

108 Ebd., S. 224–225.

109 Ebd., S. 111.

110 Ebd., S. 112–114; Canetti, Masse und Macht, S. 14.

111 Elwert, Gewaltmärkte, S. 86–101, hier S. 86–87; ders., Gewalt als inszenierte Plötzlichkeit, in: Jan Koehler/Sonja Heyer (Hrsg.), Anthropologie der Gewalt. Chancen und Grenzen der sozialwissenschaftlichen Forschung, Berlin 1998, S. 1–8, hier S. 1–2.

112 Vgl. Susanne Michl/Jan Plamper, Soldatische Angst im Ersten Weltkrieg. Die Karriere eines Gefühls in der Kriegspsychiatrie Deutschlands, Frankreichs und Russlands, in: *Geschichte und Gesellschaft* 35 (2009), S. 209–248, hier S. 219.

113 L. N. Vojtolovskij, Po sledam vojny: Pochodnye zapiski. 1914–1917, Leningrad 1925, S. 69. Zitiert in: Jan Plamper, Fear: Soldiers and Emotion in Early Twentieth-Century Russian Military Psychology, in: *Slavic Review* 68 (2009), S. 259–283, hier S. 260.

114 Benjamin Ziemann, Gewalt im Ersten Weltkrieg. Töten – Überleben – Verweigern, Essen 2014, S. 10–11.

115 Popitz, Phänomene der Macht, S. 48–49; Gottfried Lischke, Ist Aggression böse? Zur Ethologie, Soziobiologie und Psychologie des Kampfes und der Moral, in: Colpe/Schmidt-Biggemann, Das Böse, S. 274–299, hier S. 279.

116 Gustave Le Bon, Die Psychologie der Massen, Stuttgart 1973, S. 85 (erstmals 1895 erschienen).

117 Sofsky, Traktat, S. 52–53.

118 Hilberg, Die Vernichtung der europäischen Juden, Bd. 2, S. 237.

119 Uffa Jensen, Gewalt als triebhafte Überwältigung? Sigmund Freud: Das Unbehagen in der Kultur, in: Jensen/Knoch, Gewalt und Gesellschaft, S. 154–162, hier S. 159.

120 Popitz, Phänomene der Macht, S. 223; Manfred Schneider, Die Gabe des Krieges. Eine melancholische Studie, in: *Kursbuch. Gewalt*, Heft 147, März 2002, S. 9–22, hier S. 16–17.

121 Popitz, Phänomene der Macht, S. 223.

122 Ernst Cassirer, Versuch über den Menschen. Einführung in eine Philosophie der Kultur, Frankfurt am Main 1990, 2. Aufl. (erstmals 1944 in englischer Sprache erschienen), S. 283.

123 Ebd., S. 308.

124 Peter Waldmann, Is there a Culture of Violence in Colombia?, in: *Terrorism and Political Violence* 19 (2007), S. 593–609.

125 Von Trotha, Zur Soziologie der Gewalt, S. 33–34; Peter Waldmann, Veralltäglichung von Gewalt: Das Beispiel Kolumbien, in: Von Trotha, Soziologie der Gewalt, S. 141–161.

126 Améry, Die Tortur, S. 70; Kielar, Anus Mundi, S. 99; Reemtsma, Vertrauen und Gewalt, S. 99.

127 Weiner, Something to Die For, S. 107; Carl Schüddekopf, Krieg. Erzählungen aus dem Schweigen. Deutsche Soldaten über den Zweiten Weltkrieg, Reinbek 1997, S. 231–232.

128 Römer, Kameraden, S. 410.

129 Schumann, »Gewalt« als Leitbegriff der Historischen Friedensforschung, S. 88–89.

130 Reemtsma, Die Natur der Gewalt als Problem der Soziologie, S. 18–19.

131 Schroer, Gewalt ohne Gesicht, S. 161.

132 Ebd., S. 161–162.

133 Herbert Willems, Rezension: Wolfgang Sofsky: Traktat über die Gewalt, in: *Kölner Zeitschrift für Soziologie und Sozialpsychologie* 50 (1998), S. 362–363; Jörg Hüttermann, »Dichte Beschreibung« oder Ursachenforschung der Gewalt? Anmerkungen zu einer falschen Alternative im Lichte der Problematik funktionaler Erklärungen, in: Heitmeyer/Soeffner, Gewalt, S. 107–124, hier S. 121–122; Alfred Hirsch, Inmitten von Gewalt und Barbarei, in: *Philosophische Rundschau* 46 (1999), S. 116–149, hier S. 123. Zur Debatte zwischen Ursachensoziologie und Anthropologie vgl. auch Imbusch, »Mainstreamer« versus »Innovateure«, S. 125–148; Brigitta Nedelmann, Gewaltsoziologie am Scheideweg. Die Auseinandersetzungen in der gegenwärtigen und Wege der künftigen Gewaltforschung, in: von Trotha, Soziologie der Gewalt, S. 59–85; Martin Steinseifer, Vom Nutzen und Nachteil der Gewalt für ein Verständnis der Medienereignisse – Kritische Überlegungen zu Massaker und Terrorismus in den Arbeiten Wolfgang Sofskys, in: Christine Vogel (Hrsg.), Bilder des Schreckens. Die mediale Inszenierung von Massakern seit dem 16. Jahrhundert, Frankfurt am Main 2006, S. 15–37, und Martin Endreß, Entgrenzung des Menschlichen. Zur Transformation der Strukturen menschlichen Weltbezuges durch Gewalt, in: Heitmeyer/Soeffner, Gewalt, S. 174–201.

134 Harald Welzer, Rezension über Sofskys »Ordnung des Terrors«, in: *Kritische Justiz* 27, 1994, S. 381–387.

135 Bernard Williams, Wahrheit und Wahrhaftigkeit, Frankfurt am Main 2002, S. 361.

136 Zum Problem der Darstellung von Gewalt vgl. Michael Riekenberg, Einführende Ansichten der Gewaltsoziologie Georges Batailles, in: ders. (Hrsg.), Zur Gewaltsoziologie von Georges Bataille, Leipzig 2012, S. 9–34.

137 Dieter Wellershoff, Das Geschichtliche und das Private. Aspekte einer Entzweiung, Stuttgart 1986, S. 5; Wolfgang Hardtwig, Fiktive Zeitgeschichte? Literarische Erzählung, Geschichtswissenschaft und Erinnerungskultur in Deutschland, in: Konrad Jarausch/Martin Sabrow (Hrsg.), Verletztes Gedächtnis. Erinnerungskultur und Zeitgeschichte im Konflikt, Frankfurt am Main 2002, S. 99–123, hier S. 102–103.

138 Adam Johnson, Das geraubte Leben des Waisen Jun Do, Berlin 2013.

139 Vgl. von Trotha, Zur Soziologie der Gewalt, S. 20; Asher, Ganz normale Täter, S. 112–113.

140 Popitz, Phänomene der Macht, S. 61.

Gewalt und das Rätsel der Macht

1 Richard Lourie, Stalin. Die geheimen Aufzeichnungen des Jossif Wissariononowitsch Dschugaschwili, München 1999, S. 15.

2 Hobbes, Leviathan, S. 131.

3 David Hume, Über die ursprünglichen Prinzipien der Regierung, in: ders., Politische und ökonomische Essays, Bd. 1, Hamburg 1988, S. 25–30, hier S. 25.

4 Canetti, Masse und Macht, S. 268–269. Vgl. auch Christian Schärf, »Das Reich der Feindschaft ist zu Ende«. Elias Canettis »Masse und Macht« als Großessay, in: *Merkur* 68 (2014), Heft 1, S. 51–56.

5 Popitz, Phänomene der Macht, S. 24.

6 Max Weber, Wirtschaft und Gesellschaft. Grundriß der verstehenden Soziologie, Tübingen 1972, 5. Aufl., S. 28.

7 Popitz, Phänomene der Macht, S. 28; Hannah Arendt, Vita Activa oder Vom tätigen Leben, München 2007, 6. Aufl., S. 252–253.

8 Carl Schmitt, Gespräch über die Macht und den Zugang zum Machthaber, Stuttgart 2008, 3. Aufl. (erstmals 1954 erschienen), S. 33.

9 Niklas Luhmann, Gesellschaftliche Grundlagen der Macht, in: ders., Soziologische Aufklärung, Bd. 4, Wiesbaden 2005, 3. Aufl., S. 117.

10 Hobbes, Leviathan, S. 66; Hannah Arendt, Macht und Gewalt, München 2008, 18. Aufl., S. 53.

11 Canetti, Masse und Macht, S. 354.

12 Georg Simmel, Soziologie. Untersuchungen über die Formen der Vergesell-

schaftung. Georg Simmel. Gesamtausgabe, Bd. 11, Frankfurt am Main 1992, S. 171.

13 Niklas Luhmann, Macht im System, Frankfurt am Main 2012, S. 50–51; André Brodocz, Mächtige Kommunikation – Zum Machtbegriff von Niklas Luhmann, in: Imbusch, Macht und Herrschaft, S. 247–263, hier S. 251–253; Arnold Gehlen, Soziologie der Macht, in: Erwin von Beckerath (Hrsg.), Handwörterbuch der Sozialwissenschaften, Bd. 7, Göttingen 1961, S. 77–81, hier S. 79; Andreas Anter, Theorien der Macht zur Einführung, Hamburg 2012, S. 50–51.

14 Simmel, Soziologie, S. 171.

15 Popitz, Phänomene der Macht, S. 223; Simmel, Soziologie, S. 161.

16 Popitz, Phänomene der Macht, S. 31; Reemtsma, Vertrauen und Gewalt, S. 147.

17 Popitz, Phänomene der Macht, S. 44.

18 Ebd., S. 26.

19 Ebd., S. 236–240, Zitat S. 239; Jan-Philipp Reemtsma, Die Gewalt spricht nicht. Drei Reden, Stuttgart 2002, S. 7–46. Überblick bei Anter, Theorien der Macht zur Einführung, S. 91–101.

20 Anthony Giddens, »Macht« in den Schriften Talcott Parsons, in: Imbusch, Macht und Herrschaft, S. 151–168, hier S. 151–153.

21 Popitz, Phänomene der Macht, S. 28.

22 Richard Sennett, Autorität, Frankfurt am Main 1985, S. 24; Popitz, Phänomene der Macht, S. 109–118.

23 Foucault, Überwachen und Strafen, S. 250.

24 Weber, Wirtschaft und Gesellschaft, S. 28.

25 Ebd., S. 122; Petra Neuenhaus-Luciano, Amorphe Macht und Herrschaftsgehäuse – Max Weber, in: Imbusch, Macht und Herrschaft, S. 97–114.

26 Weber, Wirtschaft und Gesellschaft, S. 129.

27 Niklas Luhmann, Legitimation durch Verfahren, Frankfurt am Main 1983, S. 32.

28 Popitz, Phänomene der Macht, S. 259–260.

29 Byung-Chul Han, Was ist Macht?, Stuttgart 2005, S. 9.

30 Popitz, Phänomene der Macht, S. 185.

31 Ebd., S. 187.

32 Ebd., S. 188.

33 Reemtsma, Vertrauen und Gewalt, S. 161.

34 Simmel, Soziologie, S. 445.

35 Ludolf Herbst, Hitlers Charisma. Die Erfindung eines deutschen Messias, Frankfurt am Main 2010, S. 14; Ian Kershaw, Hitlers Macht. Das Profil der NS-Herrschaft, München 1992, S. 136–143.

36 Simmel, Soziologie, S. 162.

37 Hobbes, Leviathan, S. 67.

38 Ebd., S. 68.
39 Schmitt, Gespräch über die Macht, S. 14; Hobbes, Leviathan, S. 131; Anter, Theorien der Macht, S. 26–32.
40 Gehlen, Soziologie der Macht, S. 78.
41 Sennett, Autorität, S. 116.
42 Canetti, Masse und Macht, S. 333.
43 Ebd., S. 333.
44 Popitz, Phänomene der Macht, S. 60.
45 Canetti, Masse und Macht, S. 274.
46 Arendt, Macht und Gewalt, S. 55, 57.
47 Luhmann, Gesellschaftliche Grundlagen der Macht, S. 119; im Überblick: Anter, Theorien der Macht, S. 124–127.
48 Arendt, Vita Activa, S. 254–257, Zitat S. 256; im Überblick: Anter, Theorien der Macht, S. 96–97.
49 Canetti, Masse und Macht, S. 333.
50 Ebd., S. 273.
51 Ebd., S. 346–347.
52 Ebd., S. 346.
53 Reemtsma, Vertrauen und Gewalt, S. 179–181.
54 Popitz, Phänomene der Macht, S. 63.
55 Ebd., S. 63.

Literatur

Afflerbach, Holger, Die Kunst der Niederlage. Eine Geschichte der Kapitulation, München 2013.

Alexijewitsch, Swetlana, Secondhand-Zeit. Leben auf den Trümmern des Sozialismus, Berlin 2013.

Althoff, Gerd, »Besiegte finden selten oder nie Gnade«, und wie man aus dieser Not eine Tugend machte, in: Martus/Münkler/Röcke, Schlachtfelder. Codierung von Gewalt im medialen Wandel, S. 131–145.

Ders., Regeln der Gewaltanwendung im Mittelalter, in: Sieferle/Breuninger, Kulturen der Gewalt, S. 154–170.

Aly, Götz, Die Belasteten. »Euthanasie« 1939–1945, Frankfurt am Main 2013.

Améry, Jean, Die Tortur, in: ders., Jenseits von Schuld und Sühne. Bewältigungsversuche eines Überwältigten, Stuttgart 1980, 2. Aufl.

Amis, Martin, Koba der Schreckliche. Die zwanzig Millionen und das Gelächter, München 2007.

Anders, Kenneth, Fortgeschrittener Humanismus oder humanistischer Fortschritt? Norbert Elias und das Teleologieproblem, in: Treibel/Kuzmics, Zivilisationstheorie in der Bilanz, S. 53–67.

Angiolini, Franco, Der Hof, in: Haupt, Orte des Alltags, S. 89–95.

Anter, Andreas, Theorien der Macht zur Einführung, Hamburg 2012.

Arad, Yitzhak, Belzec, Sobibor, Treblinka: The Operation Reinhard Deathcamps, Bloomington/Ind. 1987.

Arendt, Hannah, Über das Böse. Eine Vorlesung über Fragen der Ethik, München 2009, 3. Aufl.

Dies., Vita Activa oder Vom tätigen Leben, München 2007, 6. Aufl.

Dies., Eichmann in Jerusalem. Ein Bericht von der Banalität des Bösen, München 1963 (Neuausgabe 2004).

Dies., Macht und Gewalt, München 2008, 18. Aufl.

Aronson, Elliot/Mills, Judson, The Effect of Severity of Initiation on Liking for a Group, in: *Journal of Abnormal and Social Psychology* 59 (1959), Nr. 1–3, S. 177–181.

Asch, Ronald G./Birke, Adolf M. (Hrsg.), Princes, Patronage, and the Nobility. The Court at the Beginning of the Modern Age c. 1450–1650, Oxford 1991.

Asher, Harvey, Ganz normale Täter. Variablen sozialpsychologischer Analysen, in: *Jahrbuch für Genozidforschung* (2001), Nr. 1–2, S. 81–105.

Baberowski, Jörg/Kindler, Robert (Hrsg.), Macht ohne Grenzen. Herrschaft und Terror im Stalinismus, Frankfurt am Main 2014.

Baberowski, Jörg, Angst und Macht. Tätergemeinschaften im Stalinismus, in: ders./Kindler, Macht ohne Grenzen, S. 41–68.

Ders. (Hrsg.), Was ist Vertrauen? Ein interdisziplinäres Gespräch, Frankfurt am Main 2014.

Ders., Erwartungssicherheit und Vertrauen. Warum manche Ordnungen stabil sind, und andere nicht, in: ders., Was ist Vertrauen?, S. 7–29.

Ders., Die Diktatur der Gerüchte, in: *Journal of Modern European History* 10 (2013), S. 315–319.

Ders., Das Handwerk des Tötens. Boris Savinkov und der russische Terrorismus, in: *Comparativ* 23 (2013), Nr. 2, S. 75–90.

Ders., Verbrannte Erde. Stalins Herrschaft der Gewalt, München 2012, 3. Aufl.

Ders./Metzler, Gabriele, (Hrsg.), Gewalträume. Soziale Ordnungen im Ausnahmezustand, Frankfurt am Main 2012.

Ders., Verwüstetes Land: Macht und Gewalt in der frühen Sowjetunion, in: ders./ Metzler, Gewalträume, S. 169–188.

Ders. (Hrsg.), Arbeit an der Geschichte. Wie viel Theorie braucht die Geschichtswissenschaft?, Frankfurt am Main 2009.

Ders., Was sind Repräsentationen sozialer Ordnungen im Wandel? Anmerkungen zu einer Geschichte interkultureller Begegnungen, in: ders., Arbeit an der Geschichte, S. 7–18.

Ders., Gewalt verstehen, in: *Zeithistorische Forschungen* 5 (2008), S. 5–17.

Ders., Kriege in staatsfernen Räumen: Rußland und die Sowjetunion 1905–1950, in: Beyrau/Hochgeschwender/Langewiesche, Formen des Krieges, S. 291–310.

Ders. (Hrsg.), Moderne Zeiten? Krieg, Revolution und Gewalt im 20. Jahrhundert, Göttingen 2006.

Baecker, Dirk, Form und Formen der Kommunikation, Frankfurt am Main 2005.

Bartov, Omer, Hitlers Wehrmacht. Soldaten, Fanatismus und die Brutalisierung des Krieges, Reinbek 1995.

Bauman, Zygmunt, Dialektik der Ordnung. Die Moderne und der Holocaust, Hamburg 2002.

Ders., Moderne und Ambivalenz. Das Ende der Eindeutigkeit, Frankfurt am Main 1995.

Beah, Ishmael, A Long Way Gone. The True Story of a Child Soldier, London 2008.

Becker, Wibke, Von der Kunst zu überleben, in: *Frankfurter Allgemeine Zeitung*, 20. März 2015, S. 8.

Beckerath, Erwin von (Hrsg.), Handwörterbuch der Sozialwissenschaften, Bd. 7, Göttingen 1961.

Beckert, Sven, King Cotton. Eine Geschichte des globalen Kapitalismus, München 2014.

Beilharz, Peter, Baumans Moderne, in: Junge/Kron, Zygmunt Bauman, S. 231–245.

Ders. (Hrsg.), Zygmunt Bauman, Bd. 2, London 2002.

Ders., Über die Rationalität des Bösen: Interview mit Zygmunt Bauman, in: ders., Zygmunt Bauman, Bd. 2.

Bellow, Saul, Herzog, Köln 2009.

Berding, Helmut (Hrsg.), Nationales Bewußtsein und kollektive Identität. Studien zur Entwicklung des kollektiven Bewußtseins der Neuzeit, Bd. 2, Frankfurt am Main 1994.

Beyrau, Dietrich/Hochgeschwender, Michael/Langewiesche, Dieter (Hrsg.), Formen des Krieges. Von der Antike bis zur Gegenwart, Paderborn 2007.

Bielefeld, Ulrich/Bude, Heinz/Greiner, Bernd (Hrsg.), Gesellschaft – Gewalt – Vertrauen. Jan Philipp Reemtsma zum 60. Geburtstag, Hamburg 2012.

Birbaumer, Niels-Peter, Furcht und Furchtlosigkeit: Zur Neurobiologie des Bösen, Stuttgart 2002 (Akademie der Wissenschaften und der Literatur. Abhandlungen der Mathematisch-naturwissenschaftlichen Klasse, 2002, Nr. 1), S. 5–27.

Bösch, Frank, Präviktorianische Präfigurationen und die Gewalt im 20. Jahrhundert. Joseph Conrad: Heart of Darkness (1899), in: Jensen/Knoch, Gewalt und Gesellschaft, S. 91–100.

Bossert, Helmuth T./Storck, Willy (Hrsg.), Das Mittelalterliche Hausbuch, Leipzig 1912.

Bourke, Joanna, The Killing Frenzy. Wartime Narratives of Enemy Action, in: Lüdtke/Weisbrod, No Man's Land of Violence, S. 101–126.

Dies., The Emotions in War: Fear and the British and American Military, 1914–45, in: *Historical Research* 74 (2001), S. 314–330.

Dies., An Intimate History of Killing, London 1999.

Brodocz, André, Mächtige Kommunikation – Zum Machtbegriff von Niklas Luhmann, in: Imbusch, Macht und Herrschaft, S. 247–263.

Brooks, Jeffrey, Thank you, Comrade Stalin. Soviet Public Culture from Revolution to Cold War, Princeton/N. J. 2000.

Browning, Christopher, Judenmord. NS-Politik, Zwangsarbeit und das Verhalten der Täter, Frankfurt am Main 2001.

Ders., Ganz normale Männer. Das Reserve-Polizeibataillon 101 und die »Endlösung« in Polen, Reinbek 1996.

Buldakov, Vladimir, Krasnaja smuta. Priroda i posledstvija revoljuionnogo nasilija, Moskau 2010.

Bunin, Iwan, Verfluchte Tage. Ein Revolutions-Tagebuch, Frankfurt am Main 2008.

Burkhardt, Johannes, Der Dreißigjährige Krieg, Frankfurt am Main 1992.

Burkitt, Ian, Civilization and Ambivalence, in: *British Journal of Sociology* 47 (1996), S. 135–150.

Butler, Judith, Noch einmal: Körper und Macht, in: Honneth/Saar, Michel Foucault, S. 52–67.

Camus, Albert, Der Mythos des Sisyphos, Reinbek 1999.

Canetti, Elias, Masse und Macht, München 1994 (erstmals 1960 erschienen).

Ders., Masse und Macht, Hamburg 1960.

Carl, Horst/Bömelburg, Hans-Jürgen (Hrsg.), Lohn der Gewalt. Beutepraktiken von der Antike bis zur Neuzeit, Paderborn 2011.

Cassiday, Julie, The Enemy on Trial. Early Soviet Courts on Stage and Screen, DeKalb/Ill. 2000.

Cassirer, Ernst, Versuch über den Menschen. Einführung in eine Philosophie der Kultur, Frankfurt am Main 1990, 2. Aufl. (erstmals 1944 in englischer Sprache erschienen).

Chang, Jung/Halliday, John, Mao. Das Leben eines Mannes. Das Schicksal eines Volkes, München 2005, 4. Aufl.

Christ, Michaela, Die Dynamik des Tötens. Die Ermordung der Juden in Berditschew, Frankfurt am Main 2011.

Chuev, Feliks, Sto sorok besed s Molotovym, Moskau 1991.

Collins, Randall, Dynamik der Gewalt. Eine mikrosoziologische Theorie, Hamburg 2011.

Colpe, Carsten/Schmidt-Biggemann, Wilhelm (Hrsg.), Das Böse. Eine historische Phänomenologie des Unerklärlichen, Frankfurt am Main 1993, 2. Aufl.

Cramer, John, Belsen Trial 1945. Der Lüneburger Prozess gegen Wachpersonal der Konzentrationslager Auschwitz und Bergen-Belsen, Göttingen 2011.

DePaul, Kim (Hrsg.), Children of Cambodia's Killing Fields. Memoirs by Survivors, New Haven/Conn. 1997.

D'eramo, Marco, Das Schwein und der Wolkenkratzer. Chicago: Eine Geschichte unserer Zukunft, München 1996.

Des Forges, Alison, Kein Zeuge darf überleben. Der Genozid in Ruanda, Hamburg 2002.

Dickie, John, Cosa Nostra. Die Geschichte der Mafia, Frankfurt am Main 2006, 7. Aufl.

Dinges, Martin, Formenwandel der Gewalt in der Neuzeit. Zur Kritik der Zivilisationstheorie von Norbert Elias, in: Sieferle/Breuninger, Kulturen der Gewalt, S. 171–194.

Duby, Georges, Der Sonntag von Bouvines. Der Tag, an dem Frankreich entstand, Berlin 2002.

Duerr, Hans Peter, Obszönität und Gewalt. Der Mythos vom Zivilisationsprozeß, Bd. 3, Frankfurt am Main 1996, 2. Aufl.

Dülmen, Richard van, Norbert Elias und der Prozeß der Zivilisation. Die Zivilisationstheorie im Lichte der historischen Forschung, in: Rehberg, Norbert Elias und die Menschenwissenschaften, S. 264–274.

Ders., Kultur und Alltag in der Frühen Neuzeit, Bd. 2: Dorf und Stadt. 16.–18. Jahrhundert, München 1992.

Dunning, Eric, Gewalt und Sport, in: Heitmeyer/Hagan, Internationales Handbuch der Gewaltforschung, S. 1130–1152.

Ehrenreich, Barbara, Blutrituale. Ursprung und Geschichte der Lust am Krieg, München 1997.

Elias, Norbert, Über den Prozeß der Zivilisation. Soziogenetische und psychogenetische Untersuchungen, 2 Bde., Frankfurt am Main 1997, 20. Aufl.

Ders., Studien über die Deutschen, Frankfurt am Main 1990, 3. Aufl.

Elwert, Jürgen, Sozialanthropolgisch erklärte Gewalt, in: Heitmeyer/Hagan, Internationales Handbuch der Gewaltforschung, S. 330–367.

Ders., Gewalt als inszenierte Plötzlichkeit, in: Koehler/Heyer, Anthropologie der Gewalt, Berlin 1998, S. 1–8.

Ders., Gewaltmärkte. Beobachtungen zur Zweckrationalität der Gewalt, in: Trutz von Trotha, Soziologie der Gewalt, in: *Kölner Zeitschrift für Soziologie und Sozialpsychologie*, Sonderheft 37 (1997), S. 86–101.

Endreß, Martin, Entgrenzung des Menschlichen. Zur Transformation der Strukturen menschlichen Weltbezuges durch Gewalt, in: Heitmeyer/Soeffner, Gewalt, S. 174–201.

Evans, Richard, Rituale der Vergeltung. Die Todesstrafe in der deutschen Geschichte 1532–1987, Berlin 2001.

Ferguson, Niall, Prisoner Taking and Prisoner Killing: the Dynamics of Defeat, Surrender and Barbarity in the Age of Total War, in: Kassimeris, The Barbarization of Warfare, S. 126–158.

Figes, Orlando, Die Flüsterer. Leben in Stalins Russland, Berlin 2008.

Foucault, Michel, Geschichte der Gouvernementalität, Bd. 1: Sicherheit, Territorium, Bevölkerung. Vorlesung am Collège de France 1977–1978, Frankfurt am Main 2004.

Ders., Überwachen und Strafen. Die Geburt des Gefängnisses, Frankfurt am Main 1992, 10. Aufl.

Ders., Der Wille zum Wissen. Sexualität und Wahrheit, Bd. 1, Frankfurt am Main 1977.

Freeman, Michael, Genocide, Civilization and Modernity, in: Beilharz, Zygmunt Bauman, Bd. 2, S. 51–66.

Freud, Sigmund, Zeitgemäßes über Krieg und Tod, in: ders., Gesammelte Werke, Bd. 10, Frankfurt am Main 1987.

Ders., Zeitgemäßes über Krieg und Tod, in: ders., Werke, hrsg. von Alexander Mitscherlich, Bd. 9: Fragen der Gesellschaft. Ursprünge der Religion, Frankfurt am Main 1980.

Ders., Das Unbehagen in der Kultur, in: ders., Gesammelte Werke, hrsg. von Anna Freud, Bd. 14, London 1948, S. 419–506.

Ders., Das Ich und das Es, in: ders., Gesammelte Werke, Bd. 13, London 1940, S. 235–289.

Frevert, Ute (Hrsg.), Vertrauen. Historische Annäherungen, Göttingen 2003.

Friedlander, Henry, Der Weg zum NS-Genozid. Von der Euthanasie zur Endlösung, Berlin 1997.

Friedländer, Saul, Die Jahre der Vernichtung. Das Dritte Reich und die Juden, Bd. 2: 1939–1945, München 2006.

Fritze, Lothar, Anatomie des totalitären Denkens. Kommunistische und nationalsozialistische Weltanschauung im Vergleich, München 2012.

Ders., Täter mit gutem Gewissen. Über menschliches Versagen im diktatorischen Sozialismus, Köln 1998.

Galtung, Johan, Kulturelle Gewalt. Zur direkten und strukturellen Gewalt tritt die kulturelle Gewalt, in: *Der Bürger im Staat* 43 (1993), S. 106–112.

Ders., Cultural Violence, in: *Journal of Peace Research* 27 (1990), S. 291–305.

Ders., Strukturelle Gewalt. Beiträge zur Friedens- und Konfliktforschung, Reinbek 1975.

Garros, Véronique/Korenewskaja, Natalja/Lahusen, Thomas (Hrsg.), Das wahre Leben. Tagebücher aus der Stalin-Zeit, Berlin 1998.

Gehlen, Arnold, Soziologie der Macht, in: von Beckerath, Handwörterbuch der Sozialwissenschaften, Bd. 7, S. 77–81.

Gentile, Carlo, Sant'Anna di Stazzema, in: Ueberschär, Orte des Grauens, S. 231–236.

Gerwarth, Robert, Reinhard Heydrich. Biographie, Berlin 2011.

Giddens, Anthony, »Macht« in den Schriften Talcott Parsons, in: Imbusch, Macht und Herrschaft, S. 151–168.

Gilbert, Gustave M., Nürnberger Tagebuch. Gespräche der Angeklagten mit dem Gerichtspsychologen, Frankfurt am Main 2004, 12. Aufl.

Glazar, Richard, Die Falle mit dem grünen Zaun, Frankfurt am Main 1992.

Gleichmann, Peter /Kühne, Thomas (Hrsg.), Massenhaftes Töten. Kriege und Genozide im 20. Jahrhundert, Essen 2004.

Goebbels, Joseph, Tagebücher 1924–1945, Bd. 4: 1940–1942, hrsg. von Ralf G. Reuth, München 1992.

Goffman, Erving, Interaktionsrituale. Über Verhalten in direkter Kommunikation, Frankfurt am Main 1986.

Goltermann, Svenja, Die Gesellschaft der Überlebenden. Deutsche Kriegsheimkehrer und ihre Gewalterfahrungen im Zweiten Weltkrieg, München 2009.

Green, Linda, Fear as a Way of Life, in: Hinton, Genocide, S. 307–333.

Gregory, Paul, Terror by Quota. State Security from Lenin to Stalin, New Haven 2009.

Groebner, Valentin, Ungestalten. Die visuelle Kultur der Gewalt im Mittelalter, München 2003.

Grossmann, Dave, Eine Anatomie des Tötens, in: Gleichmann/Kühne, Massenhaftes Töten, S. 55–104.

Grossman, Wassili, Treblinka, in: ders./Ehrenburg, Ilja (Hrsg.), Das Schwarzbuch. Der Genozid an den europäischen Juden, Reinbek 1995, 2. Aufl., S. 829–834.

Gudehus, Christian/Christ, Michaela (Hrsg.), Gewalt. Ein interdisziplinäres Handbuch, Stuttgart 2013.

Habermas, Jürgen, Theorie des kommunikativen Handelns, 2 Bde., Frankfurt am Main 1981.

Hahn, Alois, Dialektik der Aufklärung Revisited, in: Miller/Soeffner, Modernität und Barbarei, S. 156–174.

Han, Byung-Chul, Was ist Macht?, Stuttgart 2005.

Hardtwig, Wolfgang, Fiktive Zeitgeschichte? Literarische Erzählung, Geschichtswissenschaft und Erinnerungskultur in Deutschland, in: Jarausch, Konrad/Sabrow, Martin (Hrsg.), Verletztes Gedächtnis. Erinnerungskultur und Zeitgeschichte im Konflikt, Frankfurt am Main 2002, S. 99–123.

Haupt, Heinz-Gerhard (Hrsg.), Orte des Alltags. Miniaturen der europäischen Kulturgeschichte, München 1994.

Heitmeyer, Wilhelm/Hagan, John (Hrsg.), Internationales Handbuch der Gewaltforschung, Wiesbaden 2002.

Heitmeyer, Wilhelm/Soeffner, Hans-Georg (Hrsg.), Gewalt. Entwicklungen, Strukturen, Analyseprobleme, Frankfurt am Main 2004.

Hellbeck, Jochen (Hrsg.), Tagebuch aus Moskau 1931–1939, München 1996.

Herbst, Ludolf, Hitlers Charisma. Die Erfindung eines deutschen Messias, Frankfurt am Main 2010.

Herling, Gustaw, Welt ohne Erbarmen, München 2000 (erstmals 1953 erschienen).

Heuser, Beatrice, Rebellen, Partisanen, Guerilleros. Asymmetrische Kriege von der Antike bis heute, Paderborn 2013.

Hilberg, Raul, Die Vernichtung der europäischen Juden, Bd. 2, Frankfurt am Main 1990.

Hinton, Alexander Laban, Why Did You Kill? The Cambodian Genocide and the Dark Side of Face and Honor, in: *The Journal of Asian Studies* 57 (1998), Nr. 1, S. 93–122.

Ders. (Hrsg.), Genocide. An Anthropological Reader, Oxford 2002.

Hirsch, Alfred, Inmitten von Gewalt und Barbarei, in: *Philosophische Rundschau* 46 (1999), S. 116–149.

Hobbes, Thomas, Leviathan oder Stoff, Form und Gewalt eines bürgerlichen und kirchlichen Staates, hrsg. von Iring Fetscher, Frankfurt am Main 1976.

Hochgeschwender, Michael, The Last Stand: Die Indianerkriege im Westen der USA (1840–1890), in: Klein/Schumacher, Kolonialkriege, S. 44–79.

Hochschild, Adam, Schatten über dem Kongo: Die Geschichte eines fast vergessenen Menschheitsverbrechens, Reinbek 2002.

Holmes, Richard, Acts of War. The Behavior of Men in Battle, New York 1985.

Holquist, Peter, Making War, Forging Revolution. Russia's Continuum of Crisis, 1914–1921, Cambridge 2002.

Honneth, Axel/Saar, Martin (Hrsg.), Michel Foucault. Zwischenbilanz einer Rezeption, Frankfurt am Main 2003.

Horowitz, Donald L., The Deadly Ethnic Riot, Berkeley 2001.

Höss, Rudolf, Kommandant in Auschwitz. Autobiographische Aufzeichnungen des Rudolf Höss, hrsg. von Martin Broszat, München 1992, 13. Aufl.

Howard, Michael, Der Krieg in der europäischen Geschichte. Vom Mittelalter bis zu den neuen Kriegen der Gegenwart, München 2010, 2. Aufl.

Hume, David, Eine Untersuchung über die Prinzipien der Moral, Stuttgart 1984.

Ders., Über die ursprünglichen Prinzipien der Regierung, in: ders., Politische und ökonomische Essays, Bd. 1, Hamburg 1988, S. 25–30.

Hüttermann, Jörg, »Dichte Beschreibung« oder Ursachenforschung der Gewalt? Anmerkungen zu einer falschen Alternative im Lichte der Problematik funktionaler Erklärungen, in: Heitmeyer/Soeffner, Gewalt, S. 107–124.

Imbusch, Peter (Hrsg.), Macht und Herrschaft. Sozialwissenschaftliche Theorien und Konzeptionen, Wiesbaden 2012, 2. Aufl.

Ders., Machtfigurationen und Herrschaftsprozesse bei Norbert Elias, in: ders., Macht und Herrschaft, S. 169–193.

Ders., Schattenseiten der Moderne: Zygmunt Baumans Perspektive auf den Stalinismus, in: Junge/Kron, Zygmunt Bauman, S. 130–163.

Ders., Moderne und Gewalt. Zivilisationstheoretische Perspektiven auf das 20. Jahrhundert, Wiesbaden 2005.

Ders., »Mainstreamer« versus »Innovateure« der Gewaltforschung, in: Heitmeyer/Soeffner, Gewalt, S. 125–150.

Inhetveen, Katharina, Körper, in: Gudehus/Christ, Gewalt, S. 203–208.

Dies., Gesellige Gewalt. Ritual, Spiel und Vergemeinschaftung bei Hardcorekonzerten, in: Trutz von Trotha, Soziologie der Gewalt, in: *Kölner Zeitschrift für Soziologie und Sozialpsychologie*, Sonderheft 37 (1997), S. 235–261.

Jacobsen, Michael H./Poder, Poul (Hrsg.), The Sociology of Zygmunt Bauman. Challenges and Critique, Aldershot 2008.

Jäger, Herbert, Verbrechen unter totalitärer Herrschaft. Studien zur nationalsozialistischen Gewaltkriminalität, Frankfurt am Main 1982.

Jensen, Uffa/Knoch, Habbo (Hrsg.), Gewalt und Gesellschaft. Klassiker des modernen Denkens neu gelesen, Göttingen 2011.

Jensen, Uffa, Gewalt als triebhafte Überwältigung? Sigmund Freud: Das Unbehagen in der Kultur, in: Jensen/Knoch, Gewalt und Gesellschaft, S. 154–162.

Johnson, Adam, Das geraubte Leben des Waisen Jun Do, Berlin 2013.

Johnson, Denis, In der Hölle. Blicke in den Abgrund der Welt, Hamburg 2008.

Judt, Tony, Nachdenken über das 20. Jahrhundert, München 2013.

Junge, Traudl, Bis zur letzten Stunde. Hitlers Sekretärin erzählt ihr Leben, München 2002.

Junge, Matthias/Kron, Thomas (Hrsg.), Zygmunt Bauman. Soziologie zwischen Postmoderne, Ethik und Gegenwartsdiagnose, Wiesbaden 2007, 2. Aufl.

Kapuscinski, Ryszard, Wieder ein Tag Leben. Innenansichten eines Bürgerkriegs, Frankfurt am Main 2007.

Kassimeris, George (Hrsg.), The Barbarization of Warfare, New York 2006.

Kershaw, Ian, Hitlers Macht. Das Profil der NS-Herrschaft, München 1992.

Kielar, Wieslaw, Anus Mundi. Fünf Jahre Auschwitz, Frankfurt am Main 2004, 10. Aufl.

Kiernan, Ben, Erde und Blut. Völkermord und Vernichtung von der Antike bis heute, München 2009.

Kistjakovskij, Bogdan, Zur Verteidigung des Rechts. Die Intelligencija und das Rechtsbewußtsein, in: Vechi. Wegmarken. Zur Krise der russischen Intelligenz, Frankfurt am Main 1990, S. 212–250.

Klee, Ernst, Auschwitz, die NS-Medizin und ihre Opfer, Frankfurt am Main 1997, 4. Aufl.

Klein, Thoralf/Schumacher, Frank (Hrsg.), Kolonialkriege. Militärische Gewalt im Zeichen des Imperialismus, Hamburg 2006.

Klüger, Ruth, Weiter leben. Eine Jugend, München 1994.

Kneer, Georg, Die Analytik der Macht bei Michel Foucault, in: Imbusch, Macht und Herrschaft, S. 265–283.

Koehler, Jan/Heyer, Sonja (Hrsg.), Anthropologie der Gewalt. Chancen und Grenzen der sozialwissenschaftlichen Forschung, Berlin 1998.

Koenen, Gerd, Utopie der Säuberung. Was war der Kommunismus?, Berlin 1998.

Kolb, Eberhard, Bergen-Belsen, Hannover 1962.

König, Helmut, Zivilisation und Leidenschaften. Die Masse im bürgerlichen Zeitalter, Reinbek 1992.

Kortüm, Hans-Henning, Über Möglichkeiten und Grenzen einer Typusbildung von »Krieg« im Allgemeinen und von »mittelalterlichem Krieg« im Besonderen, in: Beyrau/Hochgeschwender/Langewiesche, Formen des Krieges, S. 71–98.

Kramer, Alan, The War of Atrocities. Murderous Scares and Extreme Combat, in: Lüdtke/Weisbrod, No Man's Land of Violence, S. 13–33.

Krasmann, Susanne, Mafiose Gewalt. Mafioses Verhalten, unternehmerische Mafia und organisierte Kriminalität, in: Trutz von Trotha, Soziologie der Gewalt, in: *Kölner Zeitschrift für Soziologie und Sozialpsychologie*, Sonderheft 37 (1997), S. 200–219.

Krippendorf, Ekkehart, Staat und Krieg. Die historische Logik politischer Unvernunft, Frankfurt am Main 1985.

Krüger, Karen, Worte der Gewalt. Das Radio und der kollektive Blutrausch in Rwanda, in: *Zeitschrift für Geschichtswissenschaft* 51 (2003), Nr. 10, S. 923–939.

Kühl, Stefan, Ganz normale Organisationen. Zur Soziologie des Holocaust, Frankfurt am Main 2014.

Kühne, Thomas, Kameradschaft. Die Soldaten des nationalsozialistischen Krieges und das 20. Jahrhundert, Göttingen 2006.

Kunisch, Joachim, La guerre – c'est moi! Zum Problem der Staatenkonflikte im Zeitalter des Absolutismus, in: *Zeitschrift für Historische Forschung* 14 (1987), S. 407–438.

Kuss, Susanne, Kriegführung ohne hemmende Kulturschranke: Die deutschen Kolonialkriege in Südwestafrika (1904–1907) und Ostafrika (1905–1908), in: Klein/Schumacher, Kolonialkriege, S. 208–247.

Kuzmics, Helmut, Fragen an das Werk von Norbert Elias: Einige Kriterien zur kritischen Überprüfbarkeit der Zivilisationstheorie, in: Treibel/Kuzmics, Zivilisationstheorie in der Bilanz, S. 261–284.

Lamnek, Siegrid, Individuelle Rechtfertigungsstrategien von Gewalt, in: Heitmeyer/Hagan, Internationales Handbuch der Gewaltforschung, S. 1379–1396.

Landau, Felix, Das Tagebuch des Kriegsverbrechers Felix Landau über seine Tätigkeit während des Krieges in Polen, in: Bundesarchiv. Außenstelle Ludwigsburg, B 182/21808, S. 514–515.

Landis, Erik C., Bandits and Partisans. The Antonov Movement in the Russian Civil War, Pittsburgh 2008.

Langewiesche, Dieter, Eskalierte die Kriegsgewalt im Laufe der Geschichte?, in: Baberowski, Moderne Zeiten?, S. 12–36.

Ders., Nation, Nationalismus, Nationalstaat in Deutschland und Europa, München 2000.

Le Bon, Gustave, Die Psychologie der Massen, Stuttgart 1973.

Ledig, Gert, Die Stalinorgel, Frankfurt am Main 2000 (erstmals 1955 erschienen).

Lenin, Wladimir I., Staat und Revolution. Die Lehre des Marxismus vom Staat und die Aufgaben des Proletariats in der Revolution, in: ders., Ausgewählte Werke, Bd. 2, Berlin (Ost) 1976, S. 315–420.

Levi, Primo, Ist das ein Mensch?, München 1992 (erstmals 1958 erschienen).

Ders., Die Untergegangenen und die Geretteten, München 1990, 5. Aufl.

Lichatschow, Dmitri, Hunger und Terror. Mein Leben zwischen Oktoberrevolution und Perestroika, Stuttgart 1997.

Lischke, Gottfried, Ist Aggression böse? Zur Ethologie, Soziobiologie und Psychologie des Kampfes und der Moral, in: Colpe/Schmidt-Biggemann, Das Böse, S. 274–299.

Littell, Jonathan, Die Wohlgesinnten, Berlin 2008.

Lohr, Eric, Nationalizing the Russian Empire. The Campaign against Enemy Aliens during World War I, Cambridge/Mass. 2003.

Longerich, Peter, Heinrich Himmler. Biographie, München 2008.

Lorenz, Maren, Tiefe Wunden. Gewalterfahrung in den Kriegen der Frühen Neuzeit, in: Bielefeld/Bude/Greiner, Gesellschaft – Gewalt – Vertrauen, S. 332–354.

Lourie, Richard, Stalin. Die geheimen Aufzeichnungen des Jossif Wissarionowitsch Dschugaschwili, München 1999.

Lowe, Keith, Der wilde Kontinent. Europa in den Jahren der Anarchie 1943–1950, Stuttgart 2014.

Lüdtke, Alf/Weisbrod, Bernd, No Man's Land of Violence. Extreme Wars in the 20th Century, Göttingen 2006.

Lüdtke, Alf, War as Work. Aspects of Soldiering in Twentieth Century Wars, in: Lüdtke/Weisbrod, No Man's Land of Violence, S. 127–151.

Lugowskaja, Nina, Ich will leben. Ein russisches Tagebuch 1932–1937, München 2004.

Luhmann, Niklas, Macht im System, Berlin 2012.

Ders., Gesellschaftliche Grundlagen der Macht, in: ders., Soziologische Aufklärung, Bd. 4, Wiesbaden 2005, 3. Aufl.

Ders., Inklusion und Exklusion, in: Berding, Nationales Bewußtsein und kollektive Identität, S. 15–45.

Ders., Legitimation durch Verfahren, Frankfurt am Main 1983.

Ders., Vertrauen. Ein Mechanismus der Reduktion sozialer Komplexität, Stuttgart 1968.

MacDonald, Kenneth Iain, Epistemic Violence: The Body, Globalization and the Dilemma of Rights, in: *Transnational Law and Contemporary Problems* 12 (2002), Nr. 1, S. 65–87.

Mann, Michael, Die dunkle Seite der Demokratie. Eine Theorie der ethnischen Säuberung, Hamburg 2007.

Margolin, Julius, Reise in das Land der Lager, Berlin 2013.

Marshman, Sophia, Bauman on Genocide – Modernity and Mass Murder: From Classification to Annihilation?, in: Jacobsen/Poder, The Sociology of Zygmunt Bauman, S. 75–94.

Martus, Steffen/Münkler, Marina/Röcke, Werner (Hrsg.), Schlachtfelder. Codierung von Gewalt im medialen Wandel, Berlin 2003.

Marx, Karl, Zur Kritik der Hegelschen Rechtsphilosophie. Einleitung, in: ders./Engels, Friedrich, Werke, Bd. 1, Berlin (Ost) 1981.

Ders., Der 18. Brumaire des Louis Napoléon, in: ders./Engels, Friedrich, Werke, Bd. 8, Berlin (Ost) 1978.

Ders./Engels, Friedrich, Die Deutsche Ideologie, in: dies., Werke, Bd. 3, Berlin (Ost), 1978.

Mauntel, Christoph, Gewalt in Wort und Tat. Praktiken und Narrative im spätmittelalterlichen Frankreich, Ostfildern 2014.

Mazower, Mark, Die Welt regieren. Eine Idee und ihre Geschichte, München 2013.

Ders., Hitlers Imperium. Europa unter der Herrschaft des Nationalsozialismus, München 2009.

Ders., Der dunkle Kontinent. Europa im 20. Jahrhundert, Berlin 2000.

Mel'gunov, Sergej, Krasnyj terror v Rossii, Moskau 1991.

Meyer, Peter, Grundlagen menschlicher Gewaltbereitschaft. Beiträge evolutionärer Forschung, in: Heitmeyer/Soeffner, Gewalt, S. 383–410.

Michl, Susanne/Plamper, Jan, Soldatische Angst im Ersten Weltkrieg. Die Karriere eines Gefühls in der Kriegspsychiatrie Deutschlands, Frankreichs und Russlands, in: *Geschichte und Gesellschaft* 35 (2009), S. 209–248.

Micunovic, Veljko, Moskauer Tagebücher 1956–1958, hrsg. von Wolfgang Höpken, Stuttgart 1982.

Miller, Max/Soeffner, Hans-Georg (Hrsg.), Modernität und Barbarei, Frankfurt am Main 1996.

Montaigne, Michel de, Über die Grausamkeit, in: ders., Essais, Zürich 2000, S. 404–421.

Moore, Barrington, Zur Geschichte der politischen Gewalt, Frankfurt am Main 1969, 3. Aufl.

Morat, Daniel, Zur Tiernatur des Menschen. Elias Canetti: Masse und Macht, in: Jensen/Knoch, Gewalt und Gesellschaft, S. 257–265.

Morlang, Thomas, »Die Wahehe haben ihre Vernichtung gewollt.« Der Krieg der »Kaiserlichen Schutztruppe« gegen die Hehe in Deutsch-Ostafrika (1890–1898), in: Klein/Schumacher, Kolonialkriege, S. 80–108.

Müller, Heiner, Shakespeare, eine Differenz, in: ders., Material, Leipzig 1989, S. 105–106.

Müller, Herta, Mein Vaterland war ein Apfelkern. Ein Gespräch, München 2014.

Müller, Sven Oliver, Deutsche Soldaten und ihre Feinde. Nationalismus an Front und Heimatfront, Frankfurt am Main 2007.

Münkler, Herfried, Die neuen Kriege, Reinbek 2002, 6. Aufl.

Ders., Staat, Krieg und Frieden. Die verwechselte Wechselbeziehung. Eine Auseinandersetzung mit Ekkehart Krippendorff, in: Steinweg, Kriegsursachen, S. 135–144.

Musial, Bogdan, Sowjetische Partisanen. Mythos und Wirklichkeit 1941–1944, Paderborn 2009.

Naimark, Norman, Flammender Hass. Ethnische Säuberungen im 20. Jahrhundert, München 2004.

Nedelman, Brigitta, Gewaltsoziologie am Scheideweg. Die Auseinandersetzungen in der gegenwärtigen und Wege der künftigen Gewaltforschung, in: Trutz von Trotha, Soziologie der Gewalt, in: *Kölner Zeitschrift für Soziologie und Sozialpsychologie*, Sonderheft 37 (1997), S. 59–85.

Neiman, Susan, Das Böse denken. Eine andere Geschichte der Philosophie, Frankfurt am Main 2004.

Neitzel, Sönke/Welzer, Harald, Soldaten. Protokolle vom Kämpfen, Töten und Sterben, Frankfurt am Main 2011.

Neuenhaus-Luciano, Petra, Amorphe Macht und Herrschaftsgehäuse – Max Weber, in: Imbusch, Macht und Herrschaft, S. 97–114.

Nietzsche, Friedrich, Zur Genealogie der Moral. Eine Streitschrift, in: ders., Werke in sechs Bänden, Bd. 4, München 1980, S. 761–900.

Nübel, Christoph, Durchhalten und Überleben. Raum und Körper im Ersten Weltkrieg, Paderborn 2014.

Nunner-Winkler, Gertrud, Überlegungen zum Gewaltbegriff, in: Heitmeyer/Soeffner, Gewalt, S. 21–61.

Dies., Gewalt – ein Spezifikum der Moderne?, in: Miller/Soeffner, Modernität und Barbarei, S. 81–95.

Offe, Claus, Moderne »Barbarei«. Der Naturzustand im Kleinformat?, in: Miller/Soeffner, Modernität und Barbarei, S. 258–289.

Ortega y Gasset, José, Der Aufstand der Massen, Stuttgart 2002 (erstmals 1930).

Pečar, Andreas, Die Ökonomie der Ehre. Der höfische Adel am Kaiserhof Karls VI. (1711–1740), Darmstadt 2003.

Pellizzari, Valerio,»They all had to be eliminated«, in: *The Independent*, 11. Februar 2008.

Pinker, Steven, Gewalt. Eine neue Geschichte der Menschheit, Frankfurt am Main 2011.

Plamper, Jan, Fear: Soldiers and Emotion in Early Twentieth-Century Russian Military Psychology, in: *Slavic Review* 68 (2009), S. 259–283.

Plessner, Helmuth, Die verspätete Nation. Über die politische Verführbarkeit bürgerlichen Geistes, Frankfurt am Main 1974 (erstmals erschienen 1935 und in überarbeiteter Version 1959).

Pohl, Rolf, Normalität und Pathologie. Sozialpsychologische Anmerkungen zur Psychogenese von Massenmördern, in: Gleichmann/Kühne, Massenhaftes Töten, S. 158–179.

Popitz, Heinrich, Phänomene der Macht. Tübingen 1992, 2. Aufl.

Ders., Realitätsverlust in Gruppen, in: ders., Soziale Normen, Frankfurt am Main 2006, S. 175–186.

Pröve, Ralf, Gewalt und Herrschaft in der Frühen Neuzeit. Formen und Formenwandel von Gewalt, in: *Zeitschrift für Geschichtswissenschaft* 47 (1999), Nr. 9, S. 792–806.

Rabichev, Leonid, Voina vse spishet, in: *Znamja* (2005).

Rajchman, Chil, Ich bin der letzte Jude. Treblinka 1942/43. Aufzeichnungen für die Nachwelt, München 2009.

Rehberg, Karl-Siegbert (Hrsg.), Norbert Elias und die Menschenwissenschaften, Frankfurt am Main 1996.

Reich-Ranicki, Marcel, Mein Leben, Stuttgart 1999.

Reinhard, Wolfgang, Lebensformen Europas. Eine historische Kulturanthropologie, München 2004.

Ders., Geschichte der Staatsgewalt. Eine vergleichende Verfassungsgeschichte Europas von den Anfängen bis zur Gegenwart, München 2003, 3. Aufl.

Reemtsma, Jan-Philipp, Vertrauen und Gewalt. Versuch über eine besondere Konstellation der Moderne, Hamburg 2008.

Ders., Die Natur der Gewalt als Problem der Soziologie, in: *Mittelweg* 36 (2006), Nr. 5, S. 2–25.

Ders., Die Gewalt spricht nicht. Drei Reden, Stuttgart 2002.

Ders., »Wir sind alles für Dich!«, in: ders. (Hrsg.), Folter. Zur Analyse eines Herrschaftsmittels, Hamburg 1991, S. 7–23.

Reese, Willy Peter, »Mir selber seltsam fremd«. Die Unmenschlichkeit des Krieges. Russland 1941–1944, München 2003, 2. Aufl.

Reybrouck, David Van, Kongo. Eine Geschichte, Berlin 2013, 7. Aufl. (1. Aufl., Berlin 2012).

Riekenberg, Michael, Staatsferne Gewalt. Eine Geschichte Lateinamerikas (1500–1930), Frankfurt am Main 2014.

Ders., Einführende Ansichten der Gewaltsoziologie Georges Batailles, in: ders. (Hrsg.), Zur Gewaltsoziologie von Georges Bataille, Leipzig 2012, S. 9–34.

Ders., Auf dem Holzweg? Über Johan Galtungs Begriff der »strukturellen Gewalt«, in: *Zeithistorische Forschungen* 5 (2008), Nr. 1, S. 171–177.

Ritter, Henning, Die Schreie der Verwundeten. Versuch über die Grausamkeit, München 2013.

Röhrig, Herbert (Hrsg.), Hannoversche Rotröcke in Griechenland. Das Tagebuch des Fähnrich Zehe in den Türkenkriegen 1685–1688, Hildesheim 1975.

Römer, Felix, Kameraden. Die Wehrmacht von innen, München 2012.

Rousseau, Jean-Jacques, Vom Gesellschaftsvertrag oder Grundsätze des Staatsrechts, Stuttgart 1979.

Sandkühler, Thomas/Schmuhl, Hans-Walter, Milgram für Historiker. Reichweite und Grenzen einer Übertragung des Milgram-Experiments auf den Nationalsozialismus, in: *Analyse und Kritik* 20 (1998), S. 3–26.

Scarry, Elaine, Der Körper im Schmerz. Die Chiffren der Verletzlichkeit und die Erfindung der Kultur, Frankfurt am Main 1992.

Schalamow, Warlam, Was ich im Lager gesehen und erkannt habe, in: ders., Durch den Schnee.

Ders., Durch den Schnee. Erzählungen aus Kolyma, Berlin 2007.

Schaporina, Ljubow Wassiljewna, »Diese Inquisition!« Tagebuch von Ljubow Wassiljewna Schaporina, in: Garros/Korenewskaja/Lahusen, Das wahre Leben, S. 346–347.

Scheer, Albert, Körperlichkeit, Gewalt und soziale Ausgrenzung in der »postindustriellen Wissensgesellschaft«, in: Heitmeyer/Soeffner, Gewalt, S. 202–223.

Schloßberger, Mattias, Rezeptionsschwierigkeiten. Hans Peter Duerrs Kritik an Norbert Elias' historischer Anthropologie, in: *Leviathan* 28 (2000), Nr. 1, S. 109–121.

Schmidt, Christoph, Sozialkontrolle in Moskau. Justiz, Kriminalität und Leibeigenschaft 1649–1785, Stuttgart 1996.

Schmitt, Carl, Politische Theologie. Vier Kapitel zur Lehre von der Souveränität, Berlin 1979, 3. Aufl. (erstmals 1922).

Ders., Gespräch über die Macht und den Zugang zum Machthaber, Stuttgart 2008, 3. Aufl. (erstmals 1954 erschienen).

Schmitten, Katharina, »Eine Hölle voller Teufel«. Täuschung und Gewalt im Vernichtungslager Treblinka, in: *Zeitschrift für Geschichtswissenschaft* 62 (2014), S. 726–748.

Schneider, Manfred, Die Gabe des Krieges. Eine melancholische Studie, in: *Kursbuch. Gewalt*, Heft 147, März 2002, S. 9–22.

Schnell, Felix, Räume des Schreckens. Gewalt und Gruppenmilitanz in der Ukraine 1905–1933, Hamburg 2012.

Schnell, Rüdiger, Kritische Überlegungen zur Zivilisationstheorie von Norbert Elias, in: ders. (Hrsg.), Zivilisationsprozesse. Zu Erziehungsschriften in der Vormoderne, Köln 2004, S. 21–83.

Schrijvers, Peter, The Unknown Dead. Civilians in the Battle of the Bulge, Lexington 2005.

Schroer, Markus, Gewalt ohne Gesicht. Zur Notwendigkeit einer umfassenden Gewaltanalyse, in: Heitmeyer/Soeffner, Gewalt, S. 151–173.

Schüddekopf, Carl, Krieg. Erzählungen aus dem Schweigen. Deutsche Soldaten über den Zweiten Weltkrieg, Reinbek 1997.

Schulte, Christoph, Böses und Psyche. Immoralität in psychologischen Diskursen, in: Colpe/Schmidt-Biggemann, Das Böse, S. 300–322.

Schumann, Dirk, »Gewalt« als Leitbegriff der historischen Friedensforschung, in: Ziemann, Perspektiven der historischen Friedensforschung, S. 86–100.

Schwerhoff, Gerd, Zivilisationsprozeß und Geschichtswissenschaft. Norbert Elias' Forschungsparadigma in historischer Sicht, in: *Historische Zeitschrift* 266 (1998), S. 561–605.

Scott, James, Seeing Like a State. How Certain Schemes to Improve the Human Condition have Failed, New Haven/Conn. 1999.

Sémelin, Jacques, Säubern und Vernichten. Die Rolle der Massaker und Völkermorde, Hamburg 2007.

Ders., Elemente einer Grammatik des Massakers, in: *Mittelweg 36* 15 (2006), Nr. 6, S. 18–40.

Sereny, Gitta, Am Abgrund. Gespräche mit dem Henker. Franz Stangl und die Morde von Treblinka, München 1995.

Shephard, Ben, After Daybreak. The Liberation of Belsen, 1945, London 2005.

Sieferle, Rolf-Peter/Breuninger, Helga (Hrsg.), Kulturen der Gewalt. Ritualisierung und Symbolisierung von Gewalt in der Geschichte, Frankfurt am Main 1998.

Simmel, Georg, Die Selbsterhaltung der sozialen Gruppe, in: ders., Gesamtausgabe, Bd. 5: Aufsätze und Abhandlungen 1894 bis 1920, Frankfurt am Main 1992, S. 336–338.

Ders., Soziologie. Untersuchungen über die Formen der Vergesellschaftung. Georg Simmel Gesamtausgabe, Bd. 11, Frankfurt am Main 1992.

Sington, Derrick, Die Tore öffnen sich. Authentischer Bericht über das englische Hilfswerk für Belsen mit amtlichen Photos und einem Rückblick von Rudolf Küstermeier, Hamburg 1948.

Sloterdijk, Peter, Zorn und Zeit. Politisch-Psychologischer Versuch, Frankfurt am Main 2006.

Sobolewicz, Tadeusz, Aus der Hölle zurück. Von der Willkür des Überlebens im Konzentrationslager, Frankfurt am Main 2005, 5. Aufl.

Sofsky, Wolfgang, Zeiten des Schreckens. Amok, Terror, Krieg, Frankfurt am Main 2002.

Ders., Moderne und Barbarei, in: ders., Zeiten des Schreckens, S. 63–77.

Ders., Gewaltzeit, in: Trutz von Trotha, Soziologie der Gewalt, in: *Kölner Zeitschrift für Soziologie und Sozialpsychologie*, Sonderheft 37 (1997), S. 102–121.

Ders., Traktat über die Gewalt, Frankfurt am Main 1996, 2. Aufl.

Ders., Die Ordnung des Terrors. Das Konzentrationslager, Frankfurt am Main 1993.

Solonari, Vladimir, Patterns of Violence. The Local Population and the Mass Murder of Jews in Bessarabia and Northern Bukowina, July-August 1941, in: *Kritika* 8 (2007), S. 749–788.

Speitkamp, Winfried, Gewaltgemeinschaften, in: Gudehus/Christ, Gewalt, S. 184–190.

Sperling, Hershl, Treblinka, in: Smith, Mark S., Treblinka Survivor. The Life and Death of Hershl Sperling, The Mill 2010.

Spittler, Gerd, Volkszählung und bürokratische Herrschaft in Bauernstaaten, in: Giordano, Christian/Hettlage, Robert (Hrsg.), Bauerngesellschaften im Industriezeitalter. Zur Rekonstruktion ländlicher Lebensformen, Berlin 1989, S. 97–108.

Spivak, Gayatri C., Can the Subaltern Speak? Postkolonialität und subalterne Artikulation, Wien 2008.

Steinseifer, Martin, Vom Nutzen und Nachteil der Gewalt für ein Verständnis der Medienereignisse – Kritische Überlegungen zu Massaker und Terrorismus in den Arbeiten Wolfgang Sofskys, in: Vogel, Bilder des Schreckens, S. 15–37.

Steinweg, Reiner (Hrsg.), Kriegsursachen, Frankfurt am Main 1987.

Stucki, Andreas, Aufstand und Zwangsumsiedlung. Die kubanischen Unabhängigkeitskriege 1868–1898, Hamburg 2012.

Taubman, William, Khrushchev, The Man and his Era, New York 2003.

Tepljakov, Aleksei, Protsedura. Ispolnenie smertnych prigovorov v 1920–1930-ch godach, Moskau 2007.

Theweleit, Klaus, Artisten im Fernsehstudio, unbekümmert, in: *Die Zeit* 18. August 1995.

Thome, Helmut, Theoretische Ansätze zur Erklärung langfristiger Gewaltkriminalität seit Beginn der Neuzeit, in: Heitmeyer/Soeffner, Gewalt, S. 315–345.

Timm, Uwe, Am Beispiel meines Bruders, Köln 2003.

Traverso, Enzo, Im Bann der Gewalt. Der europäische Bürgerkrieg 1914–1945, München 2008.

Treibel, Annette/Kuzmics, Helmut (Hrsg.), Zivilisationstheorie in der Bilanz. Beiträge zum 100. Geburtstag von Norbert Elias, Opladen 2000.

Trotha, Trutz von, Grausamkeit, in: Gudehus/Christ, Gewalt, S. 221–226.

Ders., On Cruelty. Conceptual Considerations and a Summary of an Interdisciplinary Debate, in: von Trotha/Rösel (Hrsg.), On Cruelty, S. 1–67.

Ders./Rösel, Jakob, On Cruelty. Sur la Cruauté. Über Grausamkeit, Köln 2011.

Ders., Zur Soziologie der Gewalt, in: ders. (Hrsg.), Soziologie der Gewalt, in: *Kölner Zeitschrift für Soziologie und Sozialpsychologie*, Sonderheft 37 (1997), S. 12–56.

Ders., Koloniale Herrschaft. Zur soziologischen Theorie der Staatsentstehung am Beispiel des »Schutzgebietes Togo«, Tübingen 1994.

Ueberschär, Gerd R. (Hrsg.), Orte des Grauens. Verbrechen im Zweiten Weltkrieg, Darmstadt 2003.

Vetlesen, Arne Johan, Evil and Human Agency. Understanding Collective Evildoing, Cambridge 2005.

Vogel, Christine (Hrsg.), Bilder des Schreckens. Die mediale Inszenierung von Massakern seit dem 16. Jahrhundert, Frankfurt am Main 2006.

Voges, Ramon, Macht, Massaker und Repräsentationen: Darstellungen asymmetrischer Gewalt in der Bildpublizistik Franz Hogenbergs, in: Baberowski/Metzler, Gewalträume, S. 29–70.

Voitolovskii, L. N., Po sledam voiny: Pokhodnye zapiski. 1914–1917, Leningrad 1925.

Waldmann, Peter, Is there a Culture of Violence in Colombia?, in: *Terrorism and Political Violence* 19 (2007), S. 593–609.

Ders., Zur Asymmetrie von Gewaltdynamik und Friedensdynamik am Beispiel von Bürgerkriegen und bürgerkriegsähnlichen Konflikten, in: Heitmeyer/Soeffner, Gewalt, 246–265.

Ders., Veralltäglichung von Gewalt: Das Beispiel Kolumbien, in: Trutz von Trotha (Hrsg.), Soziologie der Gewalt, in: *Kölner Zeitschrift für Soziologie und Sozialpsychologie*, Sonderheft 37 (1997), S. 141–161.

Weber, Max, Wirtschaft und Gesellschaft. Grundriss der verstehenden Soziologie, Tübingen 1980, 5. Aufl.

Weckel, Ulrike, Beschämende Bilder. Deutsche Reaktionen auf alliierte Dokumentarfilme über befreite Konzentrationslager, Stuttgart 2012.

Wehler, Hans-Ulrich, Nationalismus. Geschichte, Formen, Folgen, München 2001.

Weiner, Amir, Something to Die for, a Lot to Kill for. The Soviet System and the Barbarization of Warfare 1939–1945, in: Kassimeris, The Barbarization of Warfare, S. 101–125.

Weitz, Eric, A Century of Genocide. Utopias of Race and Nation, Princeton/N. J. 2003.

Wellershoff, Dieter, Das Geschichtliche und das Private. Aspekte einer Entzweiung, Stuttgart 1986.

Ders., Der Ernstfall. Innenansichten des Krieges, Köln 1995.

Weltecke, Dorothea, Gab es »Vertrauen« im Mittelalter? Methodische Überlegungen, in: Frevert, Vertrauen, S. 67–89.

Welzer, Harald, Täter. Wie aus ganz normalen Menschen Massenmörder werden, Frankfurt am Main 2005.

Ders., Rezension über Ordnung des Terrors, in: *Kritische Justiz* 27 (1994), S. 381–387.

Wiese, Stefan, Lalaevs Haus brennt. Das Februarpogrom von 1905 in Baku – Paralysierter Staat und Massengewalt im Russischen Reich, in: *Journal of Modern European History* 10 (2012), S. 117–138.

Wieviorka, Michel, Die Gewalt, Hamburg 2006.

Wildt, Michael, Generation des Unbedingten. Das Führungskorps des Reichssicherheitshauptamtes, Hamburg 2002.

Willems, Herbert, Rezension: Wolfgang Sofsky: Traktat über die Gewalt, in: *Kölner Zeitschrift für Soziologie und Sozialpsychologie* 50 (1998), S. 362–363.

Williams, Bernard, Wahrheit und Wahrhaftigkeit, Frankfurt am Main 2002.

Wimmer, Andreas/Schetter, Conrad, Ethnische Gewalt, in: Heitmeyer/Hagan, S. 313–329.

Winkler, Heinrich-August, Geschichte des Westens. Die Zeit der Weltkriege 1914–1945, München 2011.

Wittram, Reinhard, Peter I. Czar und Kaiser. Zur Geschichte Peters des Großen in seiner Zeit, Bd. 1, Göttingen 1964.

Zamoyski, Adam, 1812. Napoleons Feldzug in Russland, München 2012.

Ziemann, Benjamin, Gewalt im Ersten Weltkrieg. Töten – Überleben – Verweigern, Essen 2014.

Ders. (Hrsg.), Perspektiven der historischen Friedensforschung, Essen 2002.

Zimmerer, Jürgen/Zeller, Joachim (Hrsg.), Völkermord in Deutsch-Südwestafrika: Der Kolonialkrieg (1904–1908) in Namibia und seine Folgen, Berlin 2003.

Zimmermann, Martin, Gewalt. Die dunkle Seite der Antike, München 2013.

Ders., Antike Kriege zwischen privaten Kriegsherren und staatlichem Monopol auf Kriegführung, in: Beyrau/Hochgeschwender/Langewiesche, Formen des Krieges, S. 51–70.

Personenregister

Jörg Baberowski
Verbrannte Erde
Stalins Herrschaft der Gewalt
Band 19637

Stalins Gewaltherrschaft fielen Millionen Menschen zum Opfer. Sie verhungerten, verschwanden im »Archipel Gulag« oder wurden im Laufe der »Säuberungen« von Partei, Staatsapparat und Militär ermordet. In seinem großen, berührenden Buch entwickelt Jörg Baberowski neue Perspektiven auf die stalinistischen Verbrechen und führt den Leser hinab in die paranoide Welt des sowjetischen Diktators.

»Eine grandiose Rekonstruktion der Gewaltgeschichte der Sowjetunion.«
Karl Schlögel, Die Zeit

»Ein Buch, das den Leser von Anfang an in den Bann schlägt und nicht wieder loslässt.«
Die Jury zur Verleihung des Preises der Leipziger Buchmesse 2012

fi 19637 / 1

Simon Sebag Montefiore
Stalin
Am Hof des roten Zaren
Band 17251

Der Tyrann und sein Gefolge

Spannend und fesselnd wie ein großer russischer Roman erzählt diese Stalin-Biographie von mörderischen Intrigen, geheimen Bündnissen und unablässigen Rivalitäten hinter den Kremlmauern. Eine aufsehenerregende Darstellung voll neuer Perspektiven. Nie zuvor konnte man »Väterchen Stalin« so nahe kommen.

»Er zeigt Stalin erstmals als Teufel und Menschen zugleich.«
Frankfurter Allgemeine Zeitung

Fischer Taschenbuch Verlag

fi 17251 / 1

Nicholas Stargardt
Der Deutsche Krieg
1939–1945
Aus dem Englischen von Ulrike Bischoff
850 Seiten. Gebunden

Sommer 1939, Mobilmachung im nationalsozialistischen Deutschland. Die Menschen ahnen nicht, dass ein brutaler, zerstörerischer Krieg folgen wird. Erstmals erzählt der renommierte Oxford-Historiker Nicholas Stargardt aus der Nahsicht, wie sie diese Zeit erlebten. Wofür glaubten sie zu kämpfen? Wie gelang es ihnen, trotz Niederlagen und zerbombter Städte weiter auf den Sieg zu hoffen? Und wie konnten sie angesichts der wachsenden Gewissheit, an einem Völkermord teilzuhaben, weiter an die nationale Sache glauben?

»»Faszinierend und erhellend.«
Norbert Frei, Süddeutsche Zeitung

»Hervorragend geschrieben und in seiner Argumentation überzeugend, ist dieses Buch ein Muss.«
Saul Friedländer

»Ein Meisterwerk der Geschichtsschreibung, das die ›Vogelperspektive‹ nahtlos mit einer Mikrogeschichte dieser verhängnisvollen Periode des 20. Jahrhunderts verbindet.«
Jan T. Gross

fi 1-075140 / 1

Catherine Merridale

Der Kreml

Eine neue Geschichte Russlands

Aus dem Englischen von Bernd Rullkötter

624 Seiten. Gebunden

Der Kreml ist das imposante Symbol der russischen Nation. Hier wurden die mächtigen Zaren gekrönt, hier paradierte die glorreiche Rote Armee nach dem Sieg über Deutschland. Im Kreml schlägt das Herz der russischen Macht, hier entscheidet sich Russlands Schicksal. Die bedeutende Historikerin Catherine Merridale erzählt die faszinierende Geschichte des Kreml mit all ihren Intrigen und blutigen Kämpfen um die Macht. Indem sie das verborgene Innere des russischen Staates freilegt, ermöglicht sie uns ein neues Verständnis der bewegten Geschichte Russlands bis in die Gegenwart.

»Um es gleich zu Beginn zu sagen:
Sie hat ein großes Buch verfasst, ein gewaltiges, lehrreiches und gelehrtes, das sich schwungvoll liest.«
Alexander Kluy, Der Standard

»Catherine Merridale ist eine hervorragende Historikerin, sie zählt zu den besten ihrer Generation.«
Tony Judt

fi 1-048451 / 1

Götz Aly

Europa gegen die Juden: 1880–1945

432 Seiten. Gebunden

Erstmals ein gesamteuropäischer Blick auf den Antisemitismus und den Weg in den Holocaust.

Der Holocaust ist nicht allein aus der deutschen Geschichte heraus erklärbar. Sowohl in West- als auch in Osteuropa hatte die Judenfeindschaft seit 1880 sprunghaft zugenommen – angetrieben von Nationalismus und sozialen Krisen. Ohne die Schuld der deutschen Täter zu mindern, zeigt der Historiker Götz Aly, wie Rivalität und Neid, Diskriminierung und Pogrome vielerorts dazu beigetragen haben, den Boden für Deportationen und Morde zu bereiten. Erstmals wird so der moderne Antisemitismus als grenzüberschreitendes Phänomen dargestellt und damit eine neue, umfassende Perspektive auf die europäischen Vorgeschichten eröffnet, die zum Holocaust beitrugen.

fi 1-000428 / 1